Erziehung zum Göttlichen

durch geistige Belehrung der Menschen

von

Dr. Masaharu Taniguchi

bioverlag gesundleben, 8959 Hopferau

Titel der englischen Ausgabe des japanischen Originalwerkes:
"DIVINE EDUCATION AND SPIRITUAL TRAINING OF MANKIND".
Deutsche Übersetzung: Elsa Mengel, London
Deutsche Bearbeitung: Felix Riemkasten, Friedenweiler

ISBN 3-922434-68-1

2. Auflage

8959 Hopferau-Heimen Nr. 50

Druck und Bindung: Kösel, Kempten

Inhaltsverzeichnis

Vorwort

Es liegt uns sehr am Herzen, Ihnen als reife Eltern oder Großeltern gerade dieses Buch vorzustellen.

Sie meinen es sicherlich gut mit Ihren Kindern und Enkeln. Auch wenn Kinder es manches Mal anders empfinden: Sie sollten ihr Bestes geben. Lieblose Eltern wurden sehr oft selbst sehr streng und ohne die so notwendige Zärtlichkeit erzogen. Das war halt früher so. Es ist noch gar nicht solange her, daß Kinder ihre Eltern mit *Sie* anzureden hatten. Wer wußte früher schon, daß das Leben des Kindes ab dem Moment der Zeugung von dem beeinflußt wird, was die Mutter fühlt, denkt und tut?

Sie sollten sich auch bewußt werden, daß ihr Kind letztendlich das Ergebnis Ihrer Erziehung ist. Der Volksmund drückt es treffend so aus: "Wie der Herr, so's G'scherr", zu deutsch: Wie die Eltern, so die Kinder.

Und hier kommen wir nun dem Leitgedanken dieses Buches sehr nahe.

Dr. Masaharu Taniguchi, ein 1893 in Kobe, Japan, geborener Lebenslehrer, erkannte, daß viele Verhaltensstörungen der Kinder durch die Eltern ausgelöst werden. Auseinandersetzungen zwischen den Eheleuten wegen Geld oder außerehelichen Beziehungen, Ungeduld gegenüber dem noch nicht so verständigen Kind, Herrschsucht, Unbeherrschtheit, Vorwürfe, ständige Ermahnungen, schlecht reden über das Kind Dritten gegenüber und Ablehnung treiben es geradezu in Bettnässerei, astmathische Anfälle, Allergien, schlechte Schulnoten, zu Genuß–und Suchtmitteln und bis zur Gewalttätigkeit.

Und wenn nun Eltern mit ihren Sorgen und Nöten zu Dr. Taniguchi kamen, dann *heilte* er zuerst stets die Eltern und das Kind entwickelte sich anschließend in der Regel so, wie sich Eltern eigentlich ihr Kind wünschten: Fleißig, gesund, folgsam, ordentlich und liebevoll.

Für Sie sind vielleicht schon diese einleitenden Worte eine Herausforderung. Nehmen Sie diese jedoch ruhig einmal an, denn – Hand auf's Herz – da ist schon etwas wahres dran.

Als ich vor Jahren dieses Buch zum erstenmal las, war ich noch nicht Vater. Und trotzdem leuchteten mir die Prinzipien, die Dr. Taniguchi vermittelt, ein.

Heute, als Vater zweier prächtiger Töchter von 3 1/2 Jahren (Gina) bzw. 6 Monaten (Michaela), erziehen meine Frau und ich unsere Kinder in Übereinstimmung mit den Erkenntnissen von Dr. Taniguchi und anderen Lebenslehrern. In uns ist die Gewißheit gereift, daß sie in die tägliche Praxis umgesetzt werden können und müssen, wenn eine wirklich harmonische Beziehung hergestellt werden soll.

“Liebe Deinen Nächsten wie Dich selbst”, forderte uns Jesus auf. Im Klartext heißt das: Nur wenn Du Dich selbst lieben kannst, mit Deinen Stärken, aber auch mit Deinen Schwächen, nur dann kannst Du auch Deinen Nächsten wirklich lieben.

Umgemünzt auf den Titel des Ihnen vorliegenden

Buches “Erziehung zum Göttlichen” bedeutet dies: “Erkenne, als Mutter oder Vater, zuerst einmal in Dir das Göttliche. Erst wenn Du Dich selbst als Kind Gottes erkennst und bejahst, kannst Du auch Dein Kind als ein Kind Gottes ansehen.”

Und so, wie die Blumen in Ihrem Garten gedeihen, wenn Sie von Ihnen regelmäßig gewässert werden und das Unkraut zurückbleibt, weil Sie dieses logischerweise nicht mit Wasser versorgen, so wird sich auch Ihr Kind seinen Fähigkeiten gemäß entwickeln, wenn Sie es liebevoll fördern.

Zum Schluß noch ein paar Worte zu den vielen Beispielen aus dem japanischen Leben dieses Buches. Dr. Taniguchi schrieb es speziell für Frauen und im besonderen für die japanische Mutter. In Japan ist auch heute noch der Mann der absolute Herrscher in der Familie und nach ihm regiert die allmächtige Schwiegermutter. Für viele Frauen entstehen aus diesem Rollenspiel starke Spannungen im Verhältnis zu sich selbst und der Familie.

Viele Situationen werden Ihnen bekannt vorkommen. Die Namen der Beteiligten wurden bewußt nicht europäisiert, um den Charakter des Buches zu erhalten.

Dr. Masaharu Taniguchi rief schon in jungen Jahren eine Bewegung ins Leben, die er “Seicho-No-Ie” (sprich: Sehitscho-noh-ihe) nannte, was zu deutsch “Heim unendlichen Lebens, der Weisheit und Fülle” bedeutet und schrieb mehrere Bücher, die in Millionenauflage in aller Welt erscheinen.

Diese Bewegung zählt heute ca. 3 Millionen Mitglieder und versteht sich als Glaubensgemeinschaft neben den Staatsreligionen Buddhismus und Shintoismus. Auch in Amerika gibt es die gleiche Bewegung, von anderen Menschen gegründet, unter der Bezeichnung *New Thought* und in Deutschland unter dem Namen *Neugeist.*

Sollten Sie Kontaktadressen suchen oder vielleicht Fragen nach dem Lesen des Buches haben, schreiben Sie uns bitte, wir helfen Ihnen gerne weiter.

Und nun wünschen wir Ihnen zu erkennen, daß Sie mit diesem Buch den Schlüssel zum Herzen Ihres Kindes und aller anderen Menschen in den Händen halten.

Ihr
Jürgen Grieshaber

1. Kapitel

DER WEG ZUR RICHTIGEN ERZIEHUNG

Zunächst möchte ich Ihnen „die richtige Erziehung“ erklären. – Um einen vollkommenen Menschen heranzubilden, ist es notwendig, schon das Kind richtig zu erziehen, genau wie später den Erwachsenen. Ich muß Ihnen daher von den ethischen Grundlagen der Menschheit erzählen, bevor ich über die Erziehung des Kindes sprechen kann. Ehe Eltern ein Kind wirklich gut erziehen können, müssen sie selbst gut erzogen sein, denn der Einfluß der Eltern auf das Kind ist entscheidend.

Um ein Beispiel zu erzählen: Es war ein gewisser Herr Juka Matsumoto von Ochiai, Tokyo, unter den Zuhörern meines Vortrages, den ich in Höchi Hall am 19. Dezember 1934 hielt. Sein Kind hatte die schlechte Angewohnheit, das Bett zu nässen. Die verschiedensten Versuche zur Abhilfe hatten keinen Erfolg. Nun aber, um die Wahrheit zu sagen, sind es die Eltern, die verantwortlich sind für die Krankheit des Kindes. Das Bettnässen des Kindes ist meist eine Reaktion auf die geistige Einstellung der Eltern. Als Herr Matsumoto meinen Vortrag gehört hatte, erfuhr seine geistige Einstellung eine Wandlung, und von derselben Nacht an hörte das Kind mit Bettnässen auf. – Fünf Tage danach rief mich Herr Matsumoto an, um mir zu danken.

Während einer Vortragsreise durch Kansai erwähnte ich dieses Ereignis vor meinem Publikum. Unter den Zuhörern war ein Freund von Herrn Matsumoto. Er schrieb ihm einen Brief und fragte: „Ich habe im Vortrag von Dr. Taniguchi gehört, daß Dein Kind vom

Bettnässen geheilt wurde. Ist das wahr?" Nun, es war so, daß das Kind damit aufgehört hatte, aber der Erfolg hielt nur bis eine Woche nach dem Vortrag von Dr. Taniguchi an. Der Eindruck schien im Verlauf der Zeit nachgelassen zu haben, denn das Kind begann erneut das Bett zu nässen. – Als Herr Matsumoto den Brief mit der Anfrage erhielt, wußte er nicht, was er antworten sollte. – Es stimmte, daß das Kind von seiner Gewohnheit geheilt worden war, doch es stimmte ebenso, daß sie wieder begonnen hatte. Er wußte die Wahrheit nicht zu sagen, weder „Ja" noch „Nein" und verhielt sich daher schweigend.

Am 9. Februar hielt ich erneut einen Vortrag in der „Soldier's Hall". Diesmal brachte Mr. Matsumoto sein Kind mit, um mir zuzuhören und blieb dort bis um 10 Uhr abends. Da beide zu dem Vortrag gekommen waren, glaubte Herr Matsumoto, nun sei die Heilung sicher. – Früher hatte er das Kind um 7 Uhr ins Badezimmer geschickt, kurz ehe es ins Bett ging, und dann noch zweimal um 9 und um 12 Uhr. Diese Methode versagte. Aber jetzt hatte er das Kind *nicht* mehr ins Badezimmer geschickt, auch nicht vor dem Zubettgehen, und jetzt wurde es ein Erfolg.

Ich zögere nicht, zu sagen, daß dies ein Fall ist, in welchem die Einstellung der Eltern auf das Kind übergegriffen hatte. Das mag unwahrscheinlich klingen, aber es ist Tatsache. Wenn jemand durch Anhören des Vortrages geheilt werden kann, dann ist es auch kein Wunder, wenn er durch das Lesen eines Buches geheilt wird.

Herr Tsuguich Furntari von Moji ist ein ernsthafter Berichterstatter. Seinem Vetter, Herrn Soichiro Furntani, wurde als letzter Wille seines Vaters mitgeteilt, daß er, wenn er erwachsen sei, Priester werden solle. Er trat in das Rissho College von Michiren-shu-Buddhismus ein, obwohl er nicht den geringsten Glauben an diese Religion mitbrachte. Er studierte in dieser Schule die Schriften von St. Nichiren und die Saddharma Pundarika Sutra, konnte sie aber nicht verstehen. Während der Winterferien besuchte er seinen Vetter und hörte einiges über Seicho-No-Ie. Er interessierte sich aber nicht dafür, sondern lachte darüber. Eines Tages klingelte das Telefon, und eine Anhängerin aus Moji berichtete von einer schmerzlosen Geburt. Bei Seicho-No-Ie gibt es eine große Anzahl von schmerzlosen Geburten. In diesem Fall dauerte die Geburt nur eine halbe Stunde, und die Mutter hatte keine Schmerzen. Herr Furntari hörte zufällig das Telefongespräch mit, und unter diesem Eindruck beschloß er, die Seicho-No-Ie-Schrift „Leben aus dem Geiste“ zu lesen. Während des Lesens bemerkte er zu seinem größten Erstaunen, daß hier Teile der Saddharma Pundarika Sutra, die ihm so schwer verständlich erschienen war, in so einfacher Weise erklärt wurden, daß er sie ohne Schwierigkeiten begriff. Bis zu diesem Augenblick war er Atheist gewesen. Im vergangenen Sommer hatte er einen Christen im Zug beobachtet, der vor dem Essen betete. Er sprach ihn an und fragte: „Glauben Sie an Gott? – Wenn es Ihn gibt, warum sendet er dann Erdbeben und Sturmfluten? – Ich kann nicht an Gott glauben. –“ Aber durch „Leben aus dem Geiste“ verstand er plötzlich „Das Ewige Leben des Menschen“ und die Heiligkeit der Lehren von Buddha und Christus. Jedermann, der von Seicho-No-Ie (Neugeist) liest, wird leicht verstehen, wie wunderbar seine eigene Religion ist, sei es Shintoismus, Christentum oder Buddhismus. Herr Furntari verstand seine eigene Nichiren-shu-Religion jetzt sehr gut, einfach weil er Seicho-No-Ie gelesen hatte, worin das Wesentliche *aller* Religionen gelehrt wird. Herr Furntari kam in diesem Jahr nach Tokyo, ließ sich neben dem Ofen im Zimmer seiner Pension nieder und las die Januarnummer von Seicho-No-Ie. Das fünfjährige Kind der Pensionsinhaber hatte die Angewohnheit, sein Bett zu nässen. Seine Mutter saß nähend neben Herrn Furntari und hörte ihn aus dem Heft von Seicho-No-Ie lesen, ohne eigentlich darauf zu achten. Trotzdem wurde ihr Gemüt sehr bewegt und eine Veränderung ging in ihr vor. Noch in derselben Nacht machte das Kind das Bett *nicht* naß. Zuerst hielt Herr Furntari dies für Zufall, und selbst als das Kind geheilt war, dachte er, das Übel würde bald wiederkehren.

Ein Kind, das vom Bettnässen geheilt wird, *indem seine Eltern ein geistiges Buch lesen oder einer solchen Vorlesung zuhören,* ist ein unleugbarer Beweis dafür, *daß das Kind die seelische Verfassung der Eltern widerspiegelt.*

Frau Isohata, eine Anhängerin aus Tokyo, lebte getrennt von ihrem Mann, weil er sehr verschwenderisch war. Ein Sohn und eine Tochter standen zwischen ihnen. Der Sohn lebte bei seinem Vater, die Tochter, wie das in Japan üblich ist, bei der Mutter. Herr Isohata hatte eine Freundin, der er ein Geschäft eingerichtet hatte. Bald darauf nahm er sich eine andere Freundin, und in seinem Heim wurde alles immer schwieriger. Frau Isohata war sehr traurig und besorgt, daß ihr Sohn in einem solchen Hause zugrundegehen würde. Da begann ihre sechsjährige Tochter, das Bett zu nässen und alle Vorkehrungen, die Frau Isohata traf, hatten keinen Erfolg. Sie war sehr beunruhigt darüber, bis sie von Seicho-No-Ie hörte und nun mich um Hilfe bat. Sie kam mehrmals und hörte mir zu. Dabei begriff sie, daß sie in allen Dingen auf Gott vertrauen müsse. Er würde dann alles Notwendige für sie tun. Als sie auf diese Weise ihren Seelenfrieden wiedergefunden hatte, hörte auch ihr Töchterchen mit dem Bettnässen auf. – Die Mutter hatte mir von dieser Angewohnheit ihres Töchterchens nichts erzählt, sondern nur von den verworrenen Familienverhältnissen, um deswegen Rat von mir zu erhalten. Ich erfuhr Näheres erst, als sie mir sagte: „Ich habe Ihnen im Namen meiner Tochter zu danken, die vom Bettnässen geheilt wurde."

Wir haben ein ähnliches Beispiel hier in Yokohama. Als Frau Kawamoto ihre Traurigkeit überwunden und ihre Tränen getrocknet hatte, stellte sie fest, daß ihr Kind vom Bettnässen geheilt war. Es gibt viele Fälle, in denen Bettnässen auf diese Weise abgestellt wurde, auch wenn die Ursachen oft geringfügig und unbedeutend waren. Wenn sich der Stimmungswandel der Eltern so rasch bei dem Kind auswirkt, ist es für Eltern wichtig, sich darüber Gedanken zu machen, denn ehe die Kinder erzogen werden, müssen die Eltern erzogen sein.

Eltern oder Lehrer sind oft verantwortlich für die schlechten Leistungen eines Schülers.

Herr Kymojo Kokura, Grundschullehrer in Shirozato-mura-chiba-ken, las ein Seicho-No-Ie-Heft von Herrn Hisashi Ohmo und wurde sofort Abonnent. Eines Tages besuchte er während des Unterrichts eine andere Klasse seiner Schule und traf die Lehrerin dabei an, wie sie einen Jungen ausschimpfte. „Was bist Du für ein böser, unnützer Junge! Du hast mir ja gar nicht zugehört!" — Als die Stunde vorüber war, ging Herr Kokura zu dem Jungen und sagte zu ihm: „Du bist ein sehr guter Junge; ich bin sicher, du lernst fleißig und machst deine Arbeit gut." Die Worte waren kurz und einfach, aber in einem solchen Ton gesagt, daß man glauben konnte, er meine fest, was er sagte. Von diesem Augenblick an war ein Wandel im Charakter des Jungen zu bemerken, und er machte seine Aufgaben sehr gut. — Als die Lehrerin diesen Wandel sah, bekannte sie ihren Fehler bei einer Lehrerkonferenz und bereute ihn mit den Worten: „Ich verstand nichts von der Kunst, mit Kindern umzugehen."

Ein einfaches Wort der Liebe, des Vertrauens und des Lobes können ein Kind zum Guten anleiten. Die Worte „du bist ein guter Junge" haben eine Kraft, die groß genug ist, wirklich einen guten Jungen aus ihm zu machen. Auf der anderen Seite werden die harten Worte eines Lehrers: „Was bist du für ein böser Junge", oft tatsächlich einen bösen Jungen aus ihm machen.

Schulkinder glauben, ihr Lehrer sei eine große Persönlichkeit. Wenn diese große Persönlichkeit dem Kind sagt, es sei böse, wird es denken, es sei tatsächlich böse. Glaubt aber ein Schüler, er sei schlecht, dann denkt er auch, der Lehrer möge ihn nicht, und er hat keine Lust mehr zu lernen und im Klassenzimmer zu sitzen. Wie soll ein solcher Schüler noch Talent und Lerneifer zeigen? Ein einfaches Wort kann einen Jungen gut oder böse machen. Das Schulzeugnis ist mehr noch das Zeugnis für die Eltern und den Lehrer als für den Schüler selbst.

Herr Niso Hattori, ein Bildhauer, dessen Werke in jedem Jahr auf der Ausstellung der Imperial Academy zu sehen sind, ist ein ernsthafter Leser von Seicho-No-Ie. Von Kindheit an zeigte er großes Zeichentalent. Eines Tages, als er noch ein Schuljunge war, gab sein Lehrer die Aufgabe, Bilder zu zeichnen. Als der Lehrer Hattoris Bild sah, war es so gut gelungen, daß er ihn zu sich rief und ihm sagte: „Ich glaube, du hast deine Bilder durchgepaust.“ „Nein, Herr Lehrer“, antwortete er, „ich habe die Zeichnung gemacht, indem ich mir das Modellbild sehr genau ansah.“ „Du lügst“, sagte der Lehrer, „soll ich es dir beweisen?“ Er nahm H.'s Zeichnung und die Bildvorlage und hielt sie zusammen gegen das Licht. – Das Werk eines Genies ist ein Wunder, denn es gab auch nicht die leiseste Abweichung zwischen den beiden Bildern. Natürlich war es nicht durchgepaust. Er hatte nur die Vorlage sehr sorgfältig einstudiert. Die Worte des Lehrers aber hatten ihn so verletzt, daß er sich kurz und bündig entschloß, nie mehr zu zeichnen. Hätte der Lehrer sich zurückgehalten in seinen Worten, das Genie von H. wäre später vielleicht in seinen Zeichnungen hervorgetreten. Seine große künstlerische Begabung erschien in der Bildhauerei, aber ich kann die Tatsache nicht leugnen, daß die gedankenlosen Worte des Lehrers einen Teil seines Genies lahmlegten, denn H. hat seitdem niemals mehr ein Bild gemalt.

Erziehung heißt nicht, von außen etwas in das Kind hineinzwingen, sondern ihm zu helfen, seine natürlichen Anlagen zu entdecken und zu entwickeln. Erziehung besteht darin, die unerschöpflichen Möglichkeiten, die in jedem Menschen ruhen, hervorzubringen. Es ist die Aufgabe des Lehrers, diese natürlichen Begabungen zu entdecken und zu fördern, aber sehr oft verhindern oder unterdrücken Eltern und Lehrer Begabungen, ohne es zu wissen, wie es bei Herrn H. der Fall war. Der begabte Lehrer kann die Fähigkeiten eines Kindes in überraschendem Maße ausweiten und entwickeln. Das zu tun ist die große Aufgabe der Grundschullehrer.

Herr Hisanosuke Kamimma, Leiter der Fuji Elementary School, Umanichi, Asakusa, Tokyo, ist einer der führenden Männer auf dem Gebiet der Erziehung und hat zwei oder drei Bücher über die Schulerziehung von Kindern geschrieben. Er besuchte mich eines Tages, als ich in Sumiyoshi lebte, und erzählte mir von einem jungen Erfinder. Einige Jahre zuvor gaben die Zeitungen eine große Neuigkeit über einen jungen Mann von 23 Jahren bekannt, der einen Apparat mit Namen „Nugen Kido" (= unendliche Planetenbahn oder -spur) entdeckt hatte und es wert war, in der ganzen Welt bekannt zu werden. Ich hörte, daß dieser Apparat Flugzeugmotoren in die Lage versetzen könne, mit einem Drittel der sonst benötigten Menge Treibstoff die gleiche Motorkraft zu entwickeln. Als Herr Kamimma diese Neuigkeit las, wollte er gerne wissen, was der junge Mann in seiner Grundschulzeit getan hatte. Jedermann würde denken, ein solcher Erfinder müsse sein Genie doch schon in der Schule gezeigt haben. Aber eine Auskunft der Universität ergab, daß er acht Jahre gebraucht hatte, um einen Kurs von sechs Jahren zu beenden und man ihm sozusagen aus Barmherzigkeit eine ausreichende Note in Arithmetik gegeben hatte, als er am Ende der 6. Klasse war. Warum war der junge Mann so schlecht in Arithmetik und konnte dann doch eine Maschine erfinden, die im engsten Zusammenhang mit der Mathematik stand? Dieser schlechte Mathematiker als Erfinder einer so ausgezeichneten Maschine erscheint auf den ersten Blick merkwürdig. Ich glaube nicht, daß er keine Begabung für Mathematik hatte. Vielleicht erkannten seine Lehrer seine Begabung nicht und haben ihn, statt ihn zu fördern, bei mancher Gelegenheit getadelt. Dadurch kam es zu einer Disharmonie, die eine Entdeckung der natürlichen Anlagen des Jungen verhinderte. Wenn ein sehr Begabter getadelt wird, empfindet er es oft als stumpfsinnig, noch hart zu arbeiten und bringt es fertig, im Examen statt der Arbeit ein leeres Blatt abzugeben. — So etwas mußte bei dem jungen Mann geschehen sein, wenn er acht Jahre brauchte, um einen auf sechs Jahre berechneten Kurs zu beenden.

Wenn, auf der anderen Seite, der Lehrer sich alle Mühe gegeben hatte, die natürliche Begabung des Jungen zu fördern, welch ein Genie mußte er doch von sich aus schon gewesen sein! Dies ist der Punkt, dem jeder Lehrer seine ganz besondere Aufmerksamkeit zuwenden sollte. Es ist Aufgabe des Lehrers, jeden Schüler sorgfältig anzuleiten und zu erziehen. Zum Wohle der Gesellschaft, zum Segen für die Nation.

Wir haben zahlreiche Lehrer unter unseren Mitgliedern, die sich der Seicho-No-Ie-Methode bei der Erziehung mit großem Erfolg bedienen und großartige Ergebnisse erzielen. Herr Ryozo Jwahashi von der Urashima Grundschule ist einer von ihnen. Seicho-No-Ie erklärt, daß die Erziehung gute Anlagen zur Entwicklung bringen soll und daß dafür „die Macht des Wortes" gebraucht wird. Die Bibel sagt „das Wort ist Gott" und „alles wurde geschaffen durch das Wort". Der esoterische Buddhismus wendet „die geheimnisvolle Methode des Mantra-Singens" an und gebraucht die Macht des Wortes, um z. B. Krankheiten zu heilen. So wurden auch

Krankheiten durch den Wandel der inneren Einstellung geheilt, der beim Lesen z. B. von „Leben aus dem Geiste" eintrat. Es ist die Macht des Wortes, die das bewirkt. Jedes lebendige Ding ist lebendig durch das Wort.

Das Wort ist Gott. Gott oder das Wort ist der Schöpfer aller Dinge. – Wenn Sie einem Jungen sagen, er sei böse, dann ist er wirklich böse. Wenn Sie ihm sagen, er sei großartig, wird er beweisen, daß er so ist, wie Sie ihm gesagt haben. Die Macht des Wortes weckt die im Menschen schlummernden Kräfte und bringt sie zum Wirken. Ein gutes Wort enthüllt die guten Eigenschaften eines Menschen.

Der Leiter der Urashima Grundschule ist Leser von „Seicho-No-Ie". Nachdem er „Leben aus dem Geiste" gelesen hatte, wählte er drei Schlagworte aus, von denen er glaubte, sie würden bei den Schulkindern Gutes bewirken. Sie lauteten „Lebendiger Geist", „Gute Worte" und „Mit Macht und Gemüt". Sie sind kurz, aber ich glaube, sie eignen sich sehr gut dazu, den Kindern verständlich zu machen, was Seicho-No-Ie ist. Es ist ein sehr guter Gedanke, geeignete Schlagworte auszuwählen und ihre Aussagekraft dazu zu verwenden, die guten Eigenschaften der Kinder zu wecken.

Herr Jrahashi von dieser Schule erläuterte mir, was er dort tut. Die Schüler seiner Klasse zeichnen jedes Mal einen Kreis über ihren Namen, wenn sie etwas Gutes getan haben oder bei anderen beobachteten. Derjenige, der über seinem Namen die meisten Kreise hat, ist der beste Schüler. Seitdem halten die Kinder Ausschau nach guten Taten und beachten nicht mehr die bösen. Berichte wie „A. hat von der Straße ein Stück Papier aufgehoben und in den Papierkorb geworfen" waren immer sehr zahlreich. Die Gedanken der Kinder, die Ausschau halten nach guten Dingen, sind immer auch mit guten Dingen beschäftigt. Sie können garnicht anders, als gute Kinder sein.

Früher war der Erzieher gewöhnt, schlechte Eigenschaften zu entdecken und zu sagen „Du bist in diesem Punkt schlecht oder in jenem". Er versuchte mithin, ein Kind zu bessern, indem er ihm einen starken Eindruck seiner Schwächen gab. Ein Kind wird jedoch nie gut sein, wenn es in dieser Weise erzogen wird. Es ist das Gesetz des Geistes, daß ein einmal im Gehirn geformter Gedanke dazu drängt, sich zu verwirklichen. Wir haben eine starke Neigung, alles zu unternehmen, um zu verwirklichen, was sich in unserem Bewußtsein geformt hat.

Hin und wieder hört man von einer reichen Frau, die in einem Geschäft gestohlen hat. Sie weiß dabei, daß sie etwas Schlechtes tut. Sie ist reich und hat es nicht nötig, zu stehlen, und sie weiß auch, was dabei herauskommt, wenn man sie erwischt. — Warum kann sie nicht aufhören zu stehlen, auch wenn sie selbst es gern möchte? Sie hat in ihrem *Bewußtsein* den Gedanken an Ladendiebstahl verankert und somit die Neigung, ihn in die Tat umzusetzen. Wenn dieser Gedanke aus ihrem Bewußtsein verschwindet, wird sie nicht mehr stehlen.

Solange wir Böses im Gedanken bejahen, wird es uns schwer fallen, es zu zerstören. Böses hat kein wirkliches Dasein, es hat nur deshalb Gestalt angenommen, weil wir es *im Geiste* bejaht haben. Wenn wir es aus den Gedanken streichen, verschwindet es von selbst.

Sie wünschen z. B. mit Rauchen und Trinken aufzuhören, doch weil Sie die Vorstellung haben, daß Sie nur sehr schwer aus diesem unerwünschten Schraubstock herauskommen, würde es für Sie wirklich sehr schwer sein. Wenn Sie aber zu Seicho-No-Ie kommen, werden Sie sehr leicht von diesen schlechten Gewohnheiten lassen. Warum? Weil Sie dann verstehen werden, daß der Mensch ein Kind Gottes ist und daß Alkohol und Tabak keine Macht über ihn haben, daß ein Kind Gottes keine schlechten Gewohnheiten hat, und daß schlechte Gewohnheiten das falsche Ich betreffen und nicht das wirkliche Sein. Wenn Sie z. B. beobachten, daß Ihr Kind etwas Schlechtes tut, denken Sie nicht, daß Ihr wirkliches Kind es getan habe, sondern nehmen Sie an, es sei das unwahre Ich, das es getan hat. Wenn Sie so nur das Gute sehen und das Böse nicht beachten, wird alles besser und besser werden, denn die Welt ist der Spiegel der geistigen Einstellung.

Diese oben erwähnte Theorie kann durch ein psychiatrisches Experiment bewiesen werden. Nehmen Sie ein Gewicht oder sonst etwas mit einer Schnur in zwei Finger, die Ellenbogen auf den Tisch gestützt und lassen Sie diesen Pendel in absoluter Ruhe herunterhängen. Konzentrieren Sie sich darauf, daß der Pendel vor und zurückschwingt. Er wird beginnen, sich vor und zurück zu bewegen. Konzentrieren Sie sich darauf, daß er von einer Seite auf die andere schwingt, und er wird beginnen, von einer Seite auf die andere zu schwingen. (Dieses Experiment ist im Abendland bekannt als der Schevrol'sche Pendelversuch. Anm. d. Übers.) Dieses Experiment beweist, wie Gedanken lebendig werden und sich sichtbar formen. Jedermann weiß, daß dieser Versuch schon auf der untersten Stufe der experimentellen Psychologie gelehrt wird. – Wenn also jemand nur gute Gedanken in seinem Bewußtsein behält, wird er ganz von selbst nur Gutes tun. Wenn Sie zufällig ein Kind etwas Böses tun sehen und machen daraus eine große Geschichte und sagen „Was bist du für ein böses Kind", so wird dieses Kind niemals gut werden. Es mag den Wunsch haben, ein gutes Kind zu sein, doch der überwiegende Gedanke „Ich bin ein böses Kind" wird es davon abhalten, gut zu sein.

Ich habe ein Glas Wasser vor mir auf dem Tisch stehen. Nehmen Sie an, Sie hätten auch eines vor sich stehen. Wenn ich mein Wasser trinke, werden auch Sie nach Ihrem Glas greifen und es zum Munde führen, und zwar ohne sich dieser Handlung bewußt zu werden. Sie hatten keineswegs die Absicht, meinem Beispiel zu folgen, aber Sie sahen mich trinken, in Ihrem Bewußtsein entstand der Gedanke an Wassertrinken, und dieser Gedanke veranlaßte Sie, meinem Beispiel zu folgen, denn ein Gedanke drängt immer sehr stark zur Verwirklichung.

Wenn Sie immer nur gute Gedanken hegen, werden Sie Gutes tun, ohne es zu wissen. Es war deshalb auch ein guter Gedanke des Lehrers, jedes Kind einen Kreis über seinen Namen machen zu lassen, so oft es eine gute Tat gesehen oder getan hatte.

Selbstkritik führt nur zur Überbetonung des Ichs und wirkt genauso, wie wenn über einem Namen ein schwarzer Kreis gezeichnet wird, jedes Mal wenn der Betreffende das Gefühl hat, etwas falsch gemacht zu haben. Immer wenn die schwarzen Kreise zusammengezählt werden, hat er den tiefgehenden Eindruck, „Wie schlecht bin ich" — „Wie schwer ist es für mich, gut zu sein!" Es ist sinnlos, sich auf diesem Wege bessern zu wollen. Wenn Sie aber dem Beispiel von Herrn Jrahashi folgen und versuchen, es, nur nach dem *Guten* Ausschau zu halten und *weiße* Kreise über ihrem Namen sammeln (für alles Gute das Sie sehen oder tun), dann wird Ihr „inneres Gutsein“ betont, und Sie können mit dieser Methode Ihr großes Ziel der Erziehung erreichen.

Dasselbe gilt auch für Krankheiten. Ich hatte einmal einen Lungenkranken beobachtet, der ständig seine Temperatur maß und jedes Mal, wenn er sie festgestellt hatte, sagte er sich „ich habe Fieber, ich bin wirklich krank“. So wurde die Krankheitsvorstellung stärker und stärker ins Bewußtsein gesetzt. Dies ist kein Weg um geheilt zu werden. Tun Sie das Thermometer weg und besinnen Sie sich auf Ihr wahres Selbst, das frei von Krankheit ist. Vertreiben Sie die Krankheitsvorstellung aus Ihren Gedanken und seien Sie sicher, bald zu gesunden.

Ich kenne eine Patientin im Ekoda Tuberkulose-Sanatorium, die lange Zeit leidend war. Sie las eine Geschenkausgabe von Seicho-No-Ie und war fast augenblicklich gesund. Jetzt hilft sie den Schwestern im Sanatorium. Eines Tages kam sie zu mir und erzählte die folgende Geschichte: Herr Kasahara, der im selben Sanatorium war, hatte eine Darmtuberkulose, und es ging ihm sehr schlecht. Der Arzt hatte ihn aufgegeben, das Ende wurde in ein bis zwei Tagen erwartet. Alles was er aß, erbrach er fast sofort. Er hatte keine Kraft mehr und konnte sich kaum bewegen. Die junge Dame, die ich vorher erwähnte, gab ihm das Heft von Seicho-No-Ie, das ihre Heilung bewirkt hatte. Nachdem er einige wenige Seiten gelesen hatte, erfaßte Herrn Kasahara ein starker Glaube daran, daß er ein Kind Gottes sei. Sein Glaube war so rein und stark, daß er sehr rasch gesund wurde. Er bat um eine große Schüssel voll Reis, viel mehr als die anderen Patienten bekamen, und vertrug und verdaute den Reis gut. Sein Darm wurde bei der Röntgenuntersuchung als gesund befunden. – Dies sind Beispiele dafür wie die Gedankenkraft sich bei tatsächlicher innerer Aufnahme auswirkt, indem sie Krankheiten heilt und Schulleistungen verbessert.

Das ursprüngliche Wesen des Menschen ist seine Gotteskindschaft. Deshalb hat der Mensch ungeheure Kräfte in sich. Zahlreiche irrige Ansichten haben jedoch diese Tatsache verdunkelt. Wir sehen große Heilmittelanzeigen in den Zeitungen. Nichts ist schlimmer, als die darin aufgeführten Krankheitssymptome zu lesen, denn es formen sich dabei Krankheitsvorstellungen, die zu verschiedenen echten Krankheiten führen. Heilmittelhersteller verwenden die Macht des Wortes für den falschen Zweck, vielleicht ohne es zu wissen. Kranke achten gewöhnlich besonders auf Anzeichen einer Krankheit und lesen solche Anzeigen besonders sorgfältig. Eine psychologische Theorie lautet „Gleiches zieht Gleiches an". Die Kranken werden aufmerksam durch die bedrohliche Schilderung von Leiden, die in den Anzeigen stehen, und der auf diese Weise gestärkte Gedanke an die Krankheit verstärkt die Krankheit.

Vielleicht habe ich zu lange bei dem Thema Krankheit verweilt, aber dasselbe kann auch für den Charakter eines Menschen gesagt werden. „Du bist ein guter Junge, ich bin sicher, du tust Gutes", das ist sehr viel besser gesagt als „Was für ein böser Junge bis du, du mußt versuchen, dich zu bessern". – Ich wünschte, alle Lehrer würden nur gute Worte verwenden, so daß die Schüler ihren Charakter und ihre Leistungen verbessern können.

Herr Kurihara von der Nagasaki Grundschule, Tokyo, ist Leser von Seiche-No-Ie. Da er nicht genügend Lehrräume hat, haben die Schüler in zwei Schichten Unterricht, und Herr Kurihara betreut die erste Klasse. Er stellte fest, daß die Schüler nicht so gut waren wie die Schülerinnen. Er sagte den Jungens, sie sollten vor jeder Unterrichtsstunde die Augen schließen und meditieren „Ich bin ein Kind Gottes, ich bin selbstbeherrscht und lerne meine Aufgaben gut". Das Ergebnis war eine wesentliche Verbesserung ihrer Leistungen. Der Klassendurchschnitt verbesserte sich um zwanzig Prozent. Das ist eine Tatsache, die um keinen Preis übersehen werden darf. Ich wünschte, alle Schulen würden diesem Beispiel folgen. Herr Kurihara versäumte niemals auch nur die kleinste Gelegenheit, um zu sagen „Was bist du für ein guter Junge! Ich bin sicher, du bekommst gute Noten", oder „du wirst niemals krank sein, denn du bist ein Kind Gottes". So hatte er den Erfolg, die Zahl der fehlenden kranken Schüler zu vermindern. Wenn ein Schüler länger als drei Tage fehlte, besuchte er ihn an seinem Krankenbett und fragt ihn „Wessen Kind bist du?" „Der Mutter ihres natürlich" antwortete der Junge. „Wessen Kind bist du noch?" „Dem Vater seins". „Ja" würde der Lehrer sagen „aber wessen Kind bist du *auch* noch? Habe ich es dir nicht gesagt". „Doch Herr Lehrer, ich bin ein Kind Gottes" antwortete der Junge, denn Herr Kurihara sagt seiner Klasse immer „Ihr seid geliebte Gotteskinder".

„Du hast vergessen, daß du ein Kind Gottes bist" würde er sagen „das ist der Grund, warum Gott in dir nicht richtig wirken kann und du krank geworden bist. Nun da du wieder weißt, daß du ein Kind Gottes bist, kann der Gott in dir dich heilen. Du bist nicht mehr krank, du hast dich erholt. Komme morgen wieder in die Schule". Es mag seltsam klingen, aber der Junge wurde sehr schnell gesund. Die Worte des Lehrers haben Wirkung, denn die Schüler glauben ihm fast genauso wie Gott selbst.

Etliche Tage später besichtigte der Schulinspektor von Tokyo-To die Ausstellung von Handarbeiten und Bildern von Kindern in der All-Toshima-Ku-Grundschule und gab den Arbeiten Noten.

Herr Kurihara, der die Bilder unter sich hatte, begleitete Herrn Sato. Die Arbeiten der Kinder in der ersten Klasse wurden zuerst geprüft. Eine ausgezeichnete Arbeit bekam „Goldpapier" darauf vermerkt, die zweitbeste „Silberpapier". Als Herr Sato die Arbeiten der Kinder der ersten Klasse betrachtete, sagte er wiederholt vor sich hin: „Zweite Klasse, zweite Klasse" und nickte jedesmal dabei. Herr Kurihara wunderte sich darüber und fragte nach dem Grunde dafür.

„Der Mensch benutzt verschiedene Maßstäbe", antwortete er, „Einen Maßstab für die Kinder der ersten Klasse, einen für die der zweiten Klasse, der dritten Klasse usw. Wenn ich eine Ausstellung mit einem bestimmten Maßstab eine Zeitlang ruhig betrachte, dann ändert sich mein Maßstab allmählich und wird stromlinienförmig. Wenn ich zu mir selbst sage „Erste Klasse, erste Klasse", so wird mein Maßstab stets derjenige der ersten Klasse bleiben. Somit behalte ich meinen Maßstab unverändert durch die Macht des Wortes."

Herr Kurihara war betroffen über diese Erklärung und sagte: „Sie fassen diese Dinge sehr tief auf. Hängen Sie einer bestimmten Religion an?" – „Nicht ausgesprochen. Aber welcher Religion hängen *Sie* an, da Sie mich danach fragen?"

„Um ehrlich zu sein", antwortete Herr Kurihara, „Ich gehöre zu Seicho-No-Ie", einer Neugeist-Bewegung in Japan. Sie verkündet, daß der Mensch vom Ursprung an ein Kind Gottes ist. Wir denken dabei sowohl an den Maßstab der Kinder Gottes, als auch an den der Kinder des Bösen, genau so wie Ihr Maßstab der Kinder I. und II. Grades. Sie sagen, Sie setzen den Maßstab für Kinder der ersten Klasse durch die Macht des Wortes, indem Sie wiederholt vor sich hin sagen: I. Klasse, I. Klasse. Seicho-No-Ie wendet ebenfalls die Macht des Wortes an und sagt: „Ich bin ein Kind Gottes, ich bin wahrlich ein Kind Gottes", um eine Lebensführung diesem Maßstabe gemäß herbeizuführen. Mit aller Kraft wollen wir die Macht des Wortes benutzen und uns an die in uns wohnende Gottheit wenden, um zu vermeiden, daß wir uns unbewußt nach einem falschen Maßstabe messen. Darum wiederholen wir stets: Kinder Gottes, Kinder Gottes. In der Schule sind alle Schüler Kinder Gottes. Ich glaube daran und sage es ihnen und versuche auf diese Art wieder und wieder das göttliche Selbst, das in den Kindern wohnt, herauszuheben." — Herr Sato, der Inspektor, empfand großen Respekt für diesen Lehrer nach dieser Erklärung.

Die Erziehungsmethode von Seicho-No-Ie besteht darin, die göttliche Natur in den Kindern durch die Macht des Wortes herauszuschälen, wie Herr Kurihara es so schön erklärte. „Nie habe ich jemals ein so gutes Kind gesehen!", dieses Wort wird die Gottesnatur in einem Kinde erwecken. „Was für ein unartiger Junge du bist!" Ein solches Wort wird ihn noch viel schlechter machen. Es kommt oft vor, daß ein Lehrer, der ein Kind bessern will, es in Wirklichkeit schlechter macht, weil er die Macht des Wortes nicht kennt. Wenn der Lehrer nur das Gute anerkennt und stets „konstruktive" Worte gebraucht, dann wird er überraschende Erfolge verzeichnen können. Darauf zielt die Kindererziehung bei Seicho-No-Ie.

Dies bezieht sich aber nicht nur auf Kinder. Wenn Mann und Frau sich gegenseitig loben und danken, dann kann kein Streit zwischen ihnen entstehen. Ein Wort des Lobes erfreut einen, auch wenn man weiß, es ist eigentlich nur ein Kompliment. Wenn eine Ehefrau immer ihren Mann lobt, dann wird er sich bald zum idealen Ehemann entwickeln. Wenn der Ehemann stets seine Frau lobt, dann wird kein Streit im Hause entstehen. Beispielsweise: „Noch nie bin ich einem so häßlichen Charakter wie dir begegnet," sagt die Frau. Darauf ist natürlich der Ehemann verletzt und sagt: „Ich arbeite, quäle mich ab, unseren Lebensunterhalt zu verdienen, und du sitzt faul zu Hause!" Er weiß sehr wohl, daß sie im Hause hart arbeitet, aber er ist zu verärgert, um das anzuerkennen. Wenn man nur das Schlechte sieht und jeder über des anderen Fehler herzieht, dann sehen die Fehler schlimmer und schlimmer aus. Aus diesem Grunde streiten sich Eheleute fortdauernd. Seicho-No-Ie lehrt gerade das Entgegengesetzte. Man sollte jedoch vor allem auf die Wirkung solcher Worte auf Kinder denken. Die experimentelle Psychologie zeigt, daß, wenn ein anderer ein Glas Wasser trinkt, man das Gleiche tut. Man wird also, wenn man ärgerlich ist, diesen Ärger zeigen, und die Kinder werden einen nachahmen. Diese Kinder, die in der Jugend sahen, wie ihre Eltern mit einander stritten, werden dasselbe tun, wenn sie erwachsen sind. Dies ist bekannt als „Neigung zur Nachahmung“. Ein Knabe oder Mädchen, das oftmals Streitigkeiten zwischen seinen Eltern gesehen hat, wird, nachdem es erwachsen ist, auch wieder mit seiner Ehefrau oder seinem Ehemann streiten. Bei sorgsamem Nachdenken wird man erstaunt sein, zu finden, daß man seine eigenen Kinder mit denselben Worten ausschelten wird, wie es die Eltern während unserer eigenen Kindheit getan haben. Diese unbewußt aufgenommenen Ideen kommen in späteren Jahren wieder ans Tageslicht. Somit muß man sehr vorsichtig damit sein, was man tut oder sagt, denn man setzt ein Beispiel für die Kinder, dem sie naturgemäß folgen.

Streit zwischen Eheleuten ist nicht nur ein schlechtes Beispiel für den Charakter, sondern er kann auch einen bösen Einfluß auf die Gesundheit haben. Herr Rissen, ein eifriger Anhänger von Seich-No-Ie, der jetzt aktiv als Vorstandsmitglied für uns arbeitet, hat eine Tochter, die von ihrem 6. bis zum 12. Jahre an Asthma litt. Die besten Doktoren in Tokyo, welche die Eltern befragten, konnten dem Kinde nicht helfen. Täglich erlitt sie einen schweren Anfall. Da die Medizin nicht helfen konnte, sahen sich die Eltern nach nicht-medizinischen Kurmöglichkeiten um. Sie beschäftigten sich eingehend mit „Handflächen-Heilung“, und wenn der Anfall kam, legte der Vater seine Hände auf den Rücken des Mädchens und die Mutter die ihren auf die Brust, acht oder zehn Stunden lang, doch auch dies brachte keinen Erfolg. Als die Eltern nun „Leben aus dem Geiste“ lasen, beendeten sie ihre persönlichen Streitereien, und das Asthma, das keine Medizin heilen konnte, verschwand. Dies zeigt, daß Streit zwischen Vater und Mutter schreckliche Krankheit des Kindes verursachen kann. Der schlechte Charakter eines Kindes oder seine Krankheit spiegelt den Charakter der Eltern wider, daher wird die Heilung eines Kindes zumeist unmöglich sein, wenn man nicht zuerst sein eigenes Gemüt behandelt.

Folgendes geschah, als ich in Sumiyoshi lebte. Die Frau eines hohen Staatsbeamten kam zu mir, um mich wegen ihres kleinen Kindes, das an Lungenentzündung erkrankt war, um Rat zu fragen. „Nicht Ihr Kind ist krank", sagte ich, „sondern Sie selbst. Sie selbst muß ich heilen. Wenden Sie sich herum, damit ich sie behandeln kann." Ich legte meine Hand auf ihren Rücken. Sie war stumm vor Erstaunen, da sie sich keinen Reim daraus machen konnte. Aber — das Kind hatte am nächsten Tage keinen Husten mehr! Sie verstand dann, daß ihre eigene Gemütsverfassung sich im Kind widergespiegelt hatte und es krank werden ließ. Seit dieser Zeit wurde sie aufrichtige Anhängerin von Seicho-No-Ie. Auch andere Mitglieder ihrer Familie erkrankten während dieses Jahres, aber auch sie alle sind wieder gesund.

Es ist eine feststehende Tatsache, daß das Gemüt der Eltern sich im Kinde widerspiegelt. Das Kind, dessen Mutter immer vor sich hin spricht: „Wie schwach mein Kind doch ist!" kann nie gesund sein. Nun werden manche sagen: „Wie kann ich sagen, daß mein Kind gesund ist, wenn es doch schwach ist?" Die Erklärung lautet: Das wirkliche Selbst im Menschen ist der innen wohnende Christus; äußerlich mag man schwächlich erscheinen, doch in der Wesenstiefe, im göttlichen Selbst, ist man es nicht. Wie unvollkommen die äußere Erscheinung auch sein mag, Seicho-No-Ie sieht auf das Innere, das vollkommen und gesund ist; dieses vollkommene

Innere nennt man „Leben aus dem Geiste“ oder „das wahre Selbst des Menschen“. Dieses wahre Selbst ist in seinem Ursprung ein Kind Gottes, also vollkommen, harmonisch. Darum nennt man Seiche-No-Ie's heiliges Buch: „Leben aus dem Geiste“. Das wahre Selbst ist niemals schwach, es hat unendliche Kraft und unbegrenzte Fähigkeiten. Es *erscheint* unvollkommen nur, weil Wolken des Irrtums es überschatten.

Man kann die zeitweise unvollkommene Erscheinung des Menschen mit dem Monde vergleichen, der sich auf der Oberfläche des Wassers widerspiegelt. Die Wellen lassen ihn rund oder verzerrt erscheinen, doch wie verzerrt auch immer der sich widerspiegelnde Mond erscheint, der wirkliche Mond am Himmel ist und bleibt rund. So ist auch der wirkliche Mensch jederzeit vollkommen. Die Materie ist nur der Schatten des Geistes und zeitgebunden (= KARI-NO-MONO). Eine bestimmte Shinto-Sekte behauptet, daß die fleischliche Materie ein entliehener Tempel (= KARIMONO) Gottes ist, dem man Miete bezahlen muß, da ER dem Menschen sonst jederzeit kündigen könnte, ihn also dadurch zwänge, einen Beitrag zu bezahlen. Solch eine Religion sieht den zeitbedingten Tempel des Fleisches als Vergängliches, Geborgtes (KARIMONO) an. Auch die buddhistische Philosophie spricht von dem „vergänglichen Fleische“. Seicho-No-Ie wendet diese Theorie im täglichen Leben an. Wie schwächlich auch immer ein Mensch äußerlich erscheinen mag, so kann sich seine Erscheinung dadurch verändern, daß er sich in Wirklichkeit als vollkommenes Kind Gottes oder Buddhas fühlt. Wenn z. B. ein Kind körperlich schwach ist, muß man sich sein *wirkliches* Selbst vergegenwärtigen und sich sagen. „Es ist sehr stark", dann wird das Bewußtwerden seiner „Wirklichkeit" sich im Körperlichen widerspiegeln. Auch wenn ein Schulkind nur kümmerliche Leistungen vorweist, sollte man dies als eine zeitweise Erscheinung ansehen und sich bemühen, sein Wirkliches durch die Macht des Wortes herauszubringen, indem man sagt: „Du bist ein gutes Kind, bald schon wirst du bessere Leistungen zeigen."

Eine Frau, deren Sohn in der 6. Klasse war, besuchte mich neulich und sagte: „Mein Sohn ist in der sechsten Klasse, aber er arbeitet überhaupt nicht. Er ist der wildeste Nichtsnutz, den ich je gesehen habe. Könnten Sie ihm bitte ernsthaft sagen, daß er gehorchen und arbeiten soll?"

„Nicht Ihr Sohn", antwortete ich, „sondern Sie selbst sind zu tadeln. Sie sprechen Böses über ihr eigenes Kind in seiner Gegenwart. Glauben Sie, daß das gut für ihn ist? Sie sollten seine guten Seiten zu erkennen suchen und ihn loben. Schauen Sie ihn doch an. Was für schöne Züge! Er ähnelt sehr dem großen Takamori Saigo."

„Was für ein guter Junge du doch bist! Du wirst noch größer werden als Takamori Saigo. Ich bin sicher, daß du Erfolge haben wirst. Ich weiß auch, daß du von jetzt an deinen Eltern gehorchen und eifrig arbeiten wirst."

Ich sprach zu ihm so, als ob ich ganz davon überzeugt wäre. „Ich bin ganz sicher, du bist ein guter Junge, nicht etwa unzulänglich. Du wirst ein braver Junge werden." Solche positive Behauptung wird einen guten Erfolg haben. Was mit fester Überzeugung ausgesprochen wurde, wird sich in der gleichen Weise auswirken.

Am gleichen Abend noch veränderte sich der Charakter dieses Knaben.

Er hatte die Angewohnheit seine Jacke und Beinkleider aufs Geratewohl auf den Boden zu werfen, bevor er zu Bett ging, aber an diesem Abend faltete er sie sorgfältig und legte sie neben sein Bett. Ich hatte ihm darüber nichts gesagt; ich hatte nur festgestellt, er hätte feine Gesichtszüge und würde sicherlich Erfolg in der Welt haben. Mein Wort, „Du bist wie Takamori Saigo“ war dasselbe wie „Du bist ein Kind Gottes“, Takamori Saigo ist ein berühmter japanischer Held. Aber wenn ein Kind daran glaubt, daß es „gut“ sei, und daß es im späteren Leben „groß“ werden wird, dann kommt seine gute Natur in erfreulichen Handlungen zum Ausdruck. Er wurde nicht nur ein guter Schüler, sondern bewies sich auch gut in seinen sonstigen Beschäftigungen. Kinder respektieren ihre Eltern, und die Worte derer, die sie respektieren, haben Wirkung auf sie. Ich hoffe, daß alle Eltern ihre Kinder soviel wie möglich loben und damit die göttliche Natur in ihnen hervorbringen.

Bei unserer Mitgliederversammlung heute morgen sprach ich von einer Frau, die täglich acht Jahre lang (vom 14. bis zum 22. Jahre) Blut gespien hatte, und der keine medizinische Behandlung helfen konnte, aber von dem Augenblicke an, als sie eine meiner Vorlesungen anhörte, war sie geheilt, da ihr Gemüt sich dadurch verwandelte. Ihre Tante hat eine Tochter, die im ersten Semester eine Mädchen-Universität besucht, die einer Missionsschule angegliedert ist und von einer Ausländerin geleitet wird. In allen Fächern war sie gut mit Ausnahme des Sopransingens. Wenn sie hohe Töne anschlagen soll, singt sie falsch. Dies erzählte mir ihre Mutter. „Hat ihr einmal jemand gesagt“, fragte ich, „daß sie darum hohe Töne schlecht singen konnte, weil sie vielleicht damals erkältet war? Dadurch entmutigt, redete sie sich ein, daß sie kein Talent zum „hoch"-singen hatte und verschlechterte dadurch ihre Stimme, bis sie dann wirklich glaubte, ihr Singen tauge nichts. Wenn man hypnotisiert und es einem eingeredet wird, daß die Hand auf dem Kopfe feststeckt, dann wird es unmöglich sein, die Hand vom Kopfe zu lösen, und der Kopf wird der Hand folgen, als ob beide wirklich fest aneinander hafteten. Es ist nicht so, als ob Hand und Kopf wirklich aneinander hängen, sondern der Hypnotisierte glaubt, es sei so. In gleicher Weise, wenn jemand glaubt, er könne nicht singen, dann wird er eben durch diesen Glauben es auch nicht vermögen, und er wird denken, daß er nicht singen könne. Es kommt mithin darauf an, diesen Glauben von Ihrer Tochter zu nehmen. Wenn Sie SHINSOKAN, d. h. Meditation vornehmen, dann setzen Sie sich dabei an das Bett Ihrer Tochter und sagen folgendes: „Du bist eine Tochter Gottes, du kannst alles tun, was du willst. Sopran-Singen ist da keine Ausnahme! Ich bin davon überzeugt, daß du sehr gut Sopran singen kannst, es ist sogar sicher."

Sie ging nach Hause und befolgte meinen Rat. Ihre Tochter hatte am nächsten Tage eine Gesangstunde. Die Lehrerin forderte sie auf, zu singen. Das Mädchen stand auf und sang mit schöner Stimme die hohen Noten, die sie bislang nicht hatte singen können. Ihre Stimme klang so lieblich, daß die Lehrerin überrascht bemerkte: „Wie süß doch deine Stimme klingt! Warum konntest du früher nicht so singen?" Kurz gesagt, der bisherige Mißerfolg lag nicht daran, daß sie keine Sing-Begabung hatte, sondern daß sie die ihr eigene Begabung unterdrückte.

Ein Mädchen mit Namen Nakajo besucht dieselbe Missionsschule. Ihre Mutter kam zu Seicho-No-Ie, um wegen ihrer Tochter bei mir Rat zu holen. Sie sei so mürrisch und schüchtern, sagt sie, daß sie niemals eine Antwort gab, wenn ihre Lehrerin in der Klasse sie etwas fragte. Sie lernte Englisch schon in der Grundschule, wie das in den Missionsschulen üblich ist, aber ihr Englisch war schlecht, und ihre Mutter mußte oft zwecks Beratung in die Schule kommen. Nun wohnte die Mutter einer Seicho-No-Ie-Versammlung bei Kinchu & Co am Fuße der Asakusa Brücke bei. Dabei lernte sie die geistigen Gesetze kennen und verstand, daß sie selbst an der Schüchternheit ihrer Tochter Schuld hatte. Gerade zu dieser Zeit bekam sie wieder eine telefonische Aufforderung, die Schule zu besuchen, um dort wieder von den schlechten Leistungen ihrer Tochter zu hören. Sie erinnerte sich an meine Worte: „Ein Kind kann vor dem Lehrer nicht sprechen, wenn sein Geist nicht harmonisch eingestellt ist. Ihre Tochter ist darum zu schüchtern im antworten, weil sie nicht harmonisch mit ihrer Lehrerin eingestellt ist. Sie müssen zuerst um Harmonie in ihrem eigenen Gemüte beten. Sinnen Sie darüber nach, wie Ihre Tochter und ihre Lehrerin in Harmonie mit einander kommen können und bitten Sie, daß Ihr Gebet in Erfüllung geht." Sie saß also in der Bahn auf dem Wege zur Schule still und aufrecht, als ob sie SHINKOSAN ausüben wollte und betete ernsthaft vor sich hin: „Lehrer und Schüler sind in Harmonie, in vollkommener Harmonie."

In der Schule angekommen, ging sie ins Klassenzimmer und fand dort zu ihrer freudigen Überraschung ihre Tochter eifrig die Fragen der Lehrerin beantwortend. Auch die anderen Schülerinnen, die ebenso schüchtern und schweigsam gewesen waren, hoben die Hände, um die Fragen zu beantworten. Dies geschah, weil Frau Nakajo gebetet hatte, daß „Lehrer und Schüler in Harmonie, in vollkommener Harmonie sind." Nach Schluß der Stunde sagte die Lehrerin: „Ihre Tochter hat heute Gutes geleistet. Den Grund dafür weiß ich nicht. Wenn sie das früher schon getan hätte, würde ich Sie nicht hierher gebeten haben. Es ist wirklich seltsam, denn auch die anderen Schülerinnen antworteten zufriedenstellend." Die geistigen Schwingungen der Mutter hatten also ihre Wirkung nicht verfehlt.

Von da an betete die Mutter während ihres SHINKOSAN öfter: „Meine Tochter und ihr englischer Lehrer sind in vollkommener Harmonie". Später sagte der englische Lehrer, ein Ausländer: Ihre Tochter hat sich seit kurzem außerordentlich in ihrer englischen Konversation verbessert." Er war darüber so erfreut, daß er sagte: „Senden Sie sie mit einigen anderen in meine Wohnung, so daß ich sie dort weiter lehre." Der Lehrer selbst regte dies an, ohne daß ihn die Mutter darum gebeten hatte. Es war üblich, dem Lehrer 1000,– Yen monatlich für den Heimunterricht zu zahlen, aber in diesem Falle hatten die Gebete der Mutter eine so vollkommene Harmonie zwischen Lehrer und Schülern bewirkt, daß der Lehrer von der Erhebung der Gebühr absah.

Wenn Lehrer und Schüler nicht in Harmonie miteinander sind, fürchtet sich der Schüler vor dem Lehrer, und dies hindert den Schüler daran, Gutes zu leisten. Nur wenn vollkommene Harmonie besteht, wird der Schüler Hervorragendes leisten können.

Eine andere Mutter, die ebenfalls der Versammlung bei Kinchu & Co, Asakusa, vor einigen Tagen beiwohnte, bat mich, ihre Tochter, die auch zugegen war, dahin zu belehren, daß sie besser arbeitete. Sie sagte: „Meine Tochter arbeitete früher fleißig und bekam gute Zeugnisse, aber jetzt will sie nicht arbeiten und bekommt schlechte Noten." Ich stellte an das Mädchen verschiedene Fragen, um den Grund für die Verschlechterung ihrer Leistungen herauszubekommen, und fand, daß sie einmal vergessen hatte, ihre Aufgaben zu machen. Daraufhin hatte der Lehrer sie böse gescholten: „Wie faul du doch bist!" Von da an verlor sie alles Interesse an ihren Studien, und ihre Leistungen wurden sehr gering, ein Beweis dafür, wie die Worte des Lehrers einen an sich guten Schüler schlecht beeinflussen können. Ich wandte mich also an das Mädchen und sagte ihr: „Du bist ein gutes Kind. Ich weiß, du wirst nun wieder sehr eifrig arbeiten", und zu der Mutter sagte ich: „Sehen Sie doch ihre Stirn an! Wie intelligent sie aussieht. Ich weiß, daß sie ein gutes Kind ist und die Arbeiten jeden Tag richtig ausführen wird." Und so geschah es. Von der Zeit an wurde sie wieder „gut", und ihre Mutter kam noch einmal zu mir, um mir zu danken.

Wir haben also verstanden, daß geistige Wellen auf Lehrer und Schüler, Ehemann und Frau, Eltern und Kinder wirken, und es ist uns klar geworden, daß alles Gute und Schlimme, das in unserer Umgebung geschieht, nur Widerspiegelung unseres eigenen Geistes ist.

Mrs. Matsumoto, die frühere Leiterin von Tomo-no-Kai, Nanao-machi, Ishikawa-ken, hatte gehört, daß Seicho-No-Ie verschiedene Krankheiten heilt. Sie kam den langen Weg von Hokoriku zu mir nach Sumiyoshi, wo ich damals wohnte. Sie brachte ihren sechsjährigen Sohn mit, der nur sehr ungeschickt laufen konnte, weil seine Füße sich immer nach innen drehten und gegen einander stießen.

„Wir gingen zum Arzt, aber er konnte nicht helfen", sagte sie. „Wir lange müssen wir hier bleiben, bis er geheilt werden kann?"

„Sie brauchen gar nicht hierzubleiben", sagte ich. „Hier ist ein Buch „Leben aus dem Geiste". Nehmen Sie es mit und lesen Sie es zu Hause. Sie brauchen keinen Augenblick länger hierzubleiben. Begeben Sie sich nur gleich auf den Heimweg, lesen Sie das Buch sorgfältig, dann werden Sie verstehen, was die Ursache der Beschwerden des Jungen ist."

Sehr enttäuscht nahm sie das Buch und ging fort. Daheim angekommen, sagte sie zu sich selbst: „Dr. Taniguchi sagte, wir sollten zwecks Behandlung gar nicht dort bleiben. Das heißt, daß mein Junge unheilbar ist." Sie war so unglücklich über ihr Kind, daß sie zwei Nächte schlaflos verbrachte. Nach einer Weile aber erinnerte sie sich an meine Weisung, das „Leben aus dem Geiste" zu lesen. Sie wurde dabei so bewegt, daß sie empfand, das Buch sei für sie speziell geschrieben. Beim Weiterlesen wurde sie gewahr, daß sie selbst Schuld hatte.

Um ehrlich zu sein, sie war die zweite Frau ihres Mannes. Die erste Frau hatte zwei Töchter hinterlassen, und sie hatte ihren eigenen Sohn, diesen, der mit nach innen gekehrten Füßen einherging. Als sie sich vergegenwärtigte, daß sie ihrem Mann und den Kindern gegenüber im Unrecht war, beschloß sie, ihren Lebenswandel zu ändern und wurde viel heiterer. Wenn die Familie früher bei Tische saß, sahen alle verdrießlich aus. Die ältere Stieftochter teilte Reis für alle aus mit Ausnahme des kleinen Jungen. Ihr eigenes Gemüt, das gegen die Stieftöchter Abneigung empfand, hatte sich in den Kindern widergespiegelt. Aber am nächsten Morgen, nachdem sie Reue verspürt hatte, sagte die Stieftochter zu dem kleinen Bruder: „Gib mir deine Schüssel, ich will dir Reis hineintun." – „Oh danke", sagte der Junge fröhlich. Plötzlich hatte sich die Atmosphäre verändert. Von der Zeit an besserte sich auch die Gangart des Kindes, jedoch nur, wenn die Mutter zusah, konnte der Knabe richtig gehen. Wenn sie *nicht* auf ihn schaute, stieß er seine Füße genau so linkisch gegeneinander wie vorher. Die Frau wußte nicht, warum. Sie sprach zu Mr. Tango davon, der auch ein Leser von Seicho-No-Ie war. „Der Grund dafür ist", sagte er, „daß Sie innerlich noch immer einen Unterschied zwischen Ihrem eigenen Sohn und Ihren Stiefkindern machen, nicht dann, wenn jemand dabei ist, aber vielleicht dann, wenn niemand zusieht." Sie leugnete zunächst, doch nach ernsthafter Überlegung gestand sie sich ein, daß sie wirklich noch einen Unterschied machte, und dieser Gemütszustand der Mutter spiegelt sich in den Kindern wider.

Die ältere Stieftochter war in der sechsten Klasse und sollte im folgenden Frühjahr in die höhere Mädchenschule eintreten. Aber sie arbeitete nicht eifrig genug. Für eine Weile saß sie an ihrem Pult, dann aber lief sie hinaus, um zu spielen. Die Mutter begann sich selbst zu prüfen. Sie fand heraus, daß sie wohl hoffte, daß das Mädchen arbeiten und ein gutes Kind sein würde, *aber nicht um des Mädchens selbst willen.* Sie befürchtete nämlich, daß, wenn das Kind die Aufnahmeprüfung nicht bestünde, sie, die Mutter, in ihrer Ehre gekränkt sein würde. Außerdem konnten dann andere sie im Verdacht halten, ihre Stieftochter nicht dringend genug zum Arbeiten angehalten zu haben. Sie ermahnte also ihre Stieftochter um ihrer eigenen Eitelkeit willen zu arbeiten. Als die Mutter ihren Fehler erkannt hatte, beschloß sie, das Mädchen zum Zwecke ihrer persönlichen Weiterentwicklung zur Arbeit zu ermahnen. Von da an blieb die Tochter von selbst an ihrem Arbeitspult.

Eines Tages hatte die Tochter noch sechs arithmetische Formeln zu lernen für ihr Examen, das am nächsten Tage stattfand. Leider aber hatte die Mutter an diesem Abend Besuch in ihrem Zimmer und konnte sich geistig nicht länger vorbereiten. Nachdem der Besucher fortgegangen war, erinnerte sie sich, was ihre Tochter über die Formeln gesagt hatte, aber das Mädchen war schon eingeschlafen. Sie wußte, daß in unserer Heiligen Schrift steht, daß, wenn man einem Schlafenden etwas vorliest, es sich in den Geist des Schlafenden einprägt. Sie dachte also, es könnte sich ebenso mit den Formeln verhalten und las sie wiederholt dem schlafenden Mädchen vor. Als ihr Ehemann zufällig hereinkam, fragte er sie, warum in aller Welt sie das tue, aber sie war so ernsthaft bei der Sache, daß sie nicht auf ihn hörte. Am nächsten Morgen bat sie das Mädchen, die sechs Formeln aufzusagen. „Warum?“, fragte das Kind. – „Es ist für dich nicht nötig, zu wissen warum, ich möchte aber, daß du die Formeln aufsagst.“ – Das Mädchen wußte sie alle mühelos. Wie deutlich spiegelt sich doch der Geist der Mutter im Kinde wider!

Mr. Masaburo Matsumoto ist einer unserer Anhänger in Okubo, Tokyo. Seine Tochter kam nur sehr kümmerlich in der Schule voran bis zum vorigen Sommer. Sie bekam die schlechteste Note in Arithmetik, und der Lehrer sagte, sie solle sich erst gar nicht zum Eintrittsexamen für die höhere Mädchenschule melden. Als aber das Mädchen zu Seicho-No-Ie kam, sagte man ihr: „Du bist ein Kind Gottes. Es ist unmöglich, daß du in der Schule nicht weiterkommst." Sie war gehorsam und glaubte, was ihr gesagt wurde. Von dieser Zeit an verbesserte sie sich auffallend nicht nur in Mathematik, sondern auch in allen anderen Fächern. Sie ging in das Aufnahme-Examen und bestand es.

Nach Untersuchung ihrer Augen in der Grundschule sagte man ihr, sie sei kurzsichtig und müsse Gläser tragen, aber seit ihrem Besuch bei Seicho-No-Ie war sie zu der festen Überzeugung gekommen, daß „der Mensch von Uranbeginn vollkommen sei, so daß es Kurzsichtigkeit gar nicht gäbe", und so weigerte sie sich, Gläser zu tragen. Nach kurzer Zeit besserten sich ihre Augen. Als sie in das Examen für ihre Aufnahme ging, waren die Augen vollständig geheilt.

Kurz- und Schwachsichtigkeit können leicht geheilt werden. Die meisten Menschen, die zu Seicho-No-Ie kommen, werfen ihre Gläser bald beiseite, auch diejenigen, die sie schon lange Zeit trugen. Kurzsichtigkeit sowohl wie Schwachsichtigkeit können geheilt werden. Mrs. Miya, die Leiterin der Kobe-Niederlassung von Ofu-Kai, der Vereinigung der vom Nippon (Japan) Frauen-Universität Graduierten, mußte Konvex-Linsen tragen, um die „12"-Typen lesen zu können. Nachdem sie sich einen Monat lang mit Seicho-No-Ie „Leben aus dem Geiste" beschäftigt hatte, verbesserte sich ihre Seh-Fähigkeit soweit, daß sie die „5-Punkt"-Typen ohne Augengläser lesen konnte, sie vermochte sogar, die kleineren Typen, die zwischen den Zeilen in Glanzschrift gedruckt waren, zu lesen.

Mrs. Miya ist jetzt sehr glücklich, aber früher hatte sie außerordentlich gelitten. Sie war eine gläubige Christin und hatte den irrtümlichen Glauben, Unglücksfälle begrüßen zu müssen, wie das Christen oft tun. Überschüssige Energie in Leiden umzusetzen, ist jedoch ein Irrglaube. Gott will nicht, daß Menschen leiden; doch viele Christen sind leider davon überzeugt, daß Gott Krankheiten und Unglücksfälle als Strafen für begangene Sünden sendet, und daß man sie daher geduldig annehmen müsse, um für seine „Sünden" zu büßen. Mrs. Miya war so fromm, daß sie Gott dafür *dankte*, als ihr ältester Sohn starb; aber seitdem sie Seicho-No-Ie zu besuchen begann, entdeckte sie Gott erst wirklich. Sie fing an, die Liebe Gottes zu verstehen. Sie begann sich zu vergegenwärtigen, daß Unglück und Leiden nicht von Gott herrührten, sondern Widerspiegelungen unseres eigenen irrenden Geistes waren. Da die sich offenbarende Welt nur die Ausgeburt unseres eigenen Gemütes ist, so verwandelte der Umschwung in Mrs. Miya auch ihre Umgebung ganz und gar. Sie benötigte keine Augengläser mehr. Ihr in Uneinigkeit verstricktes Heim kam zur Harmonie. Es war wie ein balsamisches Frühlingswetter.

Mrs. Miya war eine gläubige Christin, ihre Schwiegermutter hingegen war Anhängerin der Shinshu-Sekte der Buddhisten. Diese beiden Bekenntnisse konnten kaum unter demselben Dache friedlich miteinander leben, doch jetzt nach Mrs. Miya's Besuchen der Seicho-No-Ie-Vereinigung fand sie plötzlich heraus, daß es ursprünglich nur *eine* Religion geben könne, und somit wurde Friede in ihrem Hause hergestellt.

Mrs. Miya hatte eine Tochter, die bei ihrer Nahrung sehr wählerisch war. Sie mochte weder Fisch noch Fleisch essen. Wenn auch nur ein kleines Stückchen Huhn in ihrer Suppe war, schob sie den Teller beiseite und rührte ihn nicht an. Die Mutter versuchte sich darüber klar zu werden in dem Gedanken, daß diese Abneigung ihrer Tochter eine Widerspiegelung ihres eigenen Gemütes sei, aber sie war sicher, nicht eigenwillig zu sein. Im Gegenteil, sie nahm alles mit Geduld auf. Als gläubige Christin hatte sie stets ihrem Ehemann gehorcht und ihm nie widersprochen. Sich zu opfern, empfand sie als ihre Lebensaufgabe. Es gibt viele Christen mit der Überzeugung, daß ein Leben voller Opfer Gott wohlgefällig sei. Christus, der Meister, hatte sich am Kreuz für die Sünden der Menschheit geopfert. Daher betrachten soviele seiner Anhänger Opfer als hohe Tugend. Mrs. Miya schien wirklich nicht eigenwillig zu sein. Wenn sie z. B. der Ofu-Kai Direktor-Versammlung beiwohnen wollte, bat sie zunächst ihren Ehemann um Erlaubnis. Wenn er sagte, es wäre für sie nicht nötig hinzugehen, so versuchte sie nicht, ihren Wunsch durchzudrücken, sondern schwieg und gehorchte ihm.

Äußerlich war sie also Gehorsam selbst, aber innerlich fragte sie sich: „Weshalb erfüllt er nicht meinen Wunsch?“ Sie dachte nach und fand dann heraus, daß in dieser grollenden Frage ihr Unrecht bestand. Sie war äußerlich gehorsam, widersetzte sich aber innerlich. „Oh, ich sehe jetzt, was ich falsch gemacht habe“, sagte sie zu sich selbst. „Von jetzt an werde ich auch innerlich nicht mehr eigenwillig sein.“

Einige Tage später fragte ihre Tochter bei der Mahlzeit: „Wie heißt dieser Fisch? Er schmeckt so gut!“ Mrs. Miya staunte darüber. Nun erkannte sie, daß ihr Gemüt sich wirklich in demjenigen ihrer Tochter widerspiegelte.

Einige Tage später beim Abendessen kaute ihre Tochter an etwas sehr lange Zeit, dann sagte sie: „Was ist das, Mutter? Ich kann es nicht zerkauen, wie sehr ich mich auch darum bemühe.“ Die Mutter sagte: „Wirf' es nur fort.“ Es war ein Stück von der Haut des Huhnes, woran noch einige Federn hingen, etwas, was die Tochter früher nur mit Abscheu betrachtet hätte, geschweige denn gegessen. Die Mutter hatte ihre Tochter nicht ermahnt, ihre Ansichten umzuändern, doch die Mutter selbst hatte sich geändert, und so wandelte sich auch ihre Tochter. Das Kind ist ein Spiegel, in dem das Gemüt der Mutter widerscheint. — Ihr Mütter, beobachtet Eure Kinder und seht Euer eigenes Gemüt sich in ihnen widerspiegeln!

Etwas anderes, was ich hier noch erwähnen möchte, ist die eigentümliche Einstellung der Mutter zu ihren Kindern. Eine Mutter, die ihr Kind für ungehorsam hält, ist sicherlich selbst innerlich ungehorsam ihrem Manne oder ihrer Schwiegermutter gegenüber. (In Japan ist die Mutter des Mannes eine hohe Respektsperson.) Die Mutter hat die Aufgabe, der jüngeren Generation Gehorsam der älteren gegenüber zu lehren. Die Kinder stehen auf der untersten Stufe, denn sie haben noch niemanden, der ihrem Beispiel folgt, und der Vater als Herr des Hauses kann ihnen nicht zeigen, daß man seinem Vorgesetzten gehorsam zu sein habe, denn er braucht niemandem im Hause zu gehorchen. Das Kind verbringt den größten Teil seiner Zeit mit der Mutter und sieht und hört, was die Mutter tut und sagt, so daß der Mutter Natur, Geist und Benehmen sich im Kinde widerspiegelt. Mütter, die gute Kinder haben wollen, sollten über sich selbst nachdenken und ihre eigene Art verbessern.

Tadel wird nie ein Kind bessern. Man sollte nur auf die guten, nicht auf die schlechten Seiten sehen; man soll des Kindes vollkommenes wirkliches Selbst erkennen und es loben und dadurch heben. Nur dann wird das Kind sich zum Besseren wandeln.

Ich erwähnte am Anfang, daß man ein Glas Wasser zum Munde führt, wenn man andere trinken sieht, ohne daß man dessen bewußt gewahr wird. Es ist sehr viel besser, selbst ein hervorragendes Beispiel vorzuleben, als nur Befehle zu erteilen. Es ist äußerst wichtig, ein gutes Beispiel und würdige Taten vorzuzeigen.

Obiges ist die wörtliche Wiederholung meiner Vorlesung über „Der Weg zur richtigen Erziehung“ für Eltern, die ich am 15. März 1935 an der Urashima Grundschule in Yokohama gehalten habe. Es ist dies eine kurze und allgemein gehaltene Beschreibung dessen, was „Richtige Erziehung“ sein soll.

Die Erzählungen, Personen, deren Adressen und Betätigung stammen aus dem Jahre 1935, aber ich habe trotzdem die Vorlesung hier wiederholt, weil die darin enthaltenen Wahrheiten auch heute in voller Tatsächlichkeit bestehen.

2. Kapitel

SEICHO-NO-IE's METHODE BEI DER KINDERERZIEHUNG

Viele Mütter machen sich zu große Sorgen über ihre Kinder und übermitteln demgemäß negative Gedanken. Dadurch schaden sie der Gesundheit und beeinträchtigen das Schicksal ihrer Kinder. Manche Mütter sind so ängstlich, daß sie ihre Kinder nicht für einen Augenblick aus den Augen lassen wollen. Sie bilden sich ein, daß ihre Kinder von einem Auto überfahren werden oder im Fluß ertrinken werden.

Warum können sie nicht umgekehrt denken? Sie sind überbesorgt, weil sie denken, daß ihre Kinder Menschenkinder seien, nicht Gotteskinder. *Gott* zieht seine Kinder auf; Menschenkinder werden von *Menschen* aufgezogen. Solange die Mutter denkt, daß ihre Kinder Menschenkinder sind, wird sie ihr ganzes Leben hindurch überbesorgt sein. Sobald sie weiß, daß es Gotteskinder sind, wird sie ihre Kinder respektieren und soviel wie möglich für sie tun, aber sie wird sich nicht mehr um sie ängstigen, weil sie weiß, daß Gott seine Kinder beschützen wird. Wenn Du denkst, daß ein Sterblicher die Macht hat, die Kinder am Leben zu halten, dann mußt Du Deine Kinder Tag und Nacht ohne eigenen Schlaf bewachen, das aber ist unmöglich. Die Macht Gottes hält Deine Kinder am Leben, auch wenn Du nicht über sie wachst.

Gott hat uns geschaffen. Wenn du das Wort „Gott“ nicht gebrauchen willst, so nenne es „Leben“.

Der Mensch, der die Macht Gottes bezweifelt, ist unweise. Der Mensch, der die Kraft der Menschen, die Gott als der Herr der Schöpfung schuf, bezweifelt, versteht nicht die Wahrheit.

Die Unendlichkeit lebt in uns. Jeder kann ein Genie werden, sobald er diese Unendlichkeit herausfindet. Jeder ist mit einer genialen Anlage in ihm geboren, doch nicht jeder wird ein Genie. Das erscheint unlogisch. Wer ist für diese Unlogik verantwortlich? Sie besteht, weil der Mensch die Wahrheit nicht sehen will. Sie besteht, weil die Eltern die Wahrheit nicht sehen. Den Diamanten, den sie besitzen, halten sie für einen Stein und beachten ihn nicht.

Glaube an den Menschen! Glaube an die Schöpfung Gottes. Glaubt an den ursprünglichen, aus Gott geborenen Menschen, und das ist das Kind.

Der Genius in dem Kinde ist wie ein unpolierter Diamant. Er ist ein fehlerloser edler Stein. Seid nicht enttäuscht, wenn der Blitz des Genies sich noch nicht zeigt. Betrachtet nicht die körperliche jetzige Erscheinung, zweifelt nicht an der Schöpfung Gottes. Gott hat den Genius geschaffen und in jedem einzelnen Menschen verborgen, um Müßiggang und Verderbtheit des Menschen zu vermeiden. Gott freut sich über des Menschen eigene Bemühungen und Entdeckungen.

Jeder Mensch hat ein individuelles Leben, er muß daher entdecken und erschaffen. Derjenige, der sein Kind verachtet, weil dessen Genius noch nicht hervorgetreten ist, ist ein Verächter des Lebens und Gottes. Betrachte Dein Kind nicht als Dein eigenes Kind. Die unendliche Fähigkeit Gottes liegt in dem Leben des Kindes. Der Mensch, welcher sogar in einem wilden Blümchen, das morgen vielleicht ins Feuer geworfen wird, Gottes Schöpfung erkennt, ist glücklich zu preisen.

Der Glaube an die Schöpfung Gottes ist die fundamentale Erfordernis, um den Genius des Kindes zu nähren. Die Eltern müssen daran glauben, daß ihr Kind eine Schöpfung Gottes ist. Sie müssen alle Mühe anwenden, das Kind persönlich realisieren zu lassen, daß es von Gott geschaffen ist und darum einen hohen Geist entwickeln kann und muß, um der Schöpfung Gottes würdig zu sein.

Der Durchschnittsmensch denkt, daß die Erziehung der Kinder vor dem sechsten oder siebenten Jahre ihr zartes Gehirn schädigen kann. Seicho-No-Ie ist dieser Meinung nicht.

Eine gewisse Berechtigung hat dieser Gedanke nur, weil die jetzige Generation annimmt, daß Erziehung das Gehirn überfüllt. Das Gedeihen eines großen Geistes kann aus einer solchen Erziehung nicht abgeleitet werden. Der Lebenszweck des Menschen ist nicht, ein wanderndes Wörterbuch zu werden. Seicho-No-Ie erhofft eine weit größere Entwicklung des Menschen und betrachtet die Erziehung als ein Hervorholen dieser unendlichen Größe.

Mit der richtigen Erziehung kann man bei einem jungen Kinde so zeitig wie möglich beginnen. Man darf nicht vergessen, daß es von Tag zu Tag wächst. Wenn das Wachstum von heute bis morgen aufgeschoben wird, so wird das Wachstum bis dahin verzögert, aber es wird nicht nur verzögert, sondern die dazu im Innern aufgebrachte Energie wird nutzlos vergeudet. Haltet nicht das Wachstum des Lebens auf, nicht einmal für eine Sekunde oder eine Minute. Verschwendet nicht die

Keimkraft des Lebens! Dies ist ein Verrat gegen das Leben, den Schöpfer, gegen Gott. Die Methode der Seicho-No-Ie-Erziehung basiert immer auf Gott.

Blicke mit Andacht auf dein Kind und entnimm aus ihm den Schatz der in ihm verborgenen Fähigkeit. Glaube an dein Kind. Wenn du *glaubst*, daß du geheilt bist, dann wird auch Krankheit geheilt werden. Wie kann also dein Kind schlecht werden, solange du an sein „gutsein" glaubst? Jeder, der an Gott, den Vater der Menschen, glaubt, muß auch in sein *Kind* Vertrauen setzen.

Dieser Glaube ist die Basis. Verschiedenartige Methoden entstammen diesem Glauben.

Der Zweck des Lebens ist „Wachstum", doch das Leben wächst nur, indem man dieses Wachstum in die Praxis überleitet. Leben bedeutet Tätigkeit, und das Leben wächst durch die Übertragung der innewohnenden Tatkraft auf tatsächliche „Betätigung". Denke nicht, daß dein Kind zart oder zu jung sei. Gib deinem Kinde jede nur mögliche Gelegenheit, seine Fähigkeiten zu zeigen. Lasse jeden sich zeigenden Keim sich frei entwickeln.

Es ist wichtig, daß das Leben in gesunder richtiger Art erwachsen kann. Der Ausdruck „in richtiger Art" ist von allererster Bedeutung. Ein Kind ist voll von Leben, es muß immer irgend etwas tun, weil doch „Tätigkeit" die Quintessenz des Lebens ist. Da ist es wichtig, dieses „aktive" Leben richtig zu leiten. Das ist eben Erziehung. Ein Leben, das übertätig ist, kann leicht entgleisen. Eine Straßenbahn oder ein Leben, das entgleist ist, kann und wird die Umgebung schädigen und sich selbst vernichten. Der Mensch kann gewalttätig, hochmütig und zerstörend werden. Tätigkeiten, die unternommen wurden, um die aufgespeicherte Energie zu entladen, können dann die Ursache böser Worte und Strafen werden.

Eltern, die ihr Kind nicht dazu erziehen, seine machtvolle Lebenskraft nutzbringend anzuwenden, dann aber es wegen seines bösen Benehmens bestrafen, verhindern sein gerades Lebenswachstum. Der Stock ist kein richtiges Prinzip in dieser Richtung, er wird nie Erfolg erzielen. Das Leben des Kindes, das sich aktiv betätigen will, wird dann stets ein Dilemma zwischen Unterdrükkung und Ausleben sein und ist daher vergeudet.

Vorwürfe können ein Kind davon zurückhalten, seine überströmende Energie zur Zerstörung anzuwenden, aber ein positives Wachstum wird nicht daraus. Die Entwicklung von Güte und Tugend kann nur dann wirksam werden, wenn das Leben in die richtige Bahn geleitet wird, aber nicht dadurch, daß es unterdrückt wird.

Respektiere das Leben!

Die Eltern, die dem abgedroschenen Ausdruck folgen „Kinder sind Kinder" und dadurch einem Kinde erlauben, ungehorsam und mutwillig zerstörend zu sein, sind keine liebenden Eltern. Wohl soll sich ein Kind wie ein Kind gebärden, aber nicht so, daß es sich ungehindert seinen ungebildeten wilden Neigungen überläßt.

Wenn ein Kind erst einmal eine gewisse Neigung hat, dann wird diese größer und größer, endlich dauernd, und eine andere große Macht, ein sehr großes Bemühen, wird erforderlich, diese Neigung auszumerzen.

Laßt doch das Kind gleich von vornherein den richtigen Weg einschlagen und benutzt dabei das Bemühen, das andernfalls bei der Anstrengung, die Neigungen des Kindes zu ändern, verschwendet würde.

Tadelt nicht das Lärmen des Kindes!

Einem Kinde bedeutet „gut sein" nicht ruhige Harmonie. Für ein lebhaftes Kind liegt es in der Natur, zu lärmen. Es ist für ein wachsendes Wesen durchaus natürlich, zu lärmen. Eine Baustelle ist immer laut und wirr. Eine Fabrik ist laut, ein Zimmermann, der ein Haus baut, hämmert andauernd. Lärm ist immer nötig bei Wachstum und Bauen.

„Wie seid ihr doch heute so laut! Seid doch still!" Wie sehr verhindert dieses unfreundliche Schelten das rechte Wachstum der Kinder!

Ein Mensch, der den Lärm eines Kindes tadelt, hindert das Wachstum des Lebens. Das Leben des Kindes, das wachsen will, wird unterdrückt und vergeudet durch dieses Schelten. Wenn eine solche Unterdrückung dauernd stattfindet, wirkt sie schlimmer als eine Vergeudung, denn ein lebendes Wesen, das fortdauernd unterdrückt wird, wird eingeschüchtert.

Eine Fähigkeit, die nicht benutzt wird, entwickelt sich nicht. Ein Leben, das nicht tätig sein darf, wächst nicht. Nein, die Wirkung ist sogar noch schlimmer!

Die moderne Psychoanalyse beweist, daß die während der Kindheit unterdrückten Impulse sich später in die verschiedensten geistigen und körperlichen Krankheiten auswachsen können.

Wie aber kann man die überflutende Energie eines gesunden Kindes in die richtigen Kanäle leiten? Dies ist ein äußerst wichtiges Problem.

Der richtige Weg ist, die Lebenskraft in konstruktive Bahnen zu lenken.

Zuerst einmal entdeckt die natürlichen Fähigkeiten eures Kindes, d. h. das, woran es ganz besonders interessiert ist, und lenkt die überflutende Lebenskraft in diese Richtung. Wenngleich euer Kind anfänglich ungeschickt sein wird, so müßt ihr es trotzdem loben. Benutzt die schöpferische Kraft des Wortes. Das Kind wird darüber erfreut sein und unermüdlich in der Richtung, in der es gelobt wurde, weiterwachsen. Folglich wird euer Kind keine Zerstörung mehr anrichten und mit seinem ganzen Willen sich konstruktiv betätigen. Das Leben des Kindes wird auf dem rechten Wege sein.

Hier ist jedoch eines zu bedenken: die Eltern oder die Älteren in der Familie sollten nicht das Kind zwingen, sich über seine Fähigkeit hinaus zu betätigen, indem sie von ihrem hohen Standpunkte aus urteilen. Wenn das Kind sich für etwas anderes interessiert als seine Eltern, so sollte es seiner eigenen natürlichen Neigung folgen dürfen.

Die natürliche Fähigkeit des Kindes wird durch das universale Leben gestützt; das Leben wächst umso besser, je mehr es mit den Gesetzen des Universums übereinstimmt.

Wenn ihr „höhere“ und „niedrigere“ Berufe erwägt und versucht, die Fähigkeit des Kindes auf eine Bahn zu lenken, zu der es nicht von Natur aus befähigt ist, so folgt ihr nicht dem Gesetze des Lebens. Es ist außerordentlich bemerkenswert, daß einer dieses besonders gut kann, ein anderer jenes. Wenn wir uns diesen wichtigen Punkt vergegenwärtigen und dem Gesetz des Lebens folgen, nehmen wir teil an dem großen Plan Gottes, der das Universum schuf.

Vertraue dem Leben und traue der Natur; sie wird das Wachstum des Unendlichen entstehen lassen.

Nach welcher Richtung auch immer deines Kindes

natürliche Fähigkeit hinweist, versuche dein Möglichstes, sie demgemäß sich entwickeln zu lassen. Gib deinem Kind jeden nur möglichen Beistand, Lob, Ermutigung und Anreiz und lasse dein Kind mit Vergnügen seiner Arbeit oder seinem Spiele obliegen.

Versuche nicht aus einer weißen Lilie eine Rose zu machen. Die Reinheit einer weißen Lilie ist ein Genius in sich selbst. Die Schönheit einer Rose ist ein anderer Genius. Du kannst eine Schönheit in jeder Blume sehen, die nicht durch eine andere ersetzt werden kann. Keine menschliche Fertigkeit kann mit der kleinsten Blume verglichen werden. „Salomon in all seiner Glorie“ war nicht so herrlich wie eine namenlose Blume des Feldes. Der Genius des Menschen, des Herrn der Schöpfung, ist edler als die verzerrte Natur.

Vertraue dem und verehre das Leben!

Das Wachstum eines Kindes, das Wachstum des Mannes, muß hier beginnen. Echte Größe kann nur dann erhofft werden, wenn ihre Wurzeln tief in der Erde verankert sind. Echte Größe muß in dem ewigen Leben verankert sein.

Ein Genie ist groß, weil sein Wachstum tief im Boden verankert ist. Wenn das Wachstum in der Erde fest verwurzelt ist, kann ein Kind, das das Zimmermann-Gewerbe lernt, ein großer Meister wie Hidari Jingoro (ein großer Bildhauer des 19. Jahrhunderts) werden. Ein grüner Anfänger, der sich mit Tonmodellieren abgibt, kann sich zu einem zweiten Rodin entwickeln.

Um die natürliche Gabe des Kindes, sich in dieser Richtung zu entwickeln, zu erweitern, muß man ihm eine geeignete Arbeit verschaffen.

Es ist eine falsche Auffassung, daß ein Kind nicht arbeiten soll. Eine geeignete Menge Arbeit ist für das Wachstum im Leben eines Kindes erforderlich. Arbeit ist etwas Wesentliches. Arbeit lehrt ein Kind, das Leben konstruktiv zu erfassen und wird eine konstruktive und schöpferische Neigung in ihm pflegen.

Eine konstruktive Neigung ist der Grundstein für die Entwicklung jeder Fähigkeit. Der Mensch wächst entsprechend dieser Neigung. Je stärker diese Neigung ist, desto größer wird ein Mensch werden.

Eine Neigung, die in der Kindheit gefördert worden ist, ist stärker gegründet als eine, die erst im späteren Leben zum Erwachen kam.

Daher ist es nötig, das Leben in konstruktiver Weise von Kindheit an zu fördern. Für diese Trainierung muß eine entsprechende Arbeit geboten werden, besonders eine solche, an der das Kind Vergnügen findet und besondere Begabung zeigt, jedoch sollten ein Zuviel an Arbeit wie auch zu lange Arbeitsstunden vermieden werden. Wenn einem Kinde eine zu große Arbeitsmenge gegeben wird, so wird ihm die Arbeit nach einer Weile uninteressant, und das Kind bekommt von vornherein die Idee, daß Arbeit ermüdet. Nach ermutigenden Worten von dir kannst du deinem Kinde vertrauen und ihm die Wahl der Arbeit und die Länge der dazu benötigten Zeit überlassen. Dein Kind wird nur selten dabei Fehler machen.

Vergiß nie, deinem Kinde zu vertrauen und es mit konstruktiven Worten zu belehren wie z. B.: „Du bist ein gutes Kind und kannst diese Arbeit sehr gut ausführen."

Es ist falsch, zu denken, daß ein Kind nicht gerne arbeitet. Wenn man einem Kinde eine Arbeit überträgt, an der es Vergnügen findet, und es nicht dazu zwingt, dann wird es sie sehr gerne tun.

Mädchen insbesondere arbeiten gern, da sie ein sanftes Herz haben und immer helfen wollen. Wenn sie drei oder vier Jahre alt sind, wollen sie schon der Mutter bei der Arbeit helfen. Laßt sie helfen, aber laßt sie nur allmählich an Arbeit gewöhnt werden. Seid nicht ungeduldig. Zeigt euch erfreut und dankt für ihre Hilfe. Dadurch wird das Mädchen durch eigene Erfahrung verstehen lernen, daß „Taten der Liebe" geschätzt werden, und das Kind wird sehen, wie schön es ist, andere zu beglücken. Diese Erkenntnis ist wichtig beim Wachstum des Menschen. Die frühzeitige Zuteilung von Arbeit an Kinder bedeutet das Erwecken einer konstruktiven Neigung im Leben des Kindes und außerdem die Heranbildung technischer Geschicklichkeit der Finger, was sehr wichtig ist. Geschicklichkeit der Finger von Kindheit an wird im späteren Leben eine große Hilfe sein.

Ein Kind, das nichts Richtiges tun kann, kann kein klar denkender Mensch werden.

Es ist falsch, einem Kinde eine Arbeit nur darum zu übertragen, um den Eltern zu helfen, denn von diesem Standpunkt aus ärgern sich die Eltern leicht über die unvollkommene Arbeit. Das Kind wird somit für seine Arbeit getadelt, anstatt gelobt zu werden, und dadurch verliert das Kind das Interesse an der Arbeit. Die Arbeit, die das Kind liebend vollführte, wird nicht geschätzt, und das wird eine Entmutigung für seine ganze spätere Entwicklung. Wenn nun gar noch der Hauptzweck der Eltern darin besteht, von dem Kind Hilfe zu bekommen, dann wird das Leben des Kindes nicht nach dessen eigenen Fähigkeiten hin trainiert. Daher ist es am besten, erst einmal sorgfältig zu beobachten, nach welcher Richtung des Kindes besondere Fähigkeiten gehen, um dann das Kind dahin zu lenken, Arbeit nach seiner eigenen Wahl zu tun, also Arbeit, die seine spezielle Begabung bezeugt.

Das Kind wird die Arbeit mit Vergnügen tun, weil es sie selbst gewählt hat und wird bald Fortschritte machen, weil die Arbeit seiner natürlichen Neigung entspricht. Seine Energie wird nicht vergeudet, weil es gern arbeitet. Die Eltern sollten die Bemühungen loben und hochschätzen, eine ausgezeichnete Idee für die Entfaltung des Genius im Kinde und auch zum Zwecke der Ausbildung einer liebenswerten Persönlichkeit. Seit kurzem bemühen sich die Durchschnitts-Grundschulen, intellektuelle Arbeit und Handarbeit zu vereinigen, und man kann sagen, daß dadurch die Erziehung konstruktiv auf dem rechten Wege vorwärtsgeht. Jedoch werden die besten Resultate nicht durch Massenerziehung erreicht. Viele Schüler z. B. kommen in Mathematik nicht gut mit, aber sie haben eine vielversprechende Zukunft als Schriftsteller vor sich. Es ist daher eine Vergeudung der Lebenskraft, wenn man sie zwingt, sich mit Dingen zu beschäftigen, für die sie weder Begabung noch Neigung haben. Die wahre Erziehung sollte die Kinder dahin bringen, ihre jeweiligen natürlichen Begabungen zu offenbaren und so ihren Genius zu entwickeln.

Um die überflutende Lebenskraft des Kindes in die richtige Bahn zu leiten, laßt das Kind solche Sportarten betreiben, die intellektuelle und tätige Kraft vereinen. Vermeidet körperliche Übungen, die kein intellektuelles Training verlangen. Sportarten, bei denen der Intellekt beteiligt ist, verhüten eine übermäßige physische Anstrengung und interessieren die Kinder mehr, sie sind somit gut sowohl zum physischen wie zum geistigen „Training".

Dein Kind soll sich nicht geistig auf Kosten seiner körperlichen Ausbildung entwickeln, weil „mens sana in corpore sano" nur in gewisser Hinsicht richtig ist. Unter denen, die höchst eifrig während ihrer Schulzeit studierten, dann aber im späteren Leben nur wenig Erfolg hatten, waren viele, die sich intellektuell während ihrer Schulzeit überanstrengt hatten und daher keine Heiterkeit mehr besitzen.

Vermeidet Überanstrengungen durch geistige Tätigkeit; sie schränkt die Lebhaftigkeit ein, aber Heiterkeit ist ungemein wichtig im Leben.

Wenn ein Mensch aufgehört hat, heiter zu sein, dann kommt er weder physisch noch im sozialen Leben voran.

Sport ist viel heiterer, wenn ein intellektuelles Element damit vermischt ist, er ist viel interessanter als Sportarten, die nur physisches Training verlangen. Derartige sportliche Betätigung sollte täglich ein Teil der Beschäftigungen des Kindes sein.

Erheiternde Übungen sind für Kinder ebenso nötig wie das Sonnenlicht für Bäume und Pflanzen. Erholung ist auch für Erwachsene notwendig. Eine gewisse Menge von Vergnügen ist ebenso notwendig wie Nahrung.

Harmonie zwischen Vergnügen und Arbeit ebenso wie Harmonie zwischen intellektuellen und körperlichen Übungen sind für das Menschenleben notwendig.

In einem Buche über Kindererziehung stand einmal ein Artikel, in dem ausgeführt wurde, daß der Standard einer ganzen Klasse überraschend stieg, als man die

Schüler veranlaßte, die Augen zu schließen und fünf Minuten lang stillzusitzen. Wie wahr das doch ist! Wenn ein Kind sieben oder acht Jahre alt ist, muß man es daran gewöhnen, täglich ein paar Minuten lang stillzusitzen und seine Lebenskraft auf einen göttlichen Gegenstand zu konzentrieren. Die beste Methode ist, das Kind daran zu gewöhnen, bei seinen Eltern jeden Morgen vor dem Altar ihrer Gottesverehrung zu sitzen. Bist du Shintoist dann soll auch dein Kind vor dem Shinto-Altar andächtig verehren, bist du Buddhist, so lasse dein Kind sich auf den Buddha auf dem Altar konzentrieren. Bist du Christ und hast keinen Altar, so lasse dein Kind mit dir beten und seinen Geist auf seine während des Gebetes gefalteten Hände konzentrieren.

Dies ist ebenso notwendig für Kinder, wie das ABC zu lernen, nein, es ist sogar noch wichtiger, denn so entwickeln die Kinder schon früh eine fromme Neigung, nach dem Willen des unendlichen Lebens – dem Vater unseres Menschenlebens – zu handeln.

Nichts ist wertvoller für den Menschen, als die erste Neigung des Geistes, nach dem Willen des Unendlichen Lebens vorwärtszugehen. Der fundamentale Seelenfriede, ein fester Glaube und vieles andere Gute entstehen aus dieser ersten grundlegenden Hinneigung.

Geistige Konzentration hat auch noch andere Vorteile. Wenn ein Kind daran gewöhnt ist, sich vor dem Altar zu konzentrieren auf das Abbild Gottes, Buddhas oder auf seine gefalteten Hände, dann bessert sich auch die so oft bei Kindern vorkommende Zerstreutheit. Ein Kind, das sich auf etwas konzentrieren kann, wird viele Dinge besser und schneller tun können und sich somit auch in seiner Schulklasse voranbringen.

Ich sah einmal jemanden, der seine unwillkürlich arbeitenden Muskeln durch geistige Konzentration bewegte. Er bewegte seine Ohren, indem er sich auf sie konzentrierte. „Wenn etwas mit meinem Magen oder Eingeweiden nicht stimmt, dann bewege ich sie nach meinem Willen; dadurch wird die Blutzirkulation verbessert und Heilung unmittelbar erzielt."

Es ist allerdings sehr viel Übung nötig, um die unwillkürlich arbeitenden Muskeln willkürlich zu bewegen. Es wird fast unmöglich sein, außer bei einem Genie in dieser Richtung, grundsätzlich jedoch ist es jedermann möglich, sich auf einen bestimmten Gegenstand zu konzentrieren (z. B. die Handflächen) und so den Blutkreislauf zu kontrollieren. Diese Übung ist wichtiger für Erwachsene als für Kinder. Wenn dir das Blut nach angespannter und anstrengender wichtiger Arbeit oder bei verschiedenen weltlichen Komplikationen zu Kopfe steigt, kann man durch geistige Konzentration die Blutzirkulation im Kopfe kontrollieren und so wieder belebt und heiter werden. Wirksam ist es auch, die Macht des Wortes anzuwenden, um durch Konzentration den Blutkreislauf zu regulieren. Das Wort hat also die Macht, den Geist zwecks Konzentration in eine andere Richtung abzulenken. Im Folgenden gebe ich einige Worte, die ich selbst gebrauche, wenn ich das Gefühl habe, daß mein Kreislauf nicht ganz in Ordnung ist, nachdem ich mich mit zuvielen weltlichen Angelegenheiten abgegeben habe:

„Ich beherrsche meinen Körper; ich habe die Macht, meinen Körper zu kontrollieren, weil ich Herrscher über meinen Körper bin. Wenn ich meinem Blut befehle, aus meinem Kopfe wieder herabzufließen, so muß es das tun. Also, Blut, fließe ab, fließe ganz und gar ab.“ Das Blut fließt dann schnell ab, und jetzt habe ich wieder meinen seelischen Frieden erlangt.

Sprich die Worte ruhig, leise aber energisch und konzentriere deine ganze Kraft auf deinen Leib, so als ob du deinen Körper kommandierst. Wenn du diese Methode übst und nach und nach beherrschen gelernt hast, wirst du erfahren, was für ein großartiges Hilfsmittel sie in deinem täglichen Leben bedeutet.

Diese Methode, dem Körper Befehle zu erteilen, nennt man Selbstsuggestion. Diese Selbstsuggestion wird für ein Kind von acht oder neun Jahren zu schwer sein, aber sie wird Schülern, die reif genug für die Oberschule sind, nicht schwer fallen. Schüler, die in Aufregung geraten, schon bevor sie die Prüfungsantworten schreiben, können die Prüfungsangst bemeistern, die Antworten mit genügendem Gleichmut hinschreiben und das Examen bestehen, wenn sie diese Art der Selbstsuggestion anwenden. Die Eltern und die Schüler, welche die Eintrittsprüfungen ablegen müssen, sollten dieser Methode eingedenk sein.

Die moderne Psychologie hat herausgefunden, daß ein Gegenstand, von dem man einst las, hörte oder lernte, niemals ganz vergessen wird. Warum also kann man sich während des Examens nicht an alles erinnern, da man ja alles gelernt hat? Der Grund dafür ist, daß der Geist aufgeregt ist, das Blut steigt zu Kopfe, und so wird man durch Examensangst verwirrt.

Der beste Weg, diese Erregung und Furcht zu meistern, ist, von Kindheit an den Glauben an Gott zu hegen. Lerne Dich geistig konzentrieren und übe die Macht des Wortes!

Wenn Konzentration und Selbstsuggestion von Kindheit an geübt werden, dann kann auch die geschlechtliche Begierde überwunden werden. Die überschüssige Energie kann für geistiges Wachstum verwandt werden, wenn man den Geschlechtsimpuls beherrschen kann.

Wenn du dem Geschlechtstrieb befiehlst „gehe von mir!", dann wird dein Geist seine heitere Gelassenheit wiedergewinnen, Freude, Friede und Ruhe, und du wirst dann fähig sein, dich der notwendigen Arbeit oder deinem Studium voll zu widmen. Eine ausführliche Erklärung der Anwendung von Autosuggestion im täglichen Leben ist in „Leben aus dem Geiste" gegeben.

Auch die Pflege der Phantasie ist für die Erziehung der Kinder wichtig. Ohne reiche Phantasie kann kein Erfolg erreicht werden. Reiche Phantasie ist die treibende Macht allen Wachstums.

Phantasie ist die Macht, sich im Geiste etwas vorzustellen, was in der Form noch nicht existiert. Alle großen Dinge sind in der Welt durch Phantasie erschaffen worden. Im Geiste ist der Ursprung von allem, die greifbare Form *später* ist der Schatten des Geistes.

Glücklicherweise ist Kindern eine lebhafte Einbildurgskraft eigen, sie erfüllt die Kinder mit Leben und Tatkraft. Die Frage ist nur, wie man diese reiche lebendige Phantasie erhöht und sie in konstruktiver Richtung entwickelt.

Die Quelle der Phantasie ist eine wellenähnliche Schwingung von Ideen aus der unsichtbaren Welt, der Welt des Geistes, die über unsere physische Welt weit hinausragt. Das Genie fühlt diese Vibrationen deutlich und vereint sie in eine neue individuelle Erscheinung. Ohne Einfühlung in diesen geistigen Rundfunk aus der unsichtbaren transzendentalen Welt kann sich kein erfinderischer oder künstlerischer Genius entwickeln. Dieses Einfühlungsvermögen in das „Funken" nennt man „göttliche Offenbarung, „geniale Idee" oder „Inspiration".

Fortgesetzt senken sich Ideen aus der Welt des Geistes auf uns herab. Manche Menschen bezeichnen solche hereinflutenden Ideen geringschätzig als „bloße Phantasie", das Genie aber beschäftigt sich lange und durchdringend mit solchen Ideen und überträgt sie am Ende in eine neu geschaffene Form.

Die Macht der Phantasie entrückt uns aus der engen und verkrampften physischen Welt. Wie weit ist doch die Welt der Phantasie für eine Seele, die wachsen will!

Unser Leben kann sich individueller unendlicher Freiheit in dieser Welt der Phantasie erfreuen, ohne durch Form oder Materie gehindert zu sein. Eine starke Einbildungskraft kann im Laufe der Zeit zur Wirklichkeit werden, denn in der Einbildungskraft ist Leben, das seinen Abdruck gelassen hat und sich verwirklichen will.

Ein Kind mit einer solchen unschätzbaren lebhaften Phantasie ist glücklich zu nennen. Die Erwachsenen müssen ihres Kindes Einbildungskraft respektieren und sie zu entwickeln versuchen. Viele Menschen besitzen nur kümmerliche Einbildungskraft, weil sie sich nie um harmonische, konstruktive Gedanken bemüht haben. Dafür sind in erster Linie die um sie stehenden Erwachsenen zu tadeln, deren Phantasie in *ihrer* Kindheit vernichtet worden war. Man hatte sie gelehrt, daß es nur „Tatsachen" in dieser Welt gäbe, und obwohl sie „himmlische" Worte hörten, wurden sie dahin belehrt, solche Eindrücke zu unterdrücken, weil sie nicht existieren.

Glücklicherweise jedoch gaben einige – die Genies – das Spiel ihrer Einbildungskraft nicht auf, und so gelang es ihnen, das vor ihnen im Geiste Stehende, das die anderen für bloße Phantasie hielten, in feste Form zu bringen. So entstanden z. B. stumme Filme und Sprechfilme. Das geistige Bild wurde im Film aktuell. Bei jeder Schöpfung kommt zuerst das Phantasiebild und dann erst die Umschaffung in eine Form.

Das Wichtigste bei der „Trainierung“ der Phantasie des Kindes ist, es davon zurückzuhalten, sich Unvollkommenes im Geiste vorzustellen. Eine überreiche Einbildungskraft mit verzerrten Vorbildern kann das ganze Leben des Kindes verzerren. Ryunosuke Akutagawa (ein berühmter japanischer Schriftsteller) besaß eine unglaubliche dichterische Phantasie, aber er beging Selbstmord, weil seine Gedanken sich in einer verzerrten und verunstalteten Welt bewegten.

Deshalb müssen Kinder angewiesen werden, vollkommene und vollständige Bilder in ihrem Geiste zu hegen, keine verkrümmten, ungeheuerlichen. Unter keinen Umständen darf ein Kind sich in der Dunkelheit fürchten, und niemals soll man Kinder durch Erzählungen von Geistern, Ungeheuern und dreiäugigen Kobolden beunruhigen.

Das Kind muß sich ein vollkommenes Bild von Gott oder Buddha im Geiste vorstellen. Dem Geiste muß von Kindheit an das Vertrauen eingeflößt werden, daß ihm nichts Schlimmes zustoßen kann, weil er in den liebenden Händen des allmächtigen Gottes oder des gütigen Buddha ruht.

Der Glaube, den man in der Kindheit erwirbt, bestimmt das ganze spätere Leben des Menschen.

Auch aus Bescheidenheit spreche man niemals schlecht vom Kinde vor anderen, indem man etwa sagt, „mein Kind ist ungezogen und nutzlos“, oder „er ist ein dummer Junge!“ Solche Demütigung wird die Phantasie des Kindes beeinflussen und sein gesundes Wachstum verhindern. Wenn man ein Kind öfter als „nutzlos“ bezeichnet, wird eine nutz- und kraftlose, stagnierende Atmosphäre geschaffen, die die ganze Zukunft des Kindes zerstören kann.

Es besteht kein Grund dafür, auf einen Menschen, den Gott geschaffen hat, hinzuzeigen, oder sich selbst oder das eigene Kind als nutzlos, dumm oder schlecht, auch nur in der Andeutung, zu bezeichnen. So etwas ist Gotteslästerung, es ist eine Entweihung des „Namenlosen“, der dir und allen das Leben gab. Es ist mehr als eine Entweihung, denn du zerstörst dadurch unbewußt dein und deines Kindes Leben. Gib deinem Kinde das Vertrauen, daß es „ein Kind Gottes“ ist, und daß der Himmlische Vater zu allen Zeiten und in allen Lagen sein Kind vollendet leiten und zu unendlicher Größe führen wird. Er ist allmächtig und wird die Seinen immer beschützen.

Ein Gemüt, das niemals enttäuscht ist, was auch immer geschehen möge, ein Gemüt, das sich niemals ängstigt, ein Gemüt, das der göttlichen Vorsehung aus tiefstem Herzen vertraut und von Frieden erfüllt ist, ein Geist, der sich nach jedem Fall wieder erhebt, solch ein Gemüt ist machtvoll erfüllt von der Vorstellung eines vollkommenen und allmächtigen Gottes.

Jetzt also werdet ihr erkennen, wie wichtig es ist, schon in der Kindheit sich daran zu gewöhnen, Gott oder Buddha zu verehren.

Lehrt das Kind, daß Gott es beschützt, aber es soll ihn nicht fürchten. Das Kind soll glauben, daß Gott sein Vater ist. Das Kind soll sich Gott vorstellen, der es mit seiner liebenden Allmacht beschützt.

Furcht hindert zu allererst das Glücksgefühl des Menschen. Tue Dein Möglichstes, jegliches Furchtgefühl während der Kindheit im Keime zu ersticken.

Dazu gibt es zwei Wege: der erste, wie erwähnt, besteht darin, das Kind daran glauben zu lehren, daß ein allmächtiger liebender Gott existiert. Der andere Weg ist der, das Kind darüber zu belehren, daß das Böse „nicht existiert", also auch kein Gespenst, das dem Menschen feindlich gegenübersteht. Der erstere Weg bestätigt das Gute, der zweite leugnet das Böse. Wenn diese beiden Wege zusammentreffen, werden sich vorzügliche Ergebnise zeigen. Wenn hingegen sich die Einbildungskraft dem Negativen zuwendet, Unglück, Schicksalsschlägen, Strafe, Krankheit usw., dann kann der Mensch sich nicht frei entwickeln.

Würde nicht jeder davor zurückschrecken und es bedauern, Furcht im Gemüte eines Kindes erweckt zu haben, wo doch die Psychoanalyse festgestellt hat, daß der Urgrund der menschlichen Angst in den Märchen, den Erzählungen von Dämonen, dem Teufel und dem Gericht der Geisterwelt, von den Erwachsenen während einer oberflächlichen Unterhaltung im Scherz gelehrt wurde?

Die Existenz von Geistern mag dem Erwachsenen, der eine solche Geschichte erzählt, nur ein Märchen sein, aber wenn Kinder sich die Existenz von böswilligen Ungeheuern vorstellen, dann wird ihre Einbildungskraft ins Negative gelenkt, was am Ende in Zerstörung des

Charakters übergehen kann. Das geistige Gesetz: „Gleiches zieht Gleiches an“ trifft hier zu.

Kinder, die einer solchen Geschichte zuhören, werden dazu neigen, sich die Existenz einer dunklen Wesenheit vorzustellen. Diese Neigung hindert ein erfolgreiches Leben des Menschen. Wenn z. B. ein solcher Mensch ein Schiff besteigt, wird er sich über die Möglichkeit, daß das Schiff untergehen könnte, soviel Sorge machen, daß er die Fahrt nicht genießen kann. Wenn er ein neues Unternehmen beginnt, wird er besorgt darauf hinsehen und nicht an Erfolg glauben. Wie kann man auf diese Weise ein gutes Wachstum der Menschheit erreichen?

Wenn du auf ein gesundes Gedeihen der Menschheit hoffst, dann mußt du dazu beitragen, jeden Grund für Furcht auszurotten. Einer der Beweggründe für die Schaffung von Seich-No-Ie war und ist, diesen göttlichen Vorsatz zustande zu bringen. Der Erwachsene, der ein Kind erschreckt, indem daß er zum Zwecke der „Erziehung“ sagt: „Wenn du dieses oder jenes Böse tust, wird der Teufel kommen und dich mitnehmen“, wird dazu beitragen, die Menschheit in Unglück zu stürzen.

Im richtigen Sinne ist ein Mensch, der sich nur aus Furcht vor Strafe gut führt, kein guter Mensch. Nur derjenige, der gut ist um des Guten willen, ungeachtet einer etwaigen Bestrafung, ist wirklich tugendhaft. Ein Mensch, der harmonisch ist aus reiner Liebe der Harmonie und sich nicht um Wiedervergeltung kümmert, ist vollkommen. Die Form mag gleich erscheinen, aber ein Mensch, der Gutes tut aus Furcht vor Strafe, ist ein Sklave der Umstände, ein anderer hingegen, der gut ist aus Liebe zum Guten, ist ein unabhängiger Herrscher. Daher, ihr Eltern macht nicht die Furcht vor Strafe zum

Motiv für gute Taten der Kinder, es schwächt sie. Leitet den Geist des Kindes dazu an, gut zu sein aus Liebe zur Harmonie, Schönheit, Vollkommenheit, indem Ihr den Kindern Beispiele einer vollkommenen Erscheinung, edler Handlungen und unbegrenzter Liebe gebt. Erzählt den Kindern von den Taten der Helden. Erzählt ihnen wieder und wieder von den Taten der Heiligen. Sprecht zu ihnen von der unendlichen Liebe Gottes, der keinen Haß kennt. Belehrt die Kinder, sich zu guten Menschen zu entwickeln aus Liebe zum Guten, zur Vollkommenheit und Vollendung, indem sie denken: „Oh, wie groß er ist; ich werde versuchen, ebenso vollkommen zu sein wie die Helden, die Heiligen und Gott". Das Erste und Wesentlichste eines Menschen ist es, unabhängig auf dem Boden aufrecht zu stehen. Das Leben, das gute Taten frei und heiter mit einem freien und unabhängigen Geiste ohne äußeren Zwang vollbringt, ist das Leben der Anhänger von Seicho-No-Ie.

„Sei gut aus freiem Willen und aus Liebe zum Guten!"

Durch eine solche Hinleitung des kindlichen Gemütes schon in frühester Kindheit kann der Mensch später Freiheit, Festigkeit, Harmonie und eine frohe Persönlichkeit erlangen. Ob im Märchen oder durch eine belehrende Kinderstuben-Erzählung, niemals veranlasse ein Kind, gut zu sein nur aus Furcht vor Strafe durch Teufel und Ungeheuer. Das kindliche Gemüt, das sich Ungeheuer, bösartige Dämonen oder dreiäugige Kobolde als „wirklich" vorstellt, wird mit üblen Gedanken erfüllt und mit verzerrten, häßlichen Eindrücken überwuchert. Trübes Wasser ist kein reines Wasser. Eine Persönlichkeit mit verzerrten Eindrücken kann nicht vollkommen werden.

Die Dinge, die sich dem Geiste einprägen, beherrschen die Gedanken und bestimmen die gesamte Neigung des Menschen. Um ein bekanntes Beispiel zu bringen: Ein Kind, das fortwährend getadelt wurde, wird in gleicher Weise später als Vater oder Mutter die eigenen Kinder ebenso schelten. Das ist ein Beweis dafür, daß Eindrücke, die sich im kindlichen Gemüte festsetzen, die Entwicklung des menschlichen Geistes und seine Lebensführung bestimmen.

Das Kind darf nichts „Böses“ in seinen Geist aufnehmen. Also beschwert den kindlichen Geist nicht mit Gedanken wie „Sünde“ und „Bestrafung“. Laß den Gedanken an „Übel“ und „Sünde“ in das kindliche Gemüte gar nicht hinein. Dies ist der direkte Weg. Eine Frau, die „Angst“ davor hat, daß ein Ladendieb zur Polizei genommen wird, wird möglicherweise in einem Laden stehlen, weil der Gedanke an Stehlen sich ihrem Geiste aufdrängt, also wird sie durch den Zwang der Autosuggestion stehlen, ungeachtet ihrer Furcht vor Bestrafung. Man sagte, daß Koyo Ozaki (ein berühmter japanischer Schriftsteller) unbedingt Kuchen essen mußte, obwohl er befürchtete, daß er durch zuvieles Kuchenessen ein Magengeschwür bekommen könnte. D. h.: Obwohl man weiß, daß sich ein schmerzvolles Resultat ergeben wird, fühlt man sich doch irgendwie gezwungen, „Kuchen“ zu essen, solange der Gedanke daran besteht. Man nennt das „verkörperte Macht des Gedankens.“

Benutzt nur diese zwingende verkörperte Macht des Gedankens in Richtung auf das „Gute“. Vertreibt die schlimme, unvollkommene, verzerrte, dunkle Erscheinung aus dem kindlichen Gemüte und zeigt dem Kinde das Gute, Vollkommene, Harmonische, Heitere, dann wirkt die gleiche Macht des Gedankens automatisch und vermehrt die Hinneigung des Kindes zur guten Betätigung, zur Harmonie und zur Freude an hellen, heiteren, liebenswerten Dingen.

Darum ist es so ungeheuer wichtig für das Kind, sich Gott, also die Personifizierung von Vollkommenheit und Harmonie, im Geiste vorzustellen. Die Verehrung Gottes wird auch im Geiste des Kindes das Streben erwecken, in eine unbekannte Welt vorzudringen. So werden religiöse und wissenschaftliche Genies erzogen.

Wie reich und überflutend ist doch eines Kindes Lebenskraft! Wie frei und beweglich ist die kindliche Phantasie! Wie wunderbar und weitreichend seine Intuition! Um das Wachstum des Kindes gesund, groß und frei zu gestalten, muß dieses reiche Leben in konstruktiver Weise geleitet werden. Die lebhafte Einbildungskraft muß sich zur Erreichung der Vollkommenheit aufmachen. Interessierende Übungen zur Anspornung der körperlichen und geistigen Kräfte sind sehr wichtig. Die Gewohnheit, Gott oder Buddha zu verehren, muß von früh an geschaffen werden.

Dies wurde schon früher erwähnt, jetzt aber wollen wir *die Methode* untersuchen, wie die kindliche Intuition richtig entwickelt werden kann.

Die Macht der Intuition ist geheimnisvoll. Sie ist nicht nur Phantasie, sondern mehr ein Blick nach innen. Sie ist eine Macht, die Kenntnis und Erkenntnis blitzartig erfaßt. Bloße Einbildungskraft findet Schritt für Schritt durch wiederholte Gedanken- und Vorstellungsverbindungen und übereinstimmender Vorgänge Vorlagen für eine Gestaltung oder Erzählung, während die Intuition sofort das Ganze erfaßt.

Dieser inspirierte Blick nach innen ist von hohem Wert, vor allem für Geistliche, Lehrer, Musiker, bildende Künstler und Dichter. Ohne diese Intuition kann niemand Großes erlangen, oder ein großes Unternehmen erfolgreich vollenden. Ein wahrhaft religiöser Mensch hört das himmlische Flüstern, ein wahrer Lehrer ist ein inspirierter Prophet, und jeder große Künstler lernt durch den Geist. Sogar ein Erfinder oder Wissenschaftler, der etwas Großes und Neues erfindet oder entdeckt, muß durch intuitive Macht dazu gekommen sein, nicht durch bloße Ideen-Assoziation und Klassifizierung im Verstand.

Diese intuitive Macht ist ein Blitz von „oben", der die Wesenheit eines Dinges schlagartig ohne Nebeneinanderstellung oder Klassifikation enthüllt. Dieser intuitive Funke setzt sich schon in früher Kindheit in Bewegung. Hätten Eltern und Lehrer dafür Sorge getragen, dieses winzige Flämmchen zu fördern, anstatt es zu unterdrücken, so wären viel mehr und viel größere Persönlichkeiten auf religiösem, wissenschaftlichem und künstlerischem Gebiete entstanden. Heute, leider, strebt eine materialistische Philosophie danach, jegliche Flamme der Inspiration zu unterdrücken und auszulöschen.

Mancher Geistlicher weiß nichts von Wundern, er kennt kein Leben nach dem Tode und weiß nichts vom Ursprung und dem Ziele des Lebens. Viele Wissenschaftler können nichts Großes entdecken, weil ihnen diese inspirierte Intuition fehlt. Verstand allein ist unfähig, große Kunstwerke zu schaffen oder wissenschaftliche Entdeckungen zu machen. Nur die „himmlische Erleuchtung" führt dazu.

Alles Große, das den menschlichen Verstand überragt,

in der Kunst wie in der Wissenschaft, kann nicht durch eine Aufeinanderhäufung von Ziegeln auf Ziegel wie bei einem Gebäude entstehen. Natürlich besteht eine gewisse Notwendigkeit, mit dem Verstande das Fundament zu legen, aber das große Werk, das über die normale Fähigkeit des menschlichen Gehirnes hinausragt, kommt „von selbst" durch den göttlichen Blitz der Inspiration. Newton fand sein Gesetz von der Gravitation „zufällig", als er sich über den Fall eines Apfels verwunderte. Die Inspiration „Dampfkraft nutzbar zu machen", flammte durch den Geist von James Watt, als er sah, wie sich der Deckel des Teekessels durch den Druck des Dampfes hob. So wurde die Dampfmaschine „geboren".

Niemand ist schwerer zu belehren als jemand, dem Mystik fremd ist. Für einen solchen gibt es nichts Seltsames, die Welt besteht für ihn nur aus gewohnten, bekannten Erscheinungen. Er wundert sich über nichts. Daher gibt es für ihn keine Inspiration. Der Fall des Apfels ist für ihn nichts Besonders. Der Dampf, der den Deckel des Kessels hinaufstößt, ist für ihn nichts zum Verwundern oder zum Nachdenken. Das Wachstum der Pflanzen und die Existenz des Menschen ist für ihn Alltäglichkeit. Hat er sich jemals darüber verwundert, wieso Lebendes wächst, warum es lebt, warum das Blut sich im Kreise bewegt, warum das Herz schlägt? Habt ihr euch jemals darüber gewundert? Einstmals ja, da hat sich jeder als Kind über alle diese Erscheinungen verwundert und sein Leben damit erfüllt.

Das geschah in der Kindheit.

In einer berühmten Erzählung von Doppo Kunikida las ich, wie der Held ausrief: „Mein größter Wunsch ist, überrascht zu werden." Das größte Mißgeschick des Menschen ist, daß ihm alles natürlich erscheint. Der Rückgang des Lebens beginnt von da aus.

Jungen und Mädchen, seid überrascht von jedem neuen Phänomen! Ich meine nicht, daß ihr euch davor fürchten sollt, sondern ihr sollt das Mysterium des Lebens, das hinter diesen Erscheinungen wirkt, bewundern. Seht ihr einen Apfel herabfallen, so staunt über die Kraft, die diese Bewegung veranlaßt. Seht ihr den Deckel eines Kessels sich heben, so bewundert die Kraft des Dampfes, die das bewirkt. Seht ihr eine liebliche Blume, dann bewundert die Macht, die sie zum Blühen bringt. Vor allem aber staunt über das Mysterium eures eigenen individuellen Lebens.

Ihr Knaben und Mädchen, ihr jungen Männer und Frauen, ihr jungen und alten Menschen: Hört nicht auf die medizinische Wissenschaft, die euch lehrt: „Ihr lebt, weil Euer Herz schlägt. Wenn es aufhört zu schlagen, werdet ihr sterben". Denkt also nicht, daß das so geheimnisvolle Leben eine gewöhnliche mechanische Erscheinung sei. Wohl weiß die medizinische Wissenschaft, *daß* das Herz schlägt, aber sie weiß nicht *warum*, und auch nicht, woher das Leben kommt. Noch kann man nicht das Leben als eine gewöhnliche Erscheinung bezeichnen. Hört nicht auf, euch maßvoll darüber zu verwundern.

Newton, der den Fall eines Apfels bestaunte und James Watt, der über den Dampf, der den Deckel eines Kessels hob, nachsann, wurden wissenschaftliche Genies. Gautama, der über die vier Schmerzen im Leben, nämlich Geburt, Altern, Krankheit und Tod erstaunte und folglich darüber nachdachte, wurde ein großer religiöser

Genius. Jesus, der erfuhr, daß er keinen Vater hatte, fand seinen wahren Vater im Himmel und wurde ein erhabener religiöser Verkünder. Alle, die über die Schönheit des Menschen und der Natur staunten, so wie Raphael, Michelangelo, Millet, Rodin, Shakespeare, wurden Genies.

Ein Genius ist ein Mensch, der sich das große Verwundern des Kindes auch als Erwachsener erhält.

Verliert dieses „sich über alles wundern" der Kindheit nicht!

Wart ihr jemals verägert über die fast unendlichen Fragen eurer Kinder wie: „Warum stehen die Sterne am Himmel? Warum fallen sie nicht herab? Warum leuchten sie? usw." Habt ihr die Kinder ausgescholten, wenn sie fragten? Habt ihr niemals zwangsweise versucht, dieses Wundern aus dem kindlichen Gemüte auszuroden mit euren Worten: „Es ist doch ganz natürlich, daß die Sterne leuchten und die Blumen blühen! Es ist doch etwas ganz natürliches, da braucht man doch nicht zu fragen."

Statt dessen hättet ihr antworten sollen: „Dies sind wirklich geheimnisvolle Erscheinungen. Wenn der unsichtbare geheimnisvolle Odem Gottes die Sterne berührt, beginnen sie zu leuchten. Gott ist überall, wenn ihr ihn auch nicht mit euren leiblichen Augen erschauen könnt. Die Macht Gottes verhindert das Herabfallen der Sterne. Dieselbe Macht Gottes bringt die Blumen zum Blühen. Der Mensch gräbt den Boden um und bewässert die Pflanzen, um der Kraft Gottes Eingang zu schaffen."

In diesem Sinne könnt ihr das „Wunder-Gemüt" eurer Kinder pflegen. Dieses „Wunder-Gemüt" ist die Quelle der Inspiration. Intuition ist das Licht aus der

„anderen“ Welt, das nur zu denen herabsteigt, die sich über Mysterien wundern können.

Glaubt doch nicht, daß der menschliche Verstand alles erfassen kann. Glaubt nicht, daß alles durch wissenschaftliche Erkenntnis begriffen werden könne. Wenn ihr euch zu sehr auf die Verstandes-Erklärungen der Klassifizierung und Analogisierung verlaßt, wird euch die Macht der Intuition „verlassen“. Einige große Ärzte der Antike betrachteten ihren Patienten aus einer gewissen Entfernung und wußten dann, was ihm fehlte. Die moderne medizinische Wissenschaft benutzt das Stethoskop, das Beklopfen und das Röntgenbild und erkennt trotzdem sehr oft nicht die Ursache einer Erkrankung. Die medizinische Wissenschaft ist dafür nicht zu tadeln, ganz im Gegenteil, denn medizinische Wissenschaft ist die Quintessenz menschlichen Wissens, und der Mensch darf mit Recht vor Gott darauf stolz sein. Trotzdem aber ist es bedauerlich, daß die meisten Mediziner nur analytischem Wissen anhängen und nur sehr wenige ihr geistiges Erfühlen so trainieren, daß ihre Intuition sie über die Ursache einer Krankheit und deren Heilung unvermittelt belehren kann. Aber es ist wundervoll, zu sehen, wie viele medizinische Spezialisten, die sich unserer Organisation angeschlossen haben, ihr Bestes tun, diese Art geistiger Kraft zu entwickeln.

Kurz gesagt: die Inspiration ist eine Kraft, die das Wesen einer Erscheinung erkennt, ihren Wert abschätzt und intuitiv den besten Weg erkennt, das erwünschte Resultat zu erhalten. Daraus ergibt sich, daß intuitive Kraft nicht nur für wissenschaftliche Entdeckungen, künstlerische Schöpfungen und göttliche Offenbarungen Gläubiger erforderlich ist, sondern ganz besonders auch für Geschäftsleute. Intuitive Macht ist sehr wesentlich für einen Geschäftsmann, der damit beschäftigt ist, mit den dauernden Veränderungen im Geschäftsleben fertig zu werden und Erfolge zu erzielen. – Wie kann man diese Kraft, die doch so wesentlich ist, hervorbringen und fördern? Wie schon erwähnt, sollte das „Wunder-Gemüt" der Kinder nicht unterdrückt werden. Erkennt das Geheimnisvolle als geheimnisvoll an. Überseht nicht eine Erscheinung, die mysteriös ist, wenn ihr sie genau betrachtet. Sagt den Kindern nicht, daß der menschliche Körper eine Maschine sei, die sich gemäß dem Motor „Herz" bewegt. Lehrt die Kinder nicht, daß das Leben von Pflanzen und Bäumen nur eben „kapillare Erscheinung" sei. Lehrt sie nicht, daß Götter und Buddhas Götzenbilder seien. Sprecht achtungsvoll von dem Geheimnis des Lebens, das in allem wohnt. Lehrt Eure Kinder, sich über Mysterien zu wundern, jedes Leben zu achten und sich als „erwählt" zu erachten, die Geheimnisse des Lebens betrachten zu dürfen. Jede Art des Lebens ist verehrungswürdig.

Ein Gemüt, das die Geheimnisse des Lebens bewundert und achtet, ist der Ursprung jedes Genies, jeder Tugend, insbesondere der Liebe für die Mitmenschen, Liebe der Tiere, frommer Religiosität, bemerkenswerter wissenschaftlicher Erfindungen, wunderbarer Kunstwerke und sogar von geschäftlichen Erfolgen.

Es ist verständlich, daß ein Gemüt, das die Geheimnisse des Lebens bewundert, auch seine Mitmenschen, Tiere, Religion, Philosophie, Kunst und Wissenschaft lieben wird, aber es wird doch viele geben, die daran zweifeln, daß ein bewunderndes Gemüt auch Erfolg im Geschäftlichen haben kann. Aber betrachtet bitte folgendes: jeder erfolgreiche Laden in Japan hat und verehrt seine Schutzgöttin. Habt ihr nicht ein Heiligtum, das INARI (dem japanischen Gotte des Wohlstandes) geweiht ist, auf dem Dachgarten der großen Warenhäuser wie Mitsokoshi und Daimaru gesehen? Der Sirokiya Department Store hat sein Heiligtum der Shiroki, Kannon geweiht. Es ist weithin bekannt geworden, daß während der Panik nach dem ersten Weltkriege Herr Motojiro Makino, Präsident der Fudo Savings Bank, der an MAHAKALA, den Gott des Wohlstandes, glaubte, seine Aktien zu einem hohen Preise verkaufte durch Inspiration und damit riesigen geschäftlichen Erfolg hatte, während alle anderen Banken schwerste Verluste hatten. Momosuke Fukuzawa, ein aufrichtiger Anhänger von AVALOKITESVARA, erklärt in seinem Buche „Meine Ansichten über die führenden Persönlichkeiten in der Geschäftswelt", daß „wie angestrengt man auch arbeitete, man doch nie im Geschäftsleben Erfolg haben könne, wenn man kein Glück habe. Aber wie kann ein Mensch das Glück ergreifen? Nun, er darf weder Gott noch Buddha verachten, i. a. W. er muß mit ganzem Herzen und ganzer Seele verehrungsfähig sein. Es ist kein Geheimnis, daß Makino vor einigen Jahren, als er eine der führenden Persönlichkeiten an der Börse war, am Seeufer in Zushi entlang ging und durch Intuition die Öffnungs- und Schlußpreise an der Tokyoter Börse an diesem Tage erfuhr.

Trotzdem möchte ich nicht empfehlen, durch Gebet Spekulationen an der Börse beeinflussen zu wollen. Was ich sagen wollte, ist nur, daß Gott oder Buddha (die unendliche Kraft) tatsächlich existiert, und daß der Glaube unser Schicksal beeinflussen kann.

Intuition oder Inspiration, unentbehrlich zum Erlangen guten Erfolges in allen Dingen, kann man durch die Verehrung Gottes oder Buddhas empfangen. Sieh ein steinernes Bildnis nicht als einen Stein an. Denke nicht, daß eine hölzerne Statue nur Holz sei. Nein, Stein und Holz sind Antennen oder Symbole, durch die man mit der „Geheimmacht" in Verbindung treten kann. Verachte nicht das bescheidendste Tempelchen. Erzeige ihm Achtung beim Vorübergehen. So oft du vor einem Symbol Gottes stehst, bete um Läuterung deines Gemütes. Bitte um die Formgebung eines großen Kunstwerkes. Bitte darum, aus deinem Leben ein Meisterwerk schaffen zu dürfen. Bitte um einen festen Glauben. Bitte um die Heilung deines Freundes. Bitte um das Wohlergehen deiner Familie und Freunde. Bete für das Wachstum deines Kindes. Lehre dein Kind mit dir gemeinsam beten. Ich selbst bete täglich für das Wohlergehen unserer Anhänger und für Frieden in der Welt.

Wenn du lehrst, wie man beten soll, lehrst du den Weg, sich Gott oder dem Universalen Weltensinn innerlich zu nähern. So wird dein Kind durch Intuition und Inspiration gesegnet werden.

Es gibt Kinder mit starker Intuition, für deren geistige Entwicklung keine besondere Bemühung nötig ist, doch auch für solche Kinder ist es wichtig, ihre intuitive Kraft in die richtigen Bahnen zu lenken. 1. vermeidet den Rückgang der intuitiven Kraft und 2. haltet die Inspiration aus der Welt des Geistes (nicht aus der Astralwelt) immer in guter Verfassung.

Um dieses Hauptziel zu erreichen, muß der kindliche Geist belehrt werden, sich den inneren Bestandteil der „Dinge" zu vergegenwärtigen. Das Kind muß also lernen, daß die Dinge nicht nur „Materie“ sind, sondern auch „Geist“ und „Leben“, und daß die sichtbaren Formungen nur Symbole von „Ideen“ oder „Gedanken“ sind, die aus dem inneren „Leben“ herkommen.

Hierbei sollten Eltern und Lehrer sehr vorsichtig das Kind die Geheimnisse des inneren „Lebens“ lehren und die Liebe des Allwesens (Buddha – Gottheit) dartun, die dieses „Leben“ bewirkt. Zwingt und nötigt aber nicht ein junges Kind zum Zuhören. Geht langsam vor, dem Alter des Kindes gemäß. Kinder lieben „persönliche“ Geschichten, daher personifiziert das Große Leben. So wird sich das Kind auch bald das Große Leben als Persönlichkeit vorstellen. Christentum, Buddhismus, Shintoismus und alle anderen großen Religionen werden durch die Vorstellung einer Persönlichkeit belebt, denn des Menschen unschätzbares Gut, Mitleid und Liebe, kann nur durch die Personifikation des Großen Lebens realisiert werden.

Manche Kinder haben seltsame Tag-Träume. Kinder sehen z. B. ihre Schutzengel, die sonst niemand sehen kann, und glauben daran, daß der Gott der Liebe sie durch diesen Engel beschützt. Solche Tag-Träume, die durch nichts wissenschaftlich zu beweisen sind, sollten nicht ins Lächerliche gezogen oder weggeredet werden. Manche wissenschaftliche Erfindungen sind aus Tagträumen entstanden, die plötzlich durch das Gehirn blitzten. Wenn der Mensch nicht vom Fliegen *geträumt* hätte, wäre das Flugzeug nicht erfunden worden. Der Mensch wird von Liebe erfüllt dadurch, daß er sich den gütigen Gott der Liebe im Geiste vorstellt, diesen Gott, der ewig die Irrtümer der Menschen vergibt.

Daher raubt euren Kindern nicht ihre Tagesträume,

aber leitet sie auf den richtigen Weg des wahren Lebens, der Liebe und Weisheit zu. Die Existenz eines personifizierten Engels der Liebe sollte als reale Existenz anerkannt werden, wenn es auch nur ein Traum in der Zeit gewesen sein mag. Der gute Tagtraum wird später vom Geiste des Kindes materialisiert und kann seine Zukunft entscheidend beeinflussen.

Wenn dir eine erfolgreiche Zukunft deines Kindes am Herzen liegt, so lehre dein Kind den Glauben an die Existenz Gottes, des liebenden Schutzengels. Was immer man unternehmen mag, nur Menschen mit starkem Glauben werden am Ende Erfolg haben. Selbst wenn man eine starke Willensnatur hat, so mag doch die Energie eines Menschen, der nicht an den leitenden und beschützenden Geist glaubt (an das unendliche Große Leben) doch im letzten Moment zusammenbrechen.

Wenn du willst, daß dein Kind Beherrscher seines Schicksals wird, dann lies ihm förderliche Berichte aus der Bibel vor, aus den buddhistischen Sutren oder Shinto Schriften, je nach der Religion, zu der du dich bekennst und leite dein Kind zum Glauben an den Gott der unendlichen Liebe an, der als Schutzengel ihm zur Seite steht.

Dein Kind sollte wiederholt religiöse Berichte über Gaubenshelden anhören. Läutere und lenke den Glauben deines Kindes hin zum Gewahrwerden seines Einsseins mit dem Großen Leben. Wenn erst der Mensch von der Existenz des großen Weltsinnes, der ihn immerdar beschützt, überzeugt ist, wird er keine Furcht mehr haben, und weil er sich nicht mehr fürchtet, wird er machtvoll und lebendig sein. Wenn er krank wird, kann er viel eher geheilt werden, weil er keine Furcht hat; er wird durch keine ihm begegnende Schwierigkeit entmutigt werden, er wird immer von neuem beginnen, weil er sich nicht fürchtet. Wie groß ist doch bis zum heutigen Tage die Verpflichtung der Menschheit den Erfindungen und Entdeckungen sovieler tapferer Männer gegenüber, die immer und immer wieder neue Versuche anstellten, weil sie sich vor nichts fürchteten. Somit sollten gerade Wissenschaftler religiöse Überzeugung haben.

Kinder besitzen eine natürliche Veranlagung, andere nachzuahmen; daher ist in ihnen die Neigung zum bloßen kopieren stark, nicht so sehr jedoch, sich über einen neuen Weg belehren zu lassen. Diejenigen Menschen, die mit Kindern umgehen, sollten daher in ihren eigenen Handlungen die Gemütsart, Taten und Gewohnheiten, die sie für ihre Kinder für wünschenswert halten, vorführen.

Es wird kaum ein Kind geben, das durch seine Umgebung nicht leicht in ganz kurzer Zeit beeinflußt wird. Die Mutter des frühen chinesischen Heiligen Mencius wechselte ihren Wohnsitz dreimal, um die Umgebung ihres Kindes zu verbessern, was absolut übereinstimmt mit der modernen wissenschaftlichen Methode der Kindererziehung.

Alles, was wir sehen, hören und fühlen, nehmen wir durch die Sinne zum Eintritt in unser Inneres auf und bestimmen somit unser Unterbewußtsein. So wichtig es für Erwachsene ist, eine ansprechende Umgebung zu haben, so ist dies noch wichtiger für Kinder, die sich in der Entwicklung befinden. Alle das Kind umgebenden Dinge und Ereignisse spiegeln sich im Gemüte des Kindes wider. Diese im Gemüte reflektierten Dinge sind wie Samenkörner, die zwar nicht sofort sprossen, doch wenn die Bedingungen für die Keimung günstig sind, wird ihr Wachstum beginnen. Man kann dies mit dem Samen des Unkrautes vergleichen, das im Herbst niederfiel. Obgleich der Same im Winter nicht keimen mag, so wird er es doch im Frühling tun. Daher dürfen wir nicht Unkrautsamen in des Kindes geistiges Kraftfeld säen. Wenn irgend möglich, laßt uns nur solche Samen säen, die Blüten und Früchte hervorbringen. Lasset uns Samen des Friedens, der Gesundheit, der Harmonie, des Edelmutes, des Selbstvertrauens und der Güte säen!

Die alte pädogigische Methode, soviel wie möglich an Kenntnissen an Hand von Textbüchern in den Geist der Kinder zu stopfen, ist nutzlos. Der beste Weg ist, das Kind durch Tat und Wort zu beeinflussen. Somit bedeutet Kindererziehung die Selbsterziehung des Erziehers. Der Erzieher selbst muß sich immer wieder bemühen, seine Worte und sein Verhalten zu verfeinern.

Bei Unterhaltungen mit dem Kinde, sei es über das Kind selbst oder andere Personen, betone man nur die positiven und hellen Seiten. Sprecht also nie über Fehler, die mit der dunklen negativen Seite eines Menschen verbunden sind. Wenn dies nicht vermieden werden kann, so sprecht in leichter, kurzer Weise davon, damit sich das Kind nicht auf die verdunkelte schlimme Seite der menschlichen Natur konzentriert.

Wenn das Kind älter ist, sollte der Erzieher sich nicht auf das Zeigen der Dinge im täglichen Leben beschränken, sondern soll dem Kinde vom edlen, konstruktiven Leben erzählen an Hand von wahren Berichten und Märchen aufbauenden Inhalts. Pflanzt die Samen schöner, erhabener und konstruktiver Lebensläufe in das empfindsame Gemüt des Kindes. Das bedeutet nicht die

Methode, durch Text- und Lehrbücher den Geist des Kindes zu überfüllen, sondern es leitet die Seele in erhabene positive Höhen je nach dem kindlichen Interesse. Allgemein gesprochen reagiert der Geist am besten dort, wo er interessiert ist, daher wird die dem Kinde eingepflanzte Inspiration, die gleichzeitig sein Interesse weckt, ihm keine Last sein.

Schilt dein Kind nicht oder nur so wenig wie möglich, wenn du es richtig leiten willst. Schelte beeinflußt das Gemüt des Kindes in doppelt negativer Weise, denn die natürliche Neigung, die negative Tat zu wiederholen, wird durch Schelten verschärft.

Die Furcht vor Schelte mag manchmal ein Kind daran hindern, die negative Tat zu wiederholen, aber ist gerade das wünschenswert? Obgleich die schlimme Tat äußerlich nicht mehr getan wird, kann dennoch die negative Tendenz, Schlimmes zu tun und das negative Gefühl der Furcht mit einander in Widerstreit kommen. Das Böse mag äußerlich nicht getan werden, jedoch findet die negative Tat doppelt deutlich im Geiste statt. Beraubt man nicht die Seele der Freiheit, indem man das Heiligtum des kindlichen Gemütes mit Furcht erfüllt?

Wenn zwei Übel sich im Geiste bekämpfen, wird ein großer Teil der kindlichen Energie verwüstet.

Wie aber können wir das Kind richtig erziehen, wenn es starke Opposition bezeigt? Verachte ein Kind nicht und glaube nicht etwa, daß es die Wahrheit nicht versteht. Mißbilligung und Gewalt sind nicht die einzigen Mittel, ein Kind zu bessern. In jedem Kinde ist etwas Göttliches verborgen. Göttliches stammt vom Himmel, es ist die „Wahrheit" selbst. Es ist natürlich, daß „Wahrheit" zu Wahrheit steht. Versuche das Kind zur Vernunft zu bringen, indem du zu ihm wie zu einem Erwachsenen sprichst. Wenn deine Worte an seine Vernunft appellieren, wird das Kind der Vernunft gehorchen. Heutzutage „sprechen" nur sehr wenige Eltern mit ihren Kindern, stattdessen zwingen sie ihre Kinder in oft tyrannischer Weise, ihren Beschlüssen zu gehorchen, und wenn die Kinder das nicht tun, werden die Eltern heftig und wenden Gewalt an. Kinder, die in solch einer Weise erzogen wurden, werden im späteren Leben dieselben Tyrannen, die in unvernünftiger Weise ihre Untergebenen lähmen und kränken. Diejenigen Menschen, die als Kinder tyrannisch behandelt wurden, sind sehr dazu geneigt, selbst so zu werden, wenn sie erwachsen sind. So keimen die Samen, die in das Gemüt während der Kindheit eingepflanzt wurden, und wachsen in der passenden Umgebung.

Mit deinem Kinde vernünftig zu sprechen, ist von zweifachem Nutzen: auf der einen Seite lehrt man das Kind, zu überlegen und klar zu urteilen, auf der anderen Seite führt dies zu Frieden im Heim.

Einem Kinde sollte es erlaubt sein, sich in seiner eigenen individuellen Weise auszudrücken, jedoch ist es Aufgabe des Erziehers, Gedanken und Lebenskraft des Kindes in die rechten Kanäle zu leiten. Es gibt viel Unkraut im Gemüte des Kindes, das noch nicht ausgerodet ist. Solches muß geschehen, wenn man schöne Blumen und gute Früchte ernten will.

Daher, trotzdem man die Individualität des Kindes respektieren muß, darf ihm nicht alles selbst überlassen werden. Es ist wesentlich, genau zu unterscheiden, was wachsen und was ausgerodet werden soll. Zwecks richtigen Wachstums müssen des Kindes negative Seiten und Wünsche unterdrückt und die Gewohnheit an die Ausführung guter Taten muß geformt werden. Es gibt ein altes Sprichwort: „Gewohnheit ist zweite Natur." Das wird immer die Wahrheit bleiben, so alt es auch ist.

Gewohnheit bildet sich durch Wiederholung. Zuerst muß sich das Kind daran gewöhnen, Freude über die Ausübung einer guten Tat zu empfinden. Wir empfinden aber keine Freude, wenn wir zu etwas gezwungen werden. Mag auch das Kind anfangs Interesse bekundet haben, doch sobald es Zwang empfindet, verschwindet das Interesse. Es gibt widerspenstige Kinder, die im Angesicht ihrer Eltern nicht arbeiten wollen, je mehr sie dazu ermahnt werden. Der Grund dafür ist, daß die für die Erziehung des Kindes verantwortlichen Eltern von Anfang an zu streng waren. Es ist natürlich, daß ein Kind nicht gern arbeitet, wenn das Wort „Arbeit" sich mit Zwang verbindet.

Zwingt eure Kinder nicht! Niemand darf gezwungen werden. Anwendung von Gewalt mag vorteilhaft und günstig wirken, aber Gewalt geht nur mechanisch vor, ohne sittlich Gutes zu bewirken. Wirklich Gutes entstammt lediglich der freien Betätigung eines erleuchteten Lebens. Der Mensch hat die Gabe, das Gute um seiner selbst willen zu tun, freiwillig, wenn seine Lebensenergie sich heiter und frei bewegt. Daher greift nicht zur Gewalt, wenn ihr die Neigungen und Wünsche eines Kindes in die rechte, konstruktive Richtung lenken wollt. Stellt eure Forderungen sanft und gütig und erweckt das Göttliche im Kinde zum Leben, anstatt Gewalt anzuwenden. „Wie würde sich Mutter doch freuen, wenn du dies für mich tun wolltest!" Eine Anforderung dieser Art würde das Kind fühlen lassen, es vollbringe eine gute Tat, und es will dabei erkennen, daß die Ausführung von etwas Gutem anderen Freude bereitet. Das Kind wird also durch Erfahrung feststellen, wie schön es ist, Freude bei anderen zu erwecken. Dieses Erlebnis bildet dann das Fundament des „Gutseins“ im Gemüt des Kindes.

Glaubt nicht, daß die Autorität der Eltern ohne Anwendung von Gewalt schwach wird. Eltern oder Lehrer, die ein Kind dazu zwingen, etwas zu tun, was ihm sinnlos erscheint, werden dem Kinde als roh und gewalttätig erscheinen. Wenn also ein Kind mit Zwang erzogen wird, so geht der Respekt für die Älteren verloren, und das Kind wird innerlich widerspenstig, auch wenn es nach außen hin gehorcht. Ein Mensch, der sich das nicht vergegenwärtigt, ist zum Lehrer nicht geeignet.

Um Autorität als Älterer über ein Kind zu haben, mußt du es davon überzeugen, daß du ein verständiger, liebender, zu respektierender Vater (bzw. Mutter) bist. Niemand kann einen unvernünftigen Tyrannen respektieren. Ein Tyrann versucht vergeblich seine Autorität zu erhalten; er wird sie verlieren.

Jemand, der respektiert werden will, muß auch andere respektieren. Die Welt hat festgesetzte Preise und gibt keinen Rabatt. Du bekommst nur das, wofür du bezahlt hast. Wenn du Respekt *gibst,* dann *erhältst* du auch Respekt. Wenn du gütig bist, wirst auch du Güte erfahren. Wenn du Liebe ausstrahlst, wirst du Liebe empfangen. Darum müssen Eltern, die von ihren Kindern Respekt verlangen, diese ebenfalls respektieren. Wenn Kinder von ihren Eltern respektiert werden, betrachten sie ihre Eltern als einen „guten Vater“ oder eine „gute Mutter“.

Bei der Kindererziehung muß man die Göttlichkeit im Kinde mit Verstand anfassen. Gewalt kann niemals den göttlichen Funken im kindlichen Gemüte anfachen. Nur wenn man diesem Funken mit verständiger Erklärung begegnet, kann man das göttliche Selbst des Kindes in bessere Bahnen lenken. Dadurch kann das Kind oft die Oberhand über den Erwachsenen haben, aber trotzdem wird der Erwachsene seine Autorität behalten. Das Kind muß lernen, daß jeder, auch ein Erwachsener, sich klein und demütig vor der Wahrheit beugt. Wenn also auch ein Erwachsener vor der Wahrheit niederkniet, wird das Kind erkennen, daß es sich ebenso demütigen muß. Löst also nicht Streitfragen in der Weise, daß das Kind denkt, es habe den Erwachsenen widerlegt. Keinesfalls hat das Kind eure Argumente widerlegt, nein, ihr zeigt ihm nur, wie gut es auch für einen Erwachsenen ist, vor der Wahrheit demütig zu sein. Dies ist ein sehr wichtiger Punkt für die Entwicklung einer ehrlichen Menschen-Natur, und das Kind wird lernen, sich der Wahrheit zu unterwerfen. Wenn ein Erwachsener zugibt, daß er im Unrecht ist und sich nicht auf seine Autorität beruft, dann wird des Kindes Gemüt sich erweichen, nicht mehr unnachgiebig zu sein und sein Unrecht einsehen.

Ein Kind sollte zeitig nach der Richtung hin gelenkt werden, in der es von Natur aus begabt ist, dem Stande seiner Entwicklung gemäß. Daher lobt die erfinderische Arbeit, die es aus Eigenem getan hat und gebt ihm Ermutigung durch Worte, so daß sein geoffenbartes Interesse sich vergrößert und seine Tüchtigkeit sich erweitert.

Alle Lehr-Kanäle sollten vereinigt werden und die verschiedensten Erziehungsmethoden auf die Weiterentwicklung dieser einen besonderen Begabung konzentriert. Dadurch wird das Kind zuerst einmal seine Arbeit mit Begeisterung tun um des Lobes willen, später jedoch mit wachsender Geschicklichkeit wird es Schönheit und Hingabe an das Werk selbst empfinden, seine Fähigkeiten werden sich mehr und mehr vergrößern und sich zu einem Meisterwerk ausweiten, das der Welt unentbehrlich ist. Aber nehmt euch in acht, daß ihr das Kind nicht in eine „Erinnerungsmaschine" umwandelt. Erzieht das Kind dazu, seine Kraft der „Betrachtung" anzuwenden. Diejenigen Dinge, die man durch Betrachtung erlernt, haften im Gedächtnis sehr viel länger als eingepaukter Gedächtniskram. Daher muß das Kind lernen, seine Kraft der Betrachtung in Beziehung zu den Dingen durchzuführen, anstatt nur Kenntnisse aufzunehmen. Darum ist die Methode einer schnellen, nicht gesichteten Überfüllung des kindlichen Verstandes ohne persönliches Nachdenken nicht die richtige.

Um die Fähigkeit des Nachdenkens im kindlichen Gemüt zur klaren Entwicklung zu bringen, muß man das Kind von früh auf lehren, für sich selbst zu denken und nach seiner eigenen Meinung zu handeln. Es mag einem Erwachsenen zu reizlos erscheinen, dem Kinde das eigene Urteil zu lehren und es lieber „gehen" zu lassen, statt eigene Überlegung anzuwenden; man sollte dies aber ertragen, um eben diese Kraft des Nachdenkens im Kinde zu stärken. Unterschätzt nicht immer wieder die eigenen Gedanken des Kindes. Behandelt es vorsichtig wie den Gedanken eines großen Genies, betrachtet, diskutiert und ermutigt die guten Punkte und deutet auf das Vergessene hin, leitet also das Kind so, daß seine Kraft der Beobachtung sich nach allen Seiten hin erstreckt und ein richtiges Urteil hervorbringt.

Ganz junge Kinder, die sich noch nicht um das tägliche Leben zu bekümmern brauchen, bekommen oftmals phantastische Ideen sozusagen „aus dem siebenten Himmel". Das sind jedesmal Inspirationen aus der geistigen Welt, die sich in dem reinen, sündenlosen Gemüt des Kindes widerspiegeln. Oh, ihr Erwachsenen, gebt doch den vorgefaßten Gedanken auf, daß diese Eingebungen der Kinder wertlos seien! Ein Heiliger sagte einst, daß nur Kinder das Heiligtum Gottes betreten können, weil ihr Gemüt rein und klar ist. In der gleichen Weise kann ein Kind manchmal eine göttliche Offenbarung enthüllen. Ein Sprichwort sagt: „Das Hühnchen kann oft die Henne belehren" oder: „Sogar ein Narr belehrt zuweilen einen Weisen". Segen über den, der diese Inspiration aus der geistigen Welt aus dem Munde eines Kindes versteht!

Wenn des Kindes eigene in ihm selbst geborene Idee respektiert wird, so wird dies die Weiterentwicklung des kindlichen Geistes nach dieser eingeschlagenen Richtung hin ermutigen und fördern. Es ist demgemäß eine sehr wertvolle Ermutigung. Das Kind steht sozusagen am Scheidewege. Es wird entweder, durch „Ermutigung" gestärkt, höher hinaufkommen, oder durch „Verachtung" tiefer und tiefer herabsinken. Manche jungen Geister gelangen zum Beginn einer großen Erfindung oder Entdeckung, ohne verspottet zu werden, andere hingegen werden durch die Geringschätzung törichter Erwachsener eingeschüchtert. Wenn es nicht soviele törichte Erwachsene gäbe, würde die Welt schon viel weiter fortgeschritten sein. Die Mahnung lautet daher: erstickt das junge schöpferische Gemüt nicht im Keime! Zu Anfang mag es nur klein sein, aber lobt es, solange es sich schöpferisch zeigt. Wenn die Originalität des Kindes offenbar wird, so erkennt immerhin ihren Wert, auch wenn euch die Sache einstweilen unreif, vielleicht sogar unangenehm erscheint. Es ist ein grundlegendes Gesetz des Lebens, daß sich jede Fähigkeit entfaltet, sobald sie anerkannt und gelobt wird.

Durch die moderne Psychoanalyse wurde die Bedeutung der Eindrücke auf das kindliche Gemüt erkannt. Der Beweis ist gegeben, daß Kindheitseindrücke anscheinend gänzlich vergessen, doch in unwillkürlichen Handlungen sich erhalten haben und oftmals der Grund für Angstgefühle und Erkrankungen sind. Eine einmal eingegrabene Erinnerung bleibt im Geiste haften und wird mit Sicherheit Einfluß auf das spätere Leben des Menschen haben, besonders aber schlagen Kindheitseindrücke im Unterbewußtsein sehr stark Wurzel. Von daher wird eine gewisse Neigung oder Abneigung zur sogenannten „zweiten Natur", sie wird ein Teil der Individualität des Menschen und seines Charakters, oft sein ganzes Leben hindurch. Wenn diese „zweite Natur" eine Kraft für heitere, konstruktive Neigung ist, so wird das ganze Leben dieses Menschen hell und glücklich; wenn hingegen diese „zweite Natur" ein verborgenes Motiv für schlimme, düstere Neigungen wird, dann wird das ganze Leben des Menschen von unerträglichen Angstkomplexen beherrscht sein, düster und gedrückt.

Viele solcher Angstkomplexe und Neurosen, die in schlimmen Kindheitserinnerungen wurzeln, können durch psychoanalytische Behandlung und metaphysische Heilung beseitigt werden, doch ist es weder gütig noch klug, in das kindliche Gemüt schlimme Flecke einzustempeln, die sich später nur schwer auslöschen lassen.

Um diese Flecken im späteren Leben zu beseitigen, bedarf es großer Anstrengungen seitens des Patienten und des Heilenden.

Seht doch die große Anzahl von Menschen mit mittelmäßigen Fähigkeiten und Charakteren an, denen wir täglich begegnen! Fühlt man sich da nicht bemüßigt, zu fragen: „Was ist mit diesen Kindern Gottes geschehen?!" Zumeist ist dies das Ergebnis der Tatsache, daß diese Menschen unbewußt während ihrer Kindheit von einigen ihrer Freunde beeinflußt wurden, die in jeder nur möglichen Weise die in ihnen wohnende unendliche Kraft gelähmt oder erstickt haben.

Aber die Zeit wird kommen, in der positiver Idealismus, wie wir ihn in Seicho-No-Ie anwenden, bei den Erziehern vorherrschen wird. Einer der Zwecke von Seicho-No-Ie ist es, das baldige Erscheinen des Goldenen Zeitalters der Menschheit herbeizuführen. Erst dann wird die dem Menschen von Anfang an innewohnende Befähigung zu allem als unschätzbarer Besitz wiedergewonnen werden. Jeder unter uns wird dann seine ihm gemäße Begabung ausdrücken, er wird sein Leben mit seinen eigenen Blüten schmücken und köstliche Früchte ernten, reich an Nährkraft, um der ganzen Menschheit zu nützen. Niemand wird dann mehr diesen Unkrautsamen, „schlimmer Eindruck" genannt, in ein Gemüt säen. Dann erst wird das Zeitalter anbrechen, in dem die Menschheit sich ihrer vollkommenen Göttlichkeit erfreuen wird ohne die anstrengende Bemühung, die negativen Unkräuter ausroden zu müssen.

Bedenkt doch nur, daß die Welt noch nie in früheren Zeiten soviel Leid und Not gesehen hat wie heute. Das dringendste Verlangen unserer Zeit ist das Erscheinen vieler großer Genies, die die Menschheit retten können. Wann wird der große Genius geboren werden, der die verschiedenen Phasen der Weltennot und der rassischen Verfolgungen beheben kann? Unser Zeitalter sehnt sich dringend nach dem Kommen vieler Watts, Edisons, Fords, Lincolns und auch einem neuen Christus und Gautama. Wie kann die jetzige Pädagogik, die nur damit beschäftigt ist, die Kinder zur höheren Schule vorzubereiten, indem sie bloße Kenntnisse aufhäuft – wie kann sie darauf hoffen, den großen Genius im Kinde zu entwickeln?

Ihr Eltern der Welt, schaut euch Edison an! Er war ein so schlechter Schüler, daß er nach drei Monaten von seiner Schule entlassen wurde. Es kann also wohl gesagt werden, daß das moderne Schulystem der Aufhäufung von Kenntnissen, Normierung und des heftigen Wettbewerbs um gute Zeugnisse gar nicht nötig ist, um einen Genius hervorzubringen.

Laßt das Kind die Freiheit eines Gotteskindes haben. Ändert die schlechte Angewohnheit der menschlichen Gesellschaft, die nur einen „gebildeten" Menschen anerkennt. Hört damit auf, Kinder dahin zu bringen, daß sie sich vor Aufnahmeprüfungen fürchten. Solche Prüfung ist eine für das wirkliche Leben sehr unbedeutende Angelegenheit. Was hat Schulerziehung mit dem Wert eines Menschen als solchem zu tun? Gab es wirklich große Persönlichkeiten unter denen, die immer die Ersten in der Klasse waren? Die meisten derer, die Erfolg bei sogenannten großen Unternehmungen hatten, waren früher freimütige, unerschrockene Kinder, die sich um ihre Schulergebnisse nicht kümmerten. Im Gegenteil, scheuet Kinder mit zu guten Zeugnissen. Die meisten von ihnen wurden von törichten Eltern überempfindsam erzogen und mit zitterndem Begehren erfüllt, unbedeutende Auszeichnungen zu erlangen.

Seit Gott den Menschen schuf und ihn in die Welt schickte, war es bestimmt, daß jeder eine ihm besondere Fähigkeit und einen Genius hat, und wenn diese sich vollkommen ausdrücken können, dann wird ein irdischer Himmel zur Wahrheit.

Somit ist jeder Mensch ein Herold Gottes, um ein irdisches Paradies zu schaffen. Das Wichtigste im Leben ist die Erziehung von Kindern. Sie ist ein Teil von Gottes göttlichem Werk, ein Vorgang, große Engel heranzubilden, um ein irdisches Paradies zu schaffen. Wenn man denkt, daß die Fähigkeit eines Engels nach dem Grade seiner Prüfungserzeugnisse gemessen werden soll, dann versucht man, das innere unerforschliche Leben nach der äußeren Form zu beurteilen.

Somit ist die Erziehung von Kindern ein großes und heiliges Unternehmen, das „göttlich" genannt werden kann. Die fundamentalen Vorschriften dazu, von denen hier gesprochen wurde, sind sehr einfach. Es ist „die Macht des Wortes". Das wesentliche Element für das Wachstum des kindlichen Geistes prägt sich in das kindliche Gemüt am besten ein durch die Worte, die man mit dem Kinde spricht.

Welche Elemente sind für das Wachstum des kindlichen Geistes notwendig? Eines der wichtigsten ist Weisheit. Erfülle die Umgebung des Kindes mit Weisheit und vermeide eine Berührung mit unerzogenen und unwissenden Menschen. So weit wie möglich sollte die Mutter die Verantwortung auf sich nehmen, ihr Kind mit Liebe und Weisheit zu erziehen.

Der kindliche Geist gleicht einem „movie"-Filmband, das noch nicht bespielt ist. Der Film ist noch durchsichtig, alles kann daraus werden. Wer immer der Kameramann ist, alles und jedes kann auf diesen Film photographiert werden, darum mußt du einen Kameramann finden, der es versteht, die richtigen Bilder zu schaffen. Jeder Mensch, der mit dem Kinde in Berührung tritt, ist solch ein Kameramann. Der Film eines kindlichen Geistes bringt die Bilder derjenigen, die in der Umgebung des Kindes leben.

Eltern und Vormünder sollten achtgeben auf diejenigen, die mit den Kindern in Berührung kommen, ihre Freunde, Führer usw. Wenn auch die Mutter ihr Kind mit liebevoller Weisheit erziehen mag, so ist es ihr doch unmöglich, alle Phasen der Erziehung zu leiten. Es handelt sich bei ihr nur um die grundlegende Erziehung in der frühen Kindheit. Schon während des ersten Keimens sollte die Mutter das Leben ihres Kindes auf den richtigen Weg lenken. Wenn das junge Pflänzchen nicht sorgfältig behandelt wird, kann es im späteren Leben schwer belastet werden. Die Methode, das keimende Pflänzchen zu betreuen und ihm Licht zu geben, ist eine wichtige Vorbedingung, die eine Mutter ihrem Kinde im Vorschulalter zuteil werden lassen muß und auch noch in der Zeit der Anfangs-Schuljahre, wenn die Schulstunden noch kurz sind.

Sagt nicht, ihr habt keine Zeit dazu. Wo der Wille ist, wird auch der Weg sich finden. Ihr solltet euch schämen, diesen Wunsch etwa nicht zu haben. Ein Heiliger des Altertums sagte: „Bittet, und es wird euch gegeben werden." Dies ist unbedingt zutreffend bei der Kindererziehung. Wenn jemand sein Kind von Anfang an dem

Lebensgesetz gemäß erziehen will, so kann er ganz bestimmt die Zeit dafür finden, auch wenn er (oder sie) noch so beschäftigt ist.

Denke immer an den Eindruck, den deine Worte auf ein Kind haben. Sogar beim Verbessern eines Fehlers sage nicht: „Kinder sind nutzlos". Sage statt dessen: „Wenn du heranwächst, wirst du alles viel besser verstehen; du wirst dann auch wissen, was du tun sollst." In der Tat hat das Gemüt eines Kindes oftmals eine klarere Intuition als ein Erwachsener. Der Spiegel des Geistes eines Erwachsenen ist gewöhnlich befleckt durch recht fragliche Lebenserfahrungen, vor allem mit Furcht und negativen Gedanken. Er wird daher rückständig und sagt dem Kinde: „Du darfst oder sollst dies und jenes nicht tun." Wenn diese Haltung auf das Kind reflektiert wird, wird die Entwicklung des Kindes von Anfang an rückständig. Somit werden die wichtigsten Dinge auf dem Lebenswege: Mut, Entschlußfähigkeit, intuitives Urteilen, schon während der Keimung erstickt. Einschüchterung, Rückständigkeit und Furcht, alle diese Elemente stehen dem erzieherischen Prinzip von Seicho-No-Ie entgegen.

Das Kind ist ein inspiriertes Sprachkenner von Natur und erfaßt die Bedeutung der Worte sofort durch Inspiration oder durch Gespräche von einem zum andern. So wird auch das Kind in seiner mysteriösen intuitiven Fähigkeit des Verstehens die Worte eines Erwachsenen zum größten Teile verstehen. Wenn man z. B. in Gegenwart des Kindes Unziemliches oder Unmoralisches spricht oder über Krankheit und Sterben spricht, oder über andere negative Dinge, so wird das Kind den *Sinn* dieser Dinge durch Inspiration erfassen, und wenn auch der Sinn dem Kinde nicht völlig klar sein mag, so sind doch diese negativen Dinge von negativen *Schwingungen* begleitet, die von dem sehr empfindsamen geistigen Empfangsapparat des Kindes aufgenommen werden und zu Samen werden, der mit Bestimmtheit keimen, wachsen, blühen und negative Früchte unter passenden Bedingungen hervorbringen wird. (Die Theorie, daß Worten geistige Schwingungen gemäß ihrer Bedeutung beigeordnet sind, kann durch zahlreiche Beispiele der Heilung von Krankheiten bewiesen werden, wie sie in „Leben aus dem Geiste“ beschrieben sind.) Krankheiten der Kinder, die noch nicht lesen können, werden oftmals dadurch geheilt, daß Erwachsene ihnen vorlesen. Derartige Tatsachen bezeugen, daß positive geistige Vibrationen die negativen Gedanken-Schwingungen über Krankheit auslöschen können.

Aus diesem Beispiele kann man leicht erkennen, daß man bei seinen Worten in Gegenwart von Kindern sehr vorsichtig sein muß, auch wenn sie den Sinn nicht verstehen, ebenso vorsichtig wie mit Erwachsenen, die den Sinn erfassen. Ein altes Sprichwort sagt: „Der Weise ist klug, wenn er allein ist“. Weise der heutigen Zeit sollten immer vorsichtig sein, auch wenn niemand dabei ist. Christus sagte: „Himmel und Erde mögen vergehen, aber meine Worte werden leben immerdar“. Er wies damit auf die sich stets verkörpernde Natur von Worten hin, Worte, die wir sprechen, streben danach, sich zu verkörpern. So geht es also mit der Macht unserer Worte. Jetzt oder später werden sie zum Leben kommen. Nicht ein einziges Wort wird ohne Verkörperung vergehen. Die Möglichkeit der Fernbehandlung beweist, daß Worte auch aus der Entfernung materialisiert werden können. Ein Wort, das in den Radio-Broadcasting-hineingesprochen wird, kann mit Sicherheit auch in großer Entfernung wieder ertönen, wenn die günstige Gelegenheit (Aufnahme-Apparat) vorhanden ist. Es muß hier verstanden werden, daß das Universum ein riesiges geistiges Radio ist. Was immer für Worte in dieses Geist-Radio hineingesprochen werden, sie alle werden dem Inhalt der Worte gemäß sich verkörpern. Darum, auch wenn niemand in Hörweite ist, sprecht und lest soviel wie möglich Positives.

Nun wir soweit gekommen sind, werden ihr den negativen Effekt Eurer Worte verstehen, wenn ihr z. B. schlecht über andere sprecht, ungehörige Gespräche führt, von Krankheit, Tod, Satan, Furcht und anderen nicht zuträglichen Dingen in Hörweite von Kindern sprecht, die einen sehr sensitiven Empfangs-Apparat besitzen.

Da nun aber das Kind eine solch große Empfindsamkeit hat, so werden gute, positive Worte, die um es herum gesprochen werden, eine entsprechende positive Wirkung haben. Güte, Sympathie, Liebe und Streben nach dem Großen und Erhabenen, sind geistige Wirkungen von Worten, welche die Erwachsenen gesprochen haben, ganz besonders die Worte, die unsere liebende Mutter mit freundlichem Gesicht spricht.

Damit ist nachgewiesen, daß die geistigen Schwingungen von Worten einen ebenso positiven wie negativen Effekt auf uns haben.

Kinder lieben „mystery stories" ebenso wie Märchen. Erzählt ihnen solche Märchen, aber bringt den Teufel nicht hinein. Confucius lehrte, nicht von übermächtigen schlimmen Gottheiten zu sprechen, weil dies die Schwingungen im Weltall ungünstig beeinflußt. Nichts zerstört das rechte Wachstum des Menschen so sehr als die Vorstellung, daß Böses, vor dem man sich fürchten muß, in der Welt existiert. Wir dürfen das Universum nicht mit Erzählungen entweihen.

Wenn das Kind Gott oder den Schöpfer der Welt erklärt haben möchte, verweigern ihm manche Menschen eine Antwort auf seine Frage mit der Erklärung: „Das kannst du nicht verstehen". Eine solche Antwort läßt das Kind sein Selbstvertrauen verlieren. Die abweisende Erklärung „du verstehst das nicht" wird sich tief in das Gemüt des Kindes eingraben, und ein negatives Selbstempfinden wird zu keinem beginnen, das Gefühl „ich bin unfähig", und dieses Gefühl des Versagens wird das Kind sein ganzes Leben hindurch begleiten und sein freies Wachstum verhindern.

Sagt euren Kindern: „Es gibt nichts, was du nicht tun könntest". Wenn etwas zur Zeit die Fähigkeit eines Kindes übersteigt, dann belehre es, daß es später dazu fähig sein wird. Wenn du dem Kinde von Gott und dem Schöpfer in einfacher Weise sprichst, wird das Kind intuitiv den Sinn erfassen, weil es ja von Anbeginn an weiß, daß es ein Kind Gottes ist, aus der göttlichen Quelle entstammend.

Ein Kind möchte über Mysterien Bescheid haben, denn es vergegenwärtigt sich unbewußt, daß es den Gegenstand intuitiv verstehen *kann.* Daher wird bei deiner Antwort auf seine Frage mit: „du verstehst das nicht" der kindliche Intellekt, der verständig funktionieren will, gehindert und eingeschüchtert. Diese Einschüchterung mag nicht nur vorübergehend sein. Das Kind kann auch weiterhin von dem Minderwertigkeitsgefühl besessen werden: „ich bin minderbegabt". Wenn das Kind sich erst einmal an die Idee gewöhnt, daß es minderwertig sei, dann wird der Same des Minderwertigkeitskomplexes sich bei ihm im späteren Leben entwickeln, und das Kind wird eine Minderwertigkeit in verschiedenen Lebensrichtungen aufweisen. Daher betone ich noch einmal: wir müssen vorsichtig mit Worten sein, wenn wir zu einem Kinde sprechen und dürfen das kindliche Gemüt nicht mit Minderwertigkeitsgefühlen belasten.

Du kannst dem Kinde positiv versichern, „du kannst die Antwort verstehen!" Auch wenn das Kind sie nicht versteht, versprich ihm allmählich fortschreitendes Verständnis, indem du sagst, „nach und nach wirst du mich ganz genau verstehen". Niemals darf das Kind das Vertrauen in seine innewohnende Fähigkeit verlieren. Ermutige das Kind mit den Worten: „Jeder Mensch kann werden, was er werden will. Alles kann erlernt werden". Erzähle dem Kinde von den Lebensläufen großer Wissenschaftler, Erfinder, Heroen und Heiligen in einfachen Worten. Jedes Kind hört eifrig den Erzählungen vom Leben großer Männer zu. Das Kind muß sich vergegenwärtigen, daß es dieselben Möglichkeiten in sich trägt, die ins Unendliche wachsen können, nachdem sie herausgeschält und richtig bearbeitet worden sind. Wenn das Kind zu verstehen begonnen hat, lehre es von diesem Anfangsstadium aus die Wahrheit, daß der Mensch die Macht hat, alles, was er will, zu vollbringen, sobald er glaubt, daß er das tun kann, wenn er daran arbeitet.

Tatsächlich besitzt der Mensch eine unendliche in ihm verborgene Fähigkeit. Diese verborgene Begabung kann herausgeschält und in immer reicherem Maße verdeutlicht werden durch tiefes Hineingraben. Bei dem Worte „hineingraben" meine ich realisieren, verwirklichen. Der vergrabene Schatz wird dann stets in unseren Händen sein, wenn man die Verwirklichung erlebt. Daher erklärt dem Kinde, daß seine Befähigung ihm selbst gehört. Das Kind muß ferner davon überzeugt sein, daß sein „geoffenbartes Selbst" nur ein kleiner Teil seines „wirklichen Selbst" ist.

„Ein kleiner Teil" mag schon zur Benutzung geeignet sein, aber wie kann etwas wirklich Großes geschaffen werden, wenn man denkt, daß dieser „kleine Teil" für das ganze Selbst gehalten wird? Lehrt euer Kind, nicht mit einem geringen Erfolge zufrieden zu sein. Wenn ihr euch bemüht, dem Kinde in ihm verständlichen Worten zu erklären, daß ein kleiner Erfolg nur „ein kleiner Teil" von ihm selbst ist, auch seine gezeigte Befähigung nur „ein kleiner Teil" ist, worauf es sich nicht lohnt, stolz zu sein, und daß es darauf ankommt aus der Urquelle (die verborgene Unendliche Kraft, die All-Intelligenz) noch mehr herauszuheben, ohne mit „einem kleinen Teil" zufrieden zu sein, – dann wird des Kindes hochmütige Selbstzufriedenheit mit dem Gegenwärtigen verschwinden, sein vorzeitiger Stolz wird vernichtet und somit der geistige Untergrund für ewiges Wachstum gelegt. Wenn man erkannt hat, daß das innere individuelle Leben mit dem unendlichen Leben, in dem der wahre Schatz des Individuums eingelagert ist, innigst verbunden ist, dann kann man nicht mehr auf den kleinen Erfolg stolz sein, der nur so wenig gegraben hat. Nur derjenige, der das „unendliche Selbst" in sich erkannt hat, wird sein gegenwärtiges Selbst geringschätzen, und nur derjenige, der mit seinem gegenwärtigen Selbst unzufrieden ist, hat die Möglichkeit, dem „unendlichen Selbst" nahezukommen.

Das unendliche Selbst ist nichts anderes als TATHAGATA (Buddha-Natur), NIRVANA, Urselbst, Leben aus dem Geiste, „Innerlicher Wert", „Der in Deinem Selbst Lebende Christus, oder auf Japanisch HIKO (Sohn Gottes) oder HIME (Tochter Gottes). Kinder, die diese Worte nicht verstehen, sollten hin und wieder an der Heiligkeit der Urnatur des Menschen und den verborgenen inneren Fähigkeiten des inneren Menschen begeistert werden durch Worte wie diese: „Der Mensch ist ein Kind Gottes. Dein Gesicht gleicht dem deiner Eltern, demgemäß ist deine Fähigkeit und deine wahre Natur nach dem Ebenbild Gottes geschaffen. Gott hat das ganze Universum geschaffen. Der Mensch als Kind Gottes ist zum Erben von Gottes unendlicher Macht eingesetzt."

Darum sollte ein Kind Gottes auch wie ein Geschöpf Gottes leben. Ein Mensch, der diese göttliche unendliche Fähigkeit nicht zu offenbaren beabsichtigt, gibt den Schatz auf, der ihm von seinen Eltern anvertraut worden ist. Nach solcher Belehrung wird das Kind anfangen, sich die Erhabenheit und das Mysterium des wahren Selbst vorzustellen, und die Erstehung des „wirklichen Selbst" wird zu seinem lebensfähigen Ideal werden. Seine frühere unbedeutende Eitelkeit, sein Stolz auf einen kleinen Erfolg sowie seine listige Selbstsucht wird verschwinden, und das Kind wird dann wahrhaft auf dem rechten Wege des Wachstums in demütigem Geiste weiterschreiten. Daraufhin werden sich Bescheidenheit in äußeren Umständen und Selbstachtung für die göttliche Natur in ihm vereinen.

Bei Anwendung der Methode von Seicho-No-Ie bei der Kindererziehung sollte die altmodische Erziehungsmethode, das Kind negativ mit den Ausdrucken „kümmerlich“ oder „schlecht“ zurechtzuweisen, gründlich reformiert werden. Auch ist die erzieherische Methode, im Kinde Eigendünkel durch die anscheinende „Kümmerlichkeit“ hervorzurufen, verfehlt. Die beste Methode ist, das Kind dahinzubringen, daß es mit Freude seine negativen Punkte verbessert beim Anhören solcher Worte wie: „deine Arbeit ist gut, aber wenn du dies und das noch ein wenig änderst, wird sie noch besser sein. Ja, so. Siehst du, jetzt ist es schon besser. Jetzt sieh dich bei diesem Teil der Arbeit besonders vor. Siehst du, es wird immer besser. – Wenn du diese Änderung vornimmst, wirst du außerordentlich geschickt werden. Ich freue mich, daß du solch einer versprechenden Zukunft entgegengehst.“

Wann immer du mit dem Kinde über seine Arbeit sprichst, segne seine Zukunft mit klaren Worten und lasse das Kind fühlen, daß die Eltern seine Fortschritte liebend beobachten und sich an ihnen erfreuen. Wie sehr freut sich ein Kind, seine Eltern zufriedenzustellen. Es ist dies wie die Freude eines Liebhabers, seiner Geliebten eine Freude zu bereiten. Viele Menschen bringen große Opfer, um ihre geliebte Freundin zu erfreuen. So will sich auch das Kind erheblichen Anstrengungen unterziehen, um seine Eltern zu erfreuen. Wenn das Kind aber denkt: „Niemand ist an meinen Fortschritten interessiert“, dann wird sein Fortschritt in einer Sackgasse enden. Ich kenne ein junges Mädchen, das einmal ihr Schreibkunst-Zeugnis voller Stolz nach Hause brachte in der Hoffnung, daß die Mutter sich über ihr ausgezeichnetes Zeugnis freuen würde. Jedoch die Mutter war mit ihrer Haushaltsarbeit beschäftigt und daher an ihrer Tochter Schreibkunst-Zeugnis nicht interessiert. Sie äußerte gedankenlos: „Wozu soll ein Mädchen sich so in Schriftkunst auszeichnen? Die Hauptsache ist für mich, wenn Masaya (ihr ältester Sohn) gut darin ist!"

Wie enttäuscht muß das kleine Mädchen bei diesen herzlosen Worten ihrer Mutter gewesen sein! Von dieser Zeit an hatte das Mädchen das Gefühl, daß niemand an ihren Fortschritten Interesse habe, und sie verlor ihr eigenes vorher so dringendes Interesse daran. Nun aber mußte die Mutter schwer arbeiten, um ihre Familie durchzubringen, und da ihr sehr daran lag, die Fähigkeiten des Kindes zu entwickeln, veranlaßte sie das Kind, ihr im Haushalt zu helfen. Das Kind gewöhnte sich bald daran, maschinenmäßig zu arbeiten. Sie erfüllte ihre Pflichten schnell und mechanisch, ohne daran interessiert zu sein. Später als Frau versuchte sie Freude an ihrer Arbeit zu finden, aber sind fand es sehr schwer, sich an konstruktive Tätigkeit zu gewöhnen. Die Angewohnheit, uninteressiert ihre Arbeit zu tun, war über sie gekommen, ehe sie sich dessen bewußt war. Die Eltern, die sich zwar innerlich über die guten Zeugnisse ihres Kindes freuen, dies aber nicht in Worten ausdrücken, können damit das Kind auf eine solche falsche Bahn treiben.

In solchem Falle tadelt bitte nicht das Kind dafür, daß es enttäuscht war, nicht gelobt zu werden. Die menschliche Natur verlangt nach Lob. Viele Menschen würden keinen Antrieb fühlen, ihren Genius zu entwickeln, wenn niemand sie darum bewundert. Die meisten der großen Genies in der Welt hatten gleichgeartete

Freunde, die sie verstanden, sich über ihre großen Werke freuten und sie ermutigten, wenn Enttäuschung sie überfallen wollte.

Es ist durchaus nicht schlecht, von jemandem gelobt sein zu wollen. Dieses Verlangen kommt von der „Einheit des Lebens" her. Sie ist die Bezeugung der Heiligkeit der menschlichen Natur. Ein Mensch, der unbedingt das tun will, was ihm „liegt", ohne sich darum zu bekümmern, daß auch andere es anerkennen, ist ein Egoist. Sogar Heilige, die ungesehen Tugend üben, wollen jemandem, vielleicht Gott, der sie aus der Ferne heimlich sehen mag, Freude bereiten. Es gibt niemanden, der Lob nicht mag.

In jedem Falle sollten sich die Erwachsenen darüber freuen, wenn ihre Kinder in der Schule und auch bei sonstiger Arbeit Fortschritte machen. Seicho-No-Ie betrachtet Glauben, Liebe und Lob als die drei wesentlichsten Tugenden. Lob ist die Macht des Wortes, welches das „geistige Gute" anerkennt und es in praktisches Wirken überträgt.

Ein Mensch, der fortdauernd angeklagt wird: „du bist schlecht", muß auch schlecht *werden* (als Folge der Macht des Wortes). Ein Kind, das immerfort getadelt wird „du bist so eigensinnig" wird noch viel eigensinniger werden. Worte beeinflussen das Gemüt desjenigen, an den man sie richtet, und dieser Eindruck wird sich in Taten umsetzen. Kein jemals gesprochenes Wort in der Welt bleibt ohne Eindruck auf das Gemüt, und es gibt keine im Gemüt eingepreßte Idee, die sich nicht später in Tat umsetzt.

Wie schade ist es, daß es kein Kind gibt, das niemals als „dumm", „eigensinnig" oder „rückgratlos" von seinen Eltern oder Lehrern gescholten wurde! Seicho-No-Ie will einer solchen Erziehungsmethode entgegentreten. Worte säen Samen aus, die keimen und Früchte tragen. Es ist klar, daß Kinder, die aus einer Umgebung stammen, wo eine derart ungebildete Sprache daheim ist, nie zum Aufbau einer erfolgreichen menschlichen Gemeinschaft beitragen können. Der Same der Unzulänglichkeit wurde lange zuvor während der Kindheit gelegt, sogar schon in der vorgeburtlichen Periode. Einige dieser Samen leiten sich aus den Erfahrungen früherer Leben der Seele und aus der Vererbung schon bevor dem vorgeburtlichen Ausbilden her. Das schwingende Rad von Ursache und Wirkung ist unvermeidliche Vergeltung. Um also die Macht dieser bösen Samen zu zerstören, muß Entgegengesetztes gesät werden, Samen von Lob und Bewunderung. Auch wenn das jetzige Verhalten deines Kindes kein Lob verdient, so sollte man doch allmählich fortschreitende Ermunterungen einfließen lassen wie: „du wirst dich schon bald bessern", „aus dir wird einmal ein Großer werden", oder ähnliches. Es ist unsere Pflicht, Kinder zu guten Menschen zu erziehen, indem wir sie positiv beeinflussen.

Stört Euch nicht an der „Vererbung". Seid nicht unglücklich darüber, daß ihr die Kinder nicht schon vorgeburtlich gut beeinflußt habt. Das Erbe der göttlichen Natur der Kinder Gottes ist sehr tief ganz unten in der menschlichen Seele eingewurzelt. Vererbte Eigenschaften, auch wenn sie sich in vielen Generationen gezeigt haben, sind nur wie ein Stern vor der Sonne im Vergleich mit der viel tiefer wurzelnden Erbschaft Gottes. Gesegnet ist, der diese Wahrheit in sich aufgenommen hat.

Warum werden nicht noch viel mehr Menschen töricht und schlecht, obgleich wir doch dauernd den Kindern Negatives eingeflößt haben? Das erklärt sich aus der tiefwurzelnden göttlichen Natur, die wir von Gott ererbt haben, und die machtvoll in uns wirkt. Wir müssen diese göttliche Natur respektieren, ihr danken und sie nach Möglichkeit täglich bewundern. Diese festgegründete „ererbte Göttliche Natur" versucht bei jeder Gelegenheit inmitten der Unkräuter des Scheltens, Tadelns und Zurechtweisens dennoch zu keimen. Man kann sich denken, wie machtvoll des Kindes „göttliche Natur" wachsen würde, wenn die Unkräuter „Schelte" und „Tadel" verschwänden und statt dessen der Boden mit Bewunderung und Respekt befruchtet worden wäre. Wie stark auch immer die ererbten Eigenschaften sein mögen, und wie sehr man auch im vorgeburtlichen Beeinflussen gefehlt haben mag, so ist es dennoch möglich, derartiges Unkraut auszuroden, indem man die Kinder richtig erzieht. Keime können nicht gedeihen, wenn sie nur gering in Anzahl sind; sie können vernichtet werden, wenn gegensätzliche Keime gefördert werden, die stärker sind. Die Keime, die schlechte Erbeigenschaften ausrotten, sind „konstruktive Worte" und „gute Worte voll von Lob und Bewunderung". Je überzeugender die „bewundernden Worte" sind, umso leichter ist es, die schlechte Vererbung auszulöschen. Auch hier kann das Wort „Gleiches zieht Gleiches an" angewendet werden. Je mehr böse Keime vorhanden sind, desto härter ist es für die guten Keime, Boden zu finden, und ebenso umgekehrt.

Konstruktive Worte! Wie ungeheuer wichtig diese doch sind! Durch die „Macht der aufbauenden Worte" haben viele Menschen schon Heiterkeit des Herzens und wunderbare Heilung verschiedenster Krankheiten erfahren; dies ist oft durch die bloße Lektüre von „Seicho-No-Ie“ seit seinem ersten Erscheinen geschehen. Es ist durch Augenschein bestätigt worden, daß Krankheiten des Körpers durch die Macht „konstruktiver Worte“ geheilt worden sind. Wie sollte es also unmöglich sein, durch Anwendung „konstruktiver Worte“ die Keimung negativer Neigungen eines Kindes zu verhindern?

Wir wissen, daß Dunkelheit verschwindet, sobald Licht hereinkommt „Licht“ bedeutet im Geistigen soviel wie „rechte Erkenntnis“. In *rechter* Erkenntnis erkennen wir, daß in jedem Menschen, mag er noch so unvollkommen erscheinen, im tiefsten Grunde die Gottesnatur ruht, das Vollkommene. Diese Gottesnatur sollt ihr im Kinde als grundlegende wichtigste Tatsache erkennen, selbst wenn sie zur Zeit noch in dicker, arger Verhüllung liegt, und diese Gottesnatur ermuntert, erweckt und holt ihr hervor, wenn ihr dem Kinde jedesmal nur positive, aufbauende, schöne und gute Worte zusprecht. Wenn ihr jedoch das Kind übermäßig wegen seiner negativen Eigenschaften zurechtweist, wird das Gemüt entweder verzerrt, oder es schrumpft durch den Schock zusammen und verkümmert wie eine Pflanze, die am Anfang schlecht behandelt wurde.

Gott hat es so eingerichtet, daß das kindliche Gemüt empfindsam ist. Es ist wie ein übersensitiver Radio-Empfänger. Es ist darum so außerordentlich sensitiv, damit das kindliche Gemüt auch aus weitester Entfernung selbst die leisesten spirituellen Botschaften empfangen kann. (Es ist allerdings auch dazu abgerichtet, schlimme Einflüsse in sich aufzunehmen.)

Das chinesische Zeichen "巫" (ausgesprochen MIKO, bedeutet ein jungfräuliches Medium in einem Tempel) zeigt zwei horizontale Linien, die durch eine vertikale Linie verbunden sind; dazwischen sitzen zwei menschliche Figuren. Dieses Zeichen ist ein Symbol für die Übermittlung himmlischer Inspirationen auf die Erde. Zwei Menschen sind erforderlich, himmlische Botschaften zu erhalten: eine MIKO und ein Beisitzer, der die MIKO belehrt. Das Mädchen ist vollkommen rein, doch wenn des Beisitzers Gemüt nicht geläutert ist und er die Miko nicht wahrhaft vollkommen belehrt hat, dann ist es ihr unmöglich, himmlische Offenbarungen zu empfangen.

Wie zart doch der Empfangsapparat des Kindes ist, die Miko. Der geheimnisvolle Apparat, der sogar himmlische Botschaften empfangen kann! Wir sollten diesen geheimnisvollen Apparat respektieren und verehren. Wir sind es, die diesen Apparat richtig einstellen und in ihn hineinsprechen. Mit jedem Worte, das wir hineinsprechen, müssen wir vorsichtig sein. Schlimmer Schrecken und Einflößung von Furcht kann den Apparat schwer verletzen.

Wenn das Kind irrtümlich Schlechtes getan hat, so erkläre ihm den Grund, warum es schlecht war und vergegenwärtige dem Kinde, daß sein Benehmen nicht würdig eines Kindes Gottes sei. Das Kind muß lernen, daß ein solches Benehmen den Stolz eines Kindes Gottes verletzt, und daß es sich daher besser führen muß.

Eine gute Tat eines Kindes Gottes wird andere erfreuen, und die Freude anderer wird auch ihm selbst Freude bedeuten. Erwecke die Göttlichkeit im Kinde durch die Macht des Wortes in der Erklärung der Wahrheit. Es ist geistiges Gesetz, daß „Wahrheit Wahrheit hervorruft." Das Ewige Gute erspringt nicht aus Tadel und Zwang. Es muß eine Darzeigung Gottes sein: Wahrheit, Güte und Liebe müssen innen wohnen. Nur durch Wort und Tat kann der Erzieher dieses Wahrheit, Güte und Liebe, die höchsten Tugenden des Menschen, hervorrufen und fördern.

Belehrt das Kind zu allererst über die Kostbarkeit seines eigenen Lebens, den hohen Wert jedes Menschenlebens, dem die göttliche unendliche Macht innewohnt, die sich als unendliche Kraft entfalten kann, wenn sie richtig gepflegt wird. Lehrt das Kind, daß etwas in ihm ist, das ein Licht der Menschheit werden kann, und daß es nur deshalb auf die Erde kam, nicht nur um seiner selbst willen. Lehrt das Kind, daß Gott ihm eine große Aufgabe gestellt hat nämlich die Menschheit zu erleuchten und sie zu beglücken. Dies zur Verwirklichung zu bringen, ist die wichtigste Aufgabe jeder Erziehung. Der Mensch, der während seiner Krankheit dies erlebte, wird niemals irre gehen, er wird eine Persönlichkeit werden, die es wirklich erfreut, dem Allgemeinwohl der Menschheit gute, nützliche Dienste zu leisten.

Ermutigt das Kind ständig und hebt seine guten Seiten hervor, betont sie, lobt sie. Bringt das Kind dazu, seine besonders guten Punkte sich zu vergegenwärtigen. Dieses ist das Geheimprinzip jeder Erziehung. Verwandelt die Zeit der Reue über vergangene Fehler in eine Zeit der Zuversicht auf Fortschritt. Wenn das Kind mit Hoffnung erfüllt ist und sich daher bemüht, seine guten Punkte zu entwickeln, wird keine Zeit mehr sein, schwache Punkte zu beklagen und über vergangene Mißerfolge unglücklich zu sein. Wenn keine Zeit mehr dafür da ist, an die schwachen Punkte zu denken und sie gar noch zu wiederholen, dann wird auch die Neigung dazu verschwinden. Nur dann werden die guten Seiten des Kindes sich abheben, und das Gute wird wachsen.

Laßt die Eltern und Erzieher zunächst die *Kinder*, mit denen sie in Berührung kommen, loben – die Zeit wird kommen, da die gesamte Menschheit ihr Bestes loben und preisen wird, ihre guten Eigenschaften bewundert und ihnen für ihre Mitwirkung am Glücke aller danken wird. Dann haben die Eltern das höchste Ziel erreicht in der rechten Erziehung ihrer Kinder.

3. Kapitel

NACHTEILE EINER MATERIALISTISCHEN ERZIEHUNG

Beim Warten im Vorzimmer des Versammlungslokals erhielt ich einen Brief von einer Frau Sumiko Sasaoka aus der Stadt Amagasaki. Er war adressiert, wie die Umstehenden sehen konnten, an „Dr. Taniguchi Masaharu p. Adr. Osaka, Volkshalle." Der Brief war dorthin gesandt worden in der Annahme, daß meine Vorlesung dort stattfände, und wurde mir nachgesandt. Dem Brief zufolge war Frau Sumiko Sasaoka dem Leben des großen Alls im Alter von nur acht Jahren nahegekommen, als sie im zweiten Jahre der Grundschule war. Zu jener Zeit, als sie die Schönheit der jungen grünen Blättchen bestaunte, die an den Zweigen der Bäume an den Feldrändern hervorsprossen, erwuchs in ihr ein mystisches Gefühl, daß das Leben, das in dem jungen Grün atmete, das gleiche Leben sei, das sie selbst durchflutete und daß das Leben im gesamten Universum ein einziger harmonischer Körper sei.

Ein junges Kind, unähnlich einem Erwachsenen, der eine schwere Bürde von irrigen menschlichen Gedanken und Erlerntem trägt, hat einen noch aufnahmefähigen Geist, so daß ein Kind eine solche Erkenntnis unmittelbar aufnehmen kann. Man könnte denken, daß ein so junges Kind die schwierige Wahrheit, daß „der Mensch ein Kind Gottes ist" noch nicht verstehen kann, aber überraschenderweise weiß es unbewußt von seiner Göttlichkeit durch den Ausdruck „ein Kind Gottes", und somit wird ein Kind manchmal, wenn ein Erwachsener täuschende Worte spricht, die von Irrtum zeugen, sagen „ein Kind Gottes kann nicht krank sein. Schmerzen sind nur da, weil der Geist sie sich einbildet", und besiegt somit die Erwachsenen. In Demut die große Wahrheit zu erfassen „Der Mensch ist ein Sohn Gottes und Eins mit dem Leben des großen Universums", ist leichter in der frühen Kindheit und Jugend, denn wenn wir älter werden, nehmen wir nur verschiedenartiges Wissen mit unseren Sinnen ein und vergessen die Göttlichkeit des Menschen, so daß die Vergegenwärtigung dieser wichtigen Tatsache verschüttet wird.

Frau Sumiko Sasaoka fand die große Erkenntnis, daß das Leben von Gott stammt und Eins ist mit dem ewigen Leben des Alls, schon im Alter von acht Jahren. Diese Erkenntnis ist die Offenbarung der Tatsache: Der Sohn ist der Sohn, Atman ist Atman, und individuelles Leben ist Eins mit dem Universalleben! Ohne störende Beweisführung. Aber sobald sich der Verstand des Menschen entwickelt, beginnen die Fragen: „Warum ist Atman ein Atman? Warum ist der Sohn Gottes wirklich der Sohn?" Diese Fragen hören nicht einmal vor der sich selbst ergebenden Wahrheit auf. So begann auch Frau Sumiko Sasaoka zu fragen und zu zweifeln: „Warum ist Atman ein Atman? Warum ist das Leben ein Leben? Unzählige solcher Fragen kamen, ein Zweifel nach dem andern tauchte auf und wollte durch „Beweis" beantwortet werden. – „Warum ist der Mensch geboren? Woher kommt das Leben, wohin geht es? Was geschieht nach dem Tode?"

Frau Sasaoka fragte ihre Lehrer nach Schluß der Stunde und berichtete von ihren Zweifeln, doch keiner konnte ihr eine Antwort geben. Sie dachte, daß Erweiterung ihrer Kenntnisse ihre Zweifel tilgen würde, und trat in eine höhere Schule ein, aber auch dort fand sie kein Wissen, das sie die Wahrheit lehrte. Sie hätte gern die Universität besucht, aber aus finanziellen Gründen trat sie mit achtzehn Jahren in ein Lehrerseminar ein, das gerade damals im Frühjahr eröffnet wurde, aber auch dort wurde sie wieder enttäuscht. Es gab keinen Lehrer und kein Fach, das die Fragen klärte: „Was ist der Mensch? Woher kommt das Leben, wohin geht es?" Wenn diese Fragen nicht beantwortet werden, weiß man nichts vom Sinne des Lebens, und wenn man das nicht weiß, kann der Mensch auch nicht wissen, wem er entgegengeht, noch was er im Leben zu tun hat. Materialismus? Idealismus? Theismus? Atheismus? Sozialismus? Nationalismus? . . .

Frau Sumiko Sasaoka beendete ihren Kursus an dem Lehrerseminar und bekam eine Stellung als Grundschul-Lehrerin.

Aber auch dann war die Frage nach dem Grunde, warum der Mensch in die Welt gesetzt wurde, noch nicht gelöst. Sie lehrte zwar ihre Schüler und sprach von Treue, kindlicher Pietät, Menschlichkeit und Gerechtigkeit zu ihnen, aber was diese Dinge in Wirklichkeit bedeuteten, war ihr nicht klar. Es war so, als ob der Teufel zu beten versuchte, was nutzlos ist, und sie fühlte sich verantwortungslos und inhaltlos im Innern.

Ich vermute, daß sich unter den Zuhörern hier viele Grund- und Mittelschul-Lehrer befinden. Es ist zu bezweifeln, ob ein guter Einfluß auf Schüler und Studenten ausgeübt werden kann, wenn man sie über Loyalität, Treue, Menschlichkeit und Gerechtigkeit belehrt, Ethik und Moral, ohne die grundlegenden Fragen zu erörtern: „Was ist das Leben überhaupt? Was ist der Zweck unseres Lebens in der Welt? Was ist das Endziel des Lebens?“ Wenn materialistische Physiologie in der Schule in der Weise gelehrt wird, daß das Leben nur eine geheimnisvolle chemische Reaktion in einem physikalischen von Menschen gebauten Kessel ist, wie das heute überall geschieht, so muß sich daraus ergeben, daß Materialismus, Atheismus und nationale Zerstörung im Schulunterricht systematisch gelehrt und gefördert werden.

Als ich in die Mittelschule eintrat, wurde „Freiheit für den Charakter“ in der Sittenlehre gepredigt. Es gab einmal eine Zeit, da ich dachte, daß Freiheit Uneingeschränktsein durch irgendwelche Vorschriften bedeute. Wenn meine Mutter mich bat, etwas für sie zu tun, dachte ich, daß Gehorsam den freien Charakter beschränke, und so antwortete ich mit „Nein“, um dadurch meine persönliche Freiheit und Würde zu behaupten. Durch unsere materialistische Erziehung lernten wir z. B., daß ein Kind lediglich durch die körperliche Verbindung von Mann und Frau geboren werde, daher glaubte ich, daß wir als Opfer des Vergnügens unserer Eltern entstanden. Daraufhin schrieb ich stolz und triumphierend einen Artikel in unserer Schulzeitung, daß wir das Recht zur Pflichtvergessenheit unseren Eltern gegenüber hätten.

Wenn nun zwar Menschlichkeit, Gerechtigkeit und Loyalität in unseren Schulen gelehrt werden, daneben aber der Glaube, daß unser Leben durch eine lediglich physiologische und chemische Verbindung von Materien entstand, ohne uns aber dabei die grundlegende Wahrheit über das Wesen unseres Lebens (Gott ist von Ewigkeit her unser Vater) wissen zu lassen, dann wird sich daraus das Gegenteil von Menschlichkeit, Loyalität und Gerechtigkeit ergeben.

So sprach also auch Frau Sumiko Sasaoka als Lehrerin viel über Loyalität, Gerechtigkeit usw., ohne zu wissen, weshalb der Mensch treu sein, den Eltern gehorsam sein und Nächstenliebe beweisen solle. Der Schulleiter selbst, der diese grundlegende Frage nicht beantworten konnte, litt darunter mehr und mehr.

Frau Sasaoka hörte oft am Abend dem leisen Gequake der Frösche zu, ein anderes Mal wanderte sie allein auf dem Friedhof umher, oder stand verlassen am Abend auf dem leeren Schulhofe, auf den die Kirschblüten herabfielen und fragte sich: „Warum quaken die Frösche? Warum fließt der Bach? Warum fallen die Kirschblüten ab? Warum leben und sterben die Menschen? Warum muß man treu und pflichtbewußt den Eltern gegenüber sein? Was ist das Leben? Was bedeutet Erziehung? Erziehung soll die Methode sein, die Individualität des Mensch zu entwickeln — aber was ist eigentlich Individualität? Und wenn Erziehung die Pflege der Individualität bedeuten soll, was kann man tun, wenn die Umgebung sich einem solchen Vorhaben widersetzt? Ist es richtig oder falsch, die Individualität zu entwikkeln? Was bedeutet denn überhaupt „Individualität?“ ... Weiter kam Frau Sumiko Sasaoka in ihren Überlegungen nicht; hier war sie in einer Sackgasse. Mit ehrlichem Gewissen konnte sie sich nicht mehr mit Kindererziehung abgeben, da sie offenbar den Sinn von Erziehung nicht erfaßt hatte. So wurde sie aus seelischem Kummer krank und kehrte im Alter von neunzehn Jahren abgemagert und geschwächt nach Hause zurück.

Ihren Posten an der Schule hatte sie aufgegeben. Drei ganze Jahre lang wurde sie als „irrsinnig" von ihrer Umgebung verhöhnt. Sie erklomm die Berge mit religiösen Büchern unter dem Arm. Während des Tages und zur Nachtzeit blickte sie am Ufer der kleinen Bucht zum Sternenhimmel auf und dachte „über das Leben" nach. Zu dieser Zeit bekam sie Pastor Haya Akegarasu's Buch in die Hand, und in der Hoffnung, Erleuchtung für ihr praktisches Leben zu bekommen, bat sie ihre Freundin um Hilfe. Sie ging nach Tokyo und arbeitete dort als Haushilfe in einer Familie in Shibuya, Tokyo. Dann aber starb ihre Freundin, die sie wie eine jüngere Schwester liebte, und sie empfand tief die Vergänglichkeit des menschlichen Lebens. Bei ihrer Rückkehr von dem Begräbnis setzte sie sich auf eine Bank vor dem Eingang zum Meiji-Schrein und dachte in unklarer Weise nach, indem sie den sich mehr und mehr verdunkelnden Himmel betrachtete. Sie sann auch über die Einsamkeit im Menschenleben nach. Was denken eigentlich die vielen Menschen, die aus dem Shinju-ku Bahnhof herausströmen, und wohin kehren sie zurück? . . .

Zu dieser Zeit konzentrierte sich Frau Sasaoka's Denken besonders auf den Begriff „Heim". – „Ja", empfand sie, „sie alle kehren nach Hause zurück. Die Menschen leben in dieser traumgleichen vergänglichen Welt ohne zu wissen, was morgen geschehen kann, doch den einen Trost haben sie: sie haben ein Heim. Ich werde daher heiraten und damit ein Heim haben." Mit diesem Gedanken heiratete sie einen jungen Mann, der sie schon seit drei Jahren liebte.

Aber diesem ideal gesinnten Mädchen der neuen Zeit stand nun der weltlich gesinnte Ehemann und die eigenwillige Schwiegermutter, die nur ihr Selbst anerkannte, entgegen. Die drei konnten nicht harmonisch zusammenleben, und diese seelische Bedrängung verursachte die Erkrankung von Frau Sumiko Sasaoka. Eine Zeitlang war sie so sehr geistig verwirrt, daß sie Tag und Nacht nicht von einander unterscheiden konnte. Kein Arzt konnte ihre seltsame Krankheit diagnostizieren. Zwar besserte sich allmählich ihr Zustand, aber während der Genesung litt ihr Gemüt schreckliche Qualen. Einmal sogar wollte sie sich in die See, die vom Widerschein der Stern funkelte, hineinstürzen, doch sie konnte den Mut dazu nicht aufbringen. Ein anderes Mal weinte sie heiße Tränen an den weißlichen Eisenbahngeleisen, die sich an dem sandigen Ufer entlangzogen. „Was ist das Leben? Lohnt es sich es zu leben? Ich möchte lieber meinem Leben ein Ende machen!" So dachte sie oft. Aber zum Selbstmord konnte sie sich doch nicht entschließen. Sie suchte etwas tief innerlich, und dieses Suchen hielt sie davon ab, Selbstmord zu begehen. Zudem bestand noch ein anderer Grund, dies nicht zu tun, nämlich, daß sie ihrem Ehemann einen Sohn geboren hatte. Wenn sie durch ihre eigene Hand starb, konnte sie ihren Sohn in der Ewigkeit nicht finden. Auf der anderen Seite mußte sie im Lebenbleiben ihr qualvolles Eheleben weiterführen. – „Was soll ich tun? Soll ich leben oder sterben?" Über diese Fragen dachte sie Tag und Nacht nach.

Ihr Lieblingsbuch zu dieser Zeit war „Erziehung ohne Belehrung". Der leitende Gedanke des Buches war, „Lobpreisen des göttlichen Namens ist der einzige Weg, Hindernisse aus dem Wege zu räumen." Gemäß ihrem Brief stand in dem Buche wörtlich: „Der Mensch ist ein sterbliches Wesen, tief in Sünde verstrickt, und es ist schwer, sich daraus zu erlösen. Um gerettet zu werden, muß sich das Selbst tief erniedrigen und sich ganz unwürdig fühlen. Ein Ball, der in die Luft springen soll, muß zuerst auf den Boden geworfen werden. In gleicher Weise kann man Erlösung erst dann finden, wenn man zuerst ein sündiges, zerbrochenes, bösestes Wesen wird." Frau Sasaoka fand, daß sie nur zur Hälfte „gut" sei. „Ich kann nicht erlöst werden, weil ich nur halb gut bin, also muß ich mich zutiefst erniedrigen und ganz und gar schlecht werden", dachte sie, und so begab sie sich in einen Schönheits-Salon, in dem gerade ein Ausverkauf stattfand, nahm einen Toiletten-Artikel an sich und wollte damit weggehen, ohne zu bezahlen. Der Ladeninhaber erwischte sie dabei.

Warum beging sie dieses Unrecht, einen Artikel aus diesem Schönheits-Salon zu entwenden, ohne dafür zu bezahlen? Die Worte in ihrem Lieblingsbuche: „Der Mensch ist sündig, weil er in Sünde geboren ist" hatten sie dazu verführt. Soweit geht die Macht des Wortes. Die Aufgabe des gläubigen Belehrers ist, Moral durch die Macht des Wortes im Menschen zu fördern, aber bislang verstanden die Prediger die Macht des Wortes nicht und gebrauchten negative anklagende Worte. „Der Geist ist einer Schlange vergleichbar, die böse Natur kann niemals verschwinden." Solange solche und ähnliche Worte gelesen und angehört werden, kann die schlimme Natur des Menschen nicht geändert werden (auf Grund der Macht des geschriebenen und gehörten Wortes). Auch bei der Erziehung, wenn immer wieder gesagt wird, der Mensch sei sündig, aus der Erbsünde geboren, und nur geschaffen, um wieder Böses zu tun, kann der Schüler nur immer schlimmer werden.

Es gibt nichts Mächtigeres als das Wort. Worte sind „Schwingungen des Geistes“, die im Geiste des Menschen widerhallen und dieselben Schwingungen im Geiste anderer hervorrufen.

Wenn Seicho-No-Ie sagt, daß Krankheit durch das Lesen geistiger Bücher geheilt werden kann, dann denken viele, daß dies „Schwindel-Propaganda“ ist. Jedoch beim richtigen Verstehen der Macht des Wortes muß man sich vergegenwärtigen, daß diese Worte gar nicht so seltsam sind.

Die Heilung einer Krankheit ist dabei verhältnismäßig nur eine Kleinigkeit; viel Größeres kann geschehen allein durch das Lesen solcher geistiger Bücher.

Eines Tages kam die bejahrte Frau eines Rechtsanwaltes in die Zentralstelle von Seicho-No-Ie und sagte: „Ich möchte Ihnen danken. Ich war immer schon religiös seit frühester Kindheit und habe Dhyana Pramita (eine buddhistische Meditationsmethode) wiederholt unter Pastor Shakusoen und anderen alten Weisen geübt. Ich bestand alle religiösen Prüfungen. Auch die Frage: ‚Was war der Mensch vor der Geburt seiner Eltern?‘ konnte ich beantworten. Es war nicht schwer, diese Prüfungen zu bestehen, aber es schien mir, daß nur der Verstand Antwort gab und die Fragen nicht von wahrer aus der Seele kommender Weisheit geprägt waren. Aber in der Juni-Ausgabe von Seicho-No-Ie las ich die Worte Christi aus der Bibel ‚Vor Abraham war Ich‘. Diese Worte hatte ich schon oft gelesen, aber in diesem Moment verstand ich erst den WAHREN MENSCHEN und verstand erschüttert die Tatsache meines Lebens längst vor der Geburt durch die Mutter. Damit verschwand mein kleines Ich aufgelöst in die wunderbare Vergegenwärtigung, daß Himmel, Erde, ich selbst und das große Universum eine einzige Harmonie seit eh und je waren und sind und ewig sein werden."

Die Worte „Vor Abraham war Ich" sind aus dem Neuen Testament. Sie führen uns zur Erleuchtung mit einer unglaublich machtvollen Gewalt ganz besonders, wenn man sie im Seicho-No-Ie-Glaubensblatt liest, weil man dort Leben in Wort und Satzbau fluten fühlt. Der „wirkliche" Mensch ist ein Sohn Gottes, die Verkörperung des Buddha, das Ewige Leben, oder ATMAN – dies jedoch ist keine Erfindung von Seicho-No-Ie. Fast alle Religionen von ältester Zeit her haben dies übereinstimmend gepredigt. Worin also unterscheidet sich Seicho-No-Ie von diesen? Durch die Erkenntnis der Macht des Wortes und die großartige auf das Gemüt wirkende Ausdruckskraft des Satzbaues.

Viele Suchende wurden bekehrt durch die donnergleichen Anklagen des Pastor Rinzai, eines Priesters der Zen-Sekte des Buddhismus'. Sein Wort war bekannt und berühmt als „Rinzai's Donnerschrei". Dieser Donner-„Schlag" und die Wahrheitsbelehrungen eines alltäglichen Predigers mögen, wenn mit dem sinnlichen Ohre aufgenommen, gleich tönen. So wird auch die Wahrheit der Lehren verschiedener religiöser Meister gleich lauten, aber sie wird einen ganz verschiedenen Eindruck machen je nach dem Grade der Erleuchtung des Lehrers. Obgleich die religiöse Wahrheit, die Seicho-No-Ie predigt, der Grundessenz vieler Glaubensgemeinschaften gleicht, so unterscheidet sie sich doch von ihnen durch die Ausdrucksweise, in der sie die Wahrheit mitteilt. Der Unterschied ist der gleiche, als ob Rinzai's „Donnerschrei" nur durch das geschriebene Wort wiedergegeben würde. Die Heilung von Krankheiten durch das Lesen von Büchern und die Heilung geistiger und körperlicher Erkrankungen durch die Offenbarung für den Leser von der Wirklichkeit allen Lebens durch den Donnerschlag des Wortes sind nur nebensächliche Beigaben.

Im Buddhismus ist diese „Wirklichkeit des Lebens“ nur schwer durch das geschriebene oder gesprochene Wort zu verstehen. Seicho-No-Ie hat es dahin gebracht, seine Anhänger die Wirklichkeit des Lebens durch das geschriebene Wort eben durch die Macht des Wortes verstehen zu lassen Bis jetzt waren Wahrheit und Wort zwei verschiedene Dinge, und es war schwer, die Wahrheit mittels des geschriebenen Wortes vollständig auszudrücken. Nun aber hat Seicho-No-Ie Wort und Wahrheit und geschriebene Worte und Wirklichkeit vereinigt. Die Wirklichkeit des Lebens im Buddhismus konnte nur durch die Predigten und durch Fernwirkung von dem völlig erleuchteten Lehrer vermittelt werden, aber in Seicho-No-Ie kann die Verdeutlichung der Wahrheit auf der Ebene der Einheit von Wort und Leben geschehen. Leben ist im Wort und das Wort ist im Leben, so daß es möglich ist, die Wahrheit schon durch Lesen unserer Bücher zu erfassen. Das ist auch der Grund dafür, daß viele Menschen eine höhere Erleuchtung bekommen haben als früher, wenn sie Dhyana Pramita (Meditation) des Zen-Buddhismus' ausübten, und als Ergebnis davon wurden sie oftmals von Krankheiten geheilt und erfuhren auch eine Umwandlung zum Besseren in ihren Lebensumständen und ihrer Umgebung, *lediglich dadurch, daß sie unsere Wahrheitsbücher lasen.* In dieser Hinsicht kann man auch Seicho-No-Ie als „Literatur“ oder

„Kunst" ansehen, statt sie „Religion" zu nennen. Als Religion betrachtet, predigt Seicho-No-Ie kaum etwas anderes als die anderen Religionen. Wahrheit bedeutet in Wesen und Inhalt überall das Gleiche, jedoch besitzt unsere Ausdrucksweise im japanischen Original eine machtvolle wirksame Kraft des „Wortes", die man bisher noch nicht erlebt hatte. Es ist zweifelhaft, ob das Gros der Menschheit vollkommen erleuchtet werden kann, wenn Predigten oder persönliche Belehrungen die einzige Methode blieben, so wie es bisher geschah. Dies ist auch der Grund für Seicho-No-Ie's „Ankunft", obwohl es ja viele Religionsgemeinschaften schon gab. In Seicho-No-Ie ist das Wort der Lehrstoff. Wohin immer unsere Zeitschrift geht, wo immer unsere Flugblätter ausgeteilt werden, dort wird der Lehrraum für die Erlösung der Seele sein, oder das Behandlungszimmer für die verschiedensten Krankheiten.

Vorgestern, als ich alte Briefe vor meiner Abreise nach Kansai ordnete, fand ich ein Schreiben, dessen Absender sich Herr Shigekuni Konishi, aus der Stadt Amaruko im Distrikt Seihaku, Provinz Tottori, nannte. Dieser Mann war früher einer der Führer der kommunistischen Partei gewesen und heimlich zusammen mit den Herren Sano und Nabeyama nach Moskau gegangen. Nach zwei Jahren, in denen er die kommunistischen Theorien an einer russischen Universität eingehend studiert hatte, kehrte er zurück und schloß sich der aktiven japanischen Bewegung an, wurde in den Aufstand vom 15. März verwickelt und ins Gefängnis geworfen. Obgleich Sano und Nabeyama während ihres Aufenthalts im Gefängnis ihr Unrecht einsahen, war Konishi ein durch und durch verhärteter Materialist, daß er sich nicht bekehren wollte und darauf bestand, seine „Links“-Theorie niemals aufzugeben, auch wenn er dafür sterben müßte, ein Märtyrer der „Idee“. Er zog sich im Gefängnis Lungenschwindsucht zu mit einem gefährlichen Durchfall, der von Darmtuberkulose herrührte, und lag im Sterben; daher wurde seine Hinrichtung verschoben, und er erholte sich langsam in seiner Wohnung in Tottori.

Eines Tages sah er ein Anzeigenblatt in einer alten Zeitung, die aus irgend einem Grunde zum Einwickeln von irgend etwas benutzt worden war, und fand darin eine Anzeige von „Leben aus dem Geiste“, die besagte, daß ein Flugblatt darüber frei zugesandt würde. Es kam ihm in den Sinn, darum anzugehen, und er schrieb uns. Zwei Wochen später, als er die Angelegenheit schon vergessen hatte, erreichte ihn die als frei versprochene Zusendung der Januar-Ausgabe der monatlich erscheinenden Seicho-No-Ie-Zeitschrift. Als er das Siegel geöffnet hatte und das Titelblatt umwandte, um mit Lesen zu beginnen, sah er ein Inserat in Kupferätzung auf Kunstpapier der gesammelten Ausgabe von „Leben aus dem Geiste“, das wie prahlerisch auf die Vorderseite geheftet war. Als Herr Konishi das sah, sagte er verächtlich: „Das ist doch nur ein Inserat, um Bücher zu verkaufen!“ Dann warf er das Blatt in den Papierkorb. Er vergaß damit alles über „Leben aus dem Geiste“ und „Seicho-No-Ie“.

Es geschah nun aber, daß seine Krankheit sich immer mehr verschlechterte, so daß er glaubte, seine Tage seien gezählt; darum begann er alle seine Habe vor seinem Tode in Ordnung zu bringen, zuerst einmal seine Bücher und Papiere. Aus irgend einem Grunde erschien plötzlich die Frei-Ausgabe von Seicho-No-Ie, die er doch in den Papierkorb geworfen hatte, unter seinen Büchern. Herr Konishi warf gewöhnlich seine Papiere in den Papierkorb, aber damals wohl hatte er diese Seicho-No-Ie-Neujahrsausgabe nicht fortgeworfen.

Vielleicht hatte sich eine geheimnisvolle Hand zur Rettung des Herrn Konishi dargeboten, und so hatte er die Papiere unbewußt beiseite gelegt. Dies kann man wohl als Verbindung mit dem Göttlichen bezeichnen. Nun endlich las Herr Konishi die Ausgabe von „Seicho-No-Ie". Darin fand er etwas, was Eindruck auf ihn machte und sein Herz berührte. Am folgenden Tage bemerkte er, daß sein Durchfall, verursacht durch die Darmtuberkulose, sich gebessert hatte. Er wurde nun aufmerksam und wollte „Leben aus dem Geiste" ganz lesen, bestellte die Gesamtausgabe bei unserer Verkaufsabteilung der göttlichen Schriften. Da er ein kommunistischer Aufwiegler war, drückte er sich sehr scharf aus. Er gebrauchte Worte wie diese: „Wenn Ihre Verkaufsabteilung göttlicher Schriften wirklich zu dem Zwecke gegründet worden ist, die Menschheit durch die Verkündigung von NEUGEIST zu retten, dann senden Sie mir Ihr Buch „Leben aus dem Geiste" gratis. Wenn ich das Buch nicht gratis bekommen kann, ist es zur Verbreitung von Neugeist-Gedanken nicht geeignet, es ist dann nur ein Mittel zum Geldverdienen."

Herr Katsumi Sato, der Leiter unserer Verkaufs- und Veröffentlichungsabteilung, öffnete und antwortete umgehend. Er schrieb ungefähr so: Unsere Neugeist-Bewegung hat versucht, der Welt klar zu machen, daß der Mensch ein Kind Gottes ist und daher unendliche Fähigkeiten in sich trägt, nicht aber ist unsere Bewegung dazu da, Bettlern zu helfen, die eine Entschuldigung suchen, wertvolle Dinge umsonst zu erhalten. Geben Sie bitte solch unmännlichen Gedanken auf. Gleichviel wird der erste Band der gesammelten Schriften Ihnen zugesandt werden. Lesen Sie ihn durch und schälen Sie die unendliche Gotteskraft in Ihnen heraus. Gott wird Ihnen helfen, alles was Sie benötigen, zu erhalten. Es wird Ihnen auch möglich sein, das Geld für dieses Buch zu beschaffen. Sobald Sie es haben, wollen Sie das Buch bitte bezahlen. Zugleich mit dieser Antwort wurde der erste Band der gesammelten Schriften „Leben aus dem Geiste" Herrn Konishi geliefert.

Herr Konishi begann die gesamte Ausgabe mit Eifer zu lesen. Während der Lektüre zerfiel sein Materialismus vollständig. Er sandte den nachfolgenden Brief an mich, das Datum ist der 25. April. Ich will ihn vorlesen:

„Die Seidenraupe wird zur Puppe, dann zum Schmetterling und schließlich legt sie Eier. Dieser Vorgang wiederholt sich unaufhörlich. Immer wird die äußere Form umgebildet, und der Schmetterling erhält die Art nach dem Prinzip vom Überleben des Stärksten. Dieses Gesetz, das alle Abarten lebender Dinge durchdringt, ist die Lebensmacht im Universum. Außer wenn das Leben durch äußeren Druck ausgelöscht wird, wiederholt sich dieser Vorgang fort und fort. Wie steht es nun aber um das menschliche Leben? Ist es nicht dasselbe mit unserer fleischlichen Existenz?

Betrachten wir einmal das Große Leben im Universum. Ist es richtig oder falsch, anzunehmen, daß unsere irdische Existenz von dem Großen Universalen Leben abweicht? Der Mensch nahm Vitamine A, B, C, D und E zu sich, lange bevor sie von der Wissenschaft als unentbehrlich erkannt wurden. Der Fortschritt im menschlichen Wissen kam erst später, als man von „Vitaminen" als grundlegendes Ergebnis in der Abänderung der menschlichen Nahrung sprach. Marx's geschichtlicher Materialismus behauptet, daß Religion oder Gott ein Ausdruck für eine bestimmte schöpferische Verbindung sei. Das ist die Wahrheit. Aber kann aus diesem Grunde die Anschauung der Nicht-Existenz Gottes richtig sein? Wenn man das Sein Gottes gewaltsam leugnet angesichts sovieler geistiger Untersuchungen, die jetzt an der Tagesordnung sind, so gleicht das der Behauptung, daß man keine Nahrung zu sich nehmen darf, bevor man nicht die Vitamine kennt. Es ist wahr, daß die alten Religionen notwendige Hilfsmittel für die Herrscher waren. Dieses Hilfsmittel bestand auch zu anderen Zeiten als Waffe der Unterdrückten gegen den Unterdrükker. Daher ist die Behauptung der Existenz Gottes und die Richtigkeit der alten Religionen der höchste Grad von Anarchismus. Und doch, gibt es nicht wirklich die ewige Wahrheit, die durch alle Religionen geht? (So wie wir Vitamine in unserer Nahrung täglich zu uns nehmen, ohne es zu wissen.)

Ist es wirklich nutzlose Anstrengung, sich mit den zahlreichen geistigen Wundern zu beschäftigen, das Allgesetz, das sie durchdringt zu erkennen und so die Existenz Gottes zu erkennen und daraus einen Weg der Erleuchtung für die leidende Menschheit zu finden? Seine Existenz nur darum leugnen, weil Gott nicht so genau erkannt werden kann wie die Erscheinungen der Naturwissenschaft, ist das Gleiche, als wenn man sagen wollte, man könne ohne Kenntnis der Vitamine nichts zu sich nehmen.

Es ist recht für uns, begeistert zu sein, um dadurch einen Grund zur Erkenntnis der Existenz Gottes zu haben. Es ist unsere Aufgabe, Gott zu entdecken und den Weg zur Erleuchtung mit Hilfe der als Grundlage dafür gefundenen geistigen Faktoren in gleicher Weise wie die Vitamin-Theorie mit der vorhandenen Nahrung als Untersuchungsmaterial. Man wird aber dabei erkennen, daß ein Glaube lediglich an die sich zeigenden „sinnlichen" Tatsachen einer Seidenraupe gleicht, die „Puppe", „Schmetterling" und „Eier" vergaß.

Ich stehe am Rande des Todes durch Darmtuberkulose. Dennoch vergegenwärtige ich mir die Größe der mir zugeteilten Aufgabe. Gibt es Gott, oder gibt es Ihn nicht? Wenn es Gott gibt, dann wird Er mich nicht in die Geisteswelt rufen, bevor meine Aufgabe hier erfüllt ist. Ich wurde krank durch Darmtuberkulose, da aber fand ich Seicho-No-Ie durch den Finger Gottes. Ich biete mich Dir zum Versuch an, o Gott! Der Mensch nahm Vitamine zu sich, bevor sie bekannt waren. Ist es ein Aberglaube, an die Existenz Gottes zu glauben, bevor ich Ihn so erkannte wie den nachweisbaren Augenschein der Naturwissenschaft? Jetzt, wo ich die Tatsachen, die Seicho-No-Ie verkündet, als wahr erkannt habe, will ich mich Gott ganz hingeben. Warum? Weil ich glaube, daß diese meine Tat großartige Ergebnisse zeugen wird, ebenso wie die Vitamine, die uns ernährten, bevor wir sie kannten. „Grau, lieber Freund, ist alle Theorie, grün nur des Lebens goldner Baum" (Goethe) . . .

Dies ist meine Erklärung dafür, daß ich mich von jetzt an dem religiösen Leben hingeben will."

Herr Konishi schließt seinen Brief mit den Worten: „Ich bin jetzt am Rande des Todes, doch erkenne ich die

Größe der Aufgabe, die mir übertragen worden ist ... Ich wurde gefährlich krank, doch Gott zeigte mir Seicho-No-Ie als Wegweisung ... Ich biete mich Gott als Probe an ..."

So brachte sich Herr Konishi Gott zum Opfer dar. Gott ist Leben, und Leben heilt. Demzufolge besserte sich Herrn Konishi's schwere Krankheit, und er besuchte unsere Neugeist-Verbreitungs-Gesellschaft zwei Monate später. Sein Gewicht hat zugenommen, er befindet sich wohl, seine Krankheit scheint geheilt zu sein. Da er aber ein bekannter „Linker" war und unter Bewährungsfrist stand, konnte er keine Beschäftigung finden, und es fand sich niemand, der für seinen Lebensunterhalt garantierte. Das ist sehr zu bedauern. Die Gesellschaft sollte einen solchen Menschen beschützen. Die jetzige Welt sieht viel zu sehr auf das „Böse" im Menschen. Dies macht sich am schlimmsten bemerkbar bei einem aus dem Gefängnis Entlassenen.

Es muß aber nicht so sein. Seicho-No-Ie sieht nur auf das Gute, erkennt die Gottheit, die Buddha-Natur in der Urnatur aller Menschen. Unsere Redaktion nahm sich des Herrn Shigekuni Konoshi's (unamtlich) an, und er hilft uns heute beim Redigieren. Ein Atheist wurde bekehrt und schreibt „theistische" Propaganda. Wahrlich, die Urnatur des Menschen ist vollkommen gut und „von Gott".

So verwandelte also Seicho-No-Ie einen Atheisten in einen Theisten. Herr Kurokawa, Sekretär an einem Universitäts-Hospital in Tokyo, war ebenfalls Kommunist und gemäß dem, was er mir erzählte, nahm der oben Erwähnte am 16.-April-Aufstand teil und wurde zu mehreren Monaten Gefängnis verurteilt. Er ist aber ein wundervoll aufrichtiger Mensch; als er aus dem Gefängnis entlassen war, lernte er Seicho-No-Ie kennen und gab seine materialistischen Ansichten auf. Jetzt, wenn er die Seicho-No-Ie-Flugblätter den Patienten, die das Hospital ohne befriedigendes Ergebnis aufsuchen, übergibt, werden ihre Krankheiten seltsamerweise geheilt, und wie glücklich sind sie alle darüber. Neulich erst ging er in seine Heimat in Nagano zurück und heilte dort viele Menschen von schweren Krankheiten, indem er die Lehren von Seicho-No-Ie verkündete.

Es gibt noch mehr Beispiele für die Bekehrung von Materialisten durch das Kennenlernen der Lehren von Seicho-No-Ie, aber ich will keine anderen mehr bringen, es sind deren zuviele. Aber warum geschieht es, daß Materialisten bekehrt werden, sobald sie Seicho-No-Ie begriffen haben? Die Erklärung lautet, daß sie lernen, daß „Materie nicht existiert“. Ohne dieses Verstehen, daß „Materie nicht das Ursprüngliche war“, gibt es keinen Weg, den Materialismus zu vernichten. Die gegenwärtige Grund- und Mittelschul-Erziehung lehrt aber diesen Materialismus. Sie lehrt nicht, daß das „Ich“ ein geistiges Ganzes mit absoluter Freiheit ist, und daß Umgebung und Lebensumstände objektive Entwicklungsstadien des individuellen Geistes sind. Statt dessen lehrt sie in materialistischer Weise, daß der Mensch nur eine rein körperliche Existenz besitzt, und daß auch die Umgebung stofflich verbindlich existiert. Daneben predigt sie aber in der Sittenlehre „Freiheit des Charakters“. Um also die Freiheit des Charakters des körperlichen Menschen im Umgange mit seiner stofflichen Umgebung zu behaupten, gibt es keinen anderen Weg, als alle materiellen Beschränkungen, die uns von außen her behindern, gewaltsam beiseitezustoßen. Gewalttaten wie Kriege, Aufstände usw. entspringen aus solch einer Erziehung, und was in der mißlichen Lage eines Zwiespaltes zwischen materialistischer und ethischer Erziehung angezettelt wird, sind Dinge, die jedem friedlichen Gedanken entgegenstehen.

Ich graduierte von Ichioka — Mittelschule und hatte als Klassengefährten in derselben Schule Herrn Mitsuji Nakai, der kürzlich in die Osakaer Stadtverwaltung von Kyoto aus versetzt wurde; er wurde Leiter der allgemeinen öffentlichen Angelegenheiten in Osaka' Stadtverwaltung. In der Mittelschule wurden wir in der Sittenlehre über „Charakterfreiheit" belehrt, und da ich schon damals gern schrieb, verfaßte ich einen Artikel „Ermutigung zum Widerstand gegen elterliche Überwachung" sowie, sehr nihilistisch gehalten, „Über die Wertlosigkeit menschlichen Lebens" zur Veröffentlichung in „Kakusei", unserer Klassenzeitschrift. Daraufhin wurde ich in das Lehrerzimmer gerufen und als „Nihilist" gebrandmarkt.

Zu dieser Zeit hatte ich weder Marx noch andere Schriften dieser Art gelesen, ich beschäftigte mich fast ausschließlich mit Schulbüchern, aber im Schulunterricht lernte ich, daß der Mensch nur eine physiologische und chemische Zusammensetzung von Materie sei, die mehr oder weniger zufällig sich ergab. Aus meinem gequälten Leben heraus konnte ich nicht anders, als alle die Dinge, die zusammenwirkten, um mich als eine psychologische und chemische Existenz erscheinen zu lassen, wie Eltern, Heimatland und Umgebung, zu verwünschen. Ich kam zu der Folgerung, daß es Freiheit des Charakters bedeutete, diese Verwünschung in Gewalttat umzusetzen.

Somit kam ich also zu „roten“ Gedanken. Es ist ein Irrtum, zu denken, daß nur Marx Bolschewismus lehrte, nein, der Bolschewismus wird indirekt in allen psychologischen und ethischen Schulbüchern gepredigt. Aus dieser materialistischen Erziehung heraus müßte eigentlich jeder nachdenkende Leser Bolschewist werden. Ein Dummkopf wird nichts bemerken, aber ein einsichtiger Mensch wird bald herausfinden, daß Schul-Lehrbücher ihn dazu führen. Daher wird bei materialistischer Belehrung jeder Intelligente sich dem Bolschewismus zuwenden. Seicho-No-Ie's Erziehungsweise hat jedoch die Kraft, die schlimmen Folgen einer materialistischen Erziehung vollständig und konstruktiv zu beseitigen.

Warum wirkt der Sicho-No-Ie Gedanke wie eine vernichtende Bombe auf die chauvinistische Idee, die Gewalttaten gutheißt? Aus dem Grunde, weil Seicho-No-Ie die Umgebung nur als eine Widerspiegelung des Geistes ansieht. Der Materialismus betrachtet die Umgebung nicht als eine Widerspieglung des Geistes, sondern als materielle Schöpfung. Wenn also die Umgebung als eine materielle Schöpfung angesehen wird, uns diese Umgebung aber nicht zusagt, dann besteht kein anderer Weg — und auch kein Hinderungsgrund — als diese unvollkommene materialistische Welt auf materiellem Wege zu vernichten. Ist also wirklich kein anderer Ausweg als Zerstörung auf materiellem Wege übrig, so greift man zur Gewalt. Aus diesem Dilemma entspringt die Neigung, sich für Kämpfen zu begeistern.

Es ist klar; wenn unser Körper nur als eine Ansammlung von Materie angesehen wird, statt als Widerspieglung des Geistes, und wenn dann Krebs oder ein gefährliches Geschwür erscheint, dann greift man zum Messer, um das Störende herauszuschneiden. Es ist eine ganz natürliche Folge der Ansicht, daß der menschliche Körper weiter nichts als Materie sei. Die Anwendung des chirurgischen Messers ist eine Art Gewalttat. Wenn aber der Körper als Schöpfung des Geistes betrachtet wird, benötigt man nicht das Messer, um Krebs zu heilen, sondern wir beseitigen den Krebs, indem wir unsere *Geistesrichtung* ändern. Man wird sehr oft finden, daß Krebs beseitigt wird, wenn sich die Lebenseinstellung wandelt.

In gleicher Weise kann auch der wirtschaftliche Krebs im sozialen Leben und sogar auch eine internationale hoffnungslos erscheinende Stockung durch Änderung der geistigen Einstellung überwunden werden, ohne Gewalt anzuwenden, und zwar dann, wenn man das politische oder soziale System als Versinnbildlichung der geistigen Einstellung ansieht, nicht aber als materielle Bedingtheit.

Es gibt viele Beispiele, die beweisen, daß die volkswirtschaftliche Versorgung reichlicher fließen kann, sobald man sich geistig anders „einstellt". Jeder kann hierzu beitragen, sobald er die grundlegende Wahrheit erfaßt hat, daß die sinnlich erscheinende Welt eine Schöpfung des Geistes ist und sich unfehlbar wandeln muß, sobald sich die Bilder in unserem Geiste ändern. Die Erzählung vom nie endenden Zuflusse himmlischen Paradieses in das Große Ewige Leben und die Heilung von Krankheiten durch die Macht des Wortes, wie dies in der Bibel dargestellt wird, sind nur Kleinigkeiten. Viele unserer Anhänger bezeugen dies fortlaufend aus erlebter Erfahrung.

Viele mögen zugeben, daß Heilung von Krankheiten

und Änderung des Schicksals durch Umstellung des Geistes möglich sind, aber, so fragen sie, wie steht es um unheilvolle Naturereignisse? Wenn nämlich auch die Umgebung eine Schöpfung des Geistes ist, wie ist es dann möglich, Naturkatastrophen zu vermeiden? Das ist natürlich unmöglich, aber auch bei einer Naturkatastrophe ist die Umgebung des Selbst nur der Schatten des Geistes. daher also, wenn das menschliche Gemüt sich dem Guten zugewendet hat, dann wird dieses Selbst auch durch eine Naturkatastrophe nicht vernichtet.

Bei der letzten Sturm- und Regen-Schädigung von Kansai wurde die ganze Nachbarschaft des Hauses einer unserer Anhänger bis über den Fußboden hinauf überflutet, aber sein eigenes Haus erlitt diesen Schaden nicht. Außerdem gingen alle Bäume in den anderen Gärten durch die große Nässe ein, aber die Bäume „unseres“ Mannes wurden nicht beschädigt, sie blieben frisch und grün. Bald darauf wurden mehrere Gasthäuser, obgleich sie auf der anderen Seite des Flusses sehr viel höher standen, von den Wassern weggespült, ohne daß irgend etwas gerettet werden konnte, doch das Gasthaus Hiiragi-ya in Yase, das wir zufällig als Versammlungsort der Seicho-No-Ie Anhänger gewählt hatten, blieb trotz des Sturmes unbeschädigt.

Herr Yamasaki in Wakayama leitet dort eine Fabrik; seit er Seicho-No-Ie Anhänger geworden war, gab er einem seiner Angestellten, den er nach Kyushu sandte, einen Satz der „Seicho-No-Ie Serien“ und sagte zu ihm: „Lesen Sie diese Blätter im Zuge. Wenn Sie sie bei sich haben, wird Ihnen kein Unglück geschehen.“ Nun aber geriet der Angestellte vor kurzem in einen fürchterlichen Sturm. Die Bahnlinie wurde zerstört, der Zug mußte halten. Wenn die Passagiere ungefähr eine Meile weit zu Fuß gingen, konnten sie einen anderen Zug erreichen, also stiegen sie gemeinsam aus und gingen zu Fuß. Nun entdeckte der Angestellte auf dem Wege, daß er die „Seicho-No-Ie-Serien“ im Zuge vergessen hatte. So beschloß er, als er schon auf dem halben Wege war, zu dem Zuge zurückzukehren und hatte darum nicht mehr Zeit, den anderen Zug zu erreichen. Dieser andere Zug aber stürzte von einer Klippe. Viele Passagiere wurden getötet oder verwundet. Als er diesen Bericht vernahm, wurde der Angestellte, der sehr enttäuscht gewesen war, auf dem ersten Zuge bleiben zu müssen, erkennend. Er verstand plötzlich, daß die Seicho-No-Ie-Schriften ihm das Leben gerettet hatten. Dies kann nur dadurch erklärt werden, daß geistige Lichtschwingungen in den Büchern von Seicho-No-Ie vibrieren, die mit der ätherischen Bewegung des Zuges, der nicht beschädigt wurde, übereinstimmten, nicht aber mit der des anderen, der abstürzte. Der Angestellte wurde zu diesen ersteren gezogen und darum zu dem ersten Zuge zurückgeführt, der unbeschädigt blieb.

Etwas Ähnliches hörte ich hier in Osaka. Einer unserer Anhänger wollte auf dem Dampfer Midori-maru fahren, der vor einiger Zeit unterging, aber er ging nicht an Bod und wurde gerettet, weil er „Leben aus dem Geiste“ bei sich hatte. In 1 chome, Kitahama, Osaka, scheint ein Geschäft einer Aktiengesellschaft mit dem Namen Wada Yaichi, zu bestehen. (Ich selbst kenne es nicht, aber dieser vorliegende Brief behauptet, es sei so.) In diesem Geschäft, so sagt der mir zugegangene Brief, arbeitet ein Angestellter, Herr Tomoji Sakamoto. Als dieser einen Geschäftsbesuch der Itocho A.-G. in der

Stadt Oita abstattete, entlieh er von Herrn Hirokatsu Uchiyama, einem Anhänger von Seicho-No-Ie in Oita, das Buch „Leben aus dem Geiste" und las es durch. Dann erhielt er ein Telegramm, das besagte, daß seine Mutter in Osaka sich in einem kritischen Zustand durch Nierenbeschwerden befinde. Er kehrte eilig nach Osaka zurück und las „Leben aus dem Geiste" seiner Mutter vor. Daraufhin erholte sich seine schwer kranke Mutter bald. Nun, da er annahm, alles sei in Ordnung, beschloß er, in seine Zweigstelle in der Stadt Oita wieder zurückzukehren und wollte damals den Midori-maru besteigen. Der Grund dafür war, daß er durch seinen Kollegen, Herrn Saizo Sakaguchi, den Kapitän und den Zahlmeister der Midori-maru kennen lernte, die ihn als I. Klasse-Passagiere trotz seines III. Klasse Billets behandeln wollten. Als sich nun Herr Tomoji Sakamoto nach dem Abreise-datum erkundigte, sagte man ihm, der Midori-maru würde am Abend abfahren. Die folgenden Umstände werden klarer werden, wenn ich den Brief vorlese. Herr Sakamoto schreibt:

„Ich ging zu dem Eisenbahn-Informations-Bureau in Matsuzakaya (der dort arbeitende Angestellte war ein junger Mann von ca. 20–21 Jahren) und bat um ein Billet nach Beppu. Dabei fragte ich: „Fährt der Dampfer Punkt 9.00 Uhr abends ab?" Der junge Mann antwortet „Ja". Dann aber, als ich zum I. Stock von Matsuzakaya gelangt war, fragte ich mich: „Er sagte zwar Punkt neun, aber vielleicht irrte er sich? Ich gehe lieber noch einmal zurück und frage ihn ein zweitesmal." Aber aus irgend einem Grunde tat ich es nicht und verließ das Haus. Ich muß wohl gedacht haben, die Angabe sei korrekt, und nahm mir ein Auto, um am Abend pünktlich vor der Abfahrt des Schiffes dazusein, doch als ich pünktlich um 9.00 Uhr dort war, erfuhr ich, daß der Dampfer bereits 20 Minuten vorher abgefahren sei. Ich ärgerte mich darüber, denn auf meine Frage: „Fährt der Dampfer Punkt 9.00 Uhr ab?“ hatte der Fahrkartenbeamte mit ja geantwortet, nun aber konnte ich nur noch die Rückseite des Schiffes in der Ferne entschwinden sehen.

Aber der Inhaber der Garage sagte zu mir: „Sie können mit dem Auto nach Kobe fahren, der Dampfer hält vierzig Minuten in Kobe, somit haben Sie genügend Zeit.“ Ich dachte mir „Ja, das will ich tun“, da aber erschien ein Angestellter der Schiffahrtsgesellschaft und sagte: „Nur wenn das Wetter gut ist, können Sie pünktlich in Kobe sein; bei Regen und Nebel wird der Weg schlecht, und dann können Sie nicht zur Zeit dort eintreffen. Geben Sie diesen Plan lieber auf. Die Schiffahrtsgesellschaft wird Ihnen den Preis für das Billet erstatten.“ Was sollte ich nun tun? Dann sagte der Eisenbahnbeamte wiederum: „Das ist richtig, vielleicht ist es besser, Sie fahren mit dem Zuge nach Oita zurück, Sie können dann den 10:07 Schnellzug benutzen.“ Also beschloß ich, das zu tun, gab mein Billet zurück, bekam den Preis erstattet und nahm den 10:07 Sonderzug „Sakura“ von Osaka.

Ich stieg in den Zug, nahm ein Schlafwagen-Billet und schlummerte bald ein. Dabei hatte ich einen schrecklichen Traum, nämlich daß ich aus großer Höhe herunterstürzte. Ich erwachte gerade, als der Zug auf der Station Okayama anhielt. Als ich auf die große Uhr auf dem Bahnsteig blickte, war es gerade 1:04 morgens. (Die Zeit meines erschreckenden Traumes stimmte genau mit der Zeit des Untergang der „Midori-maru“ überein.) Danach wurde ich sehr aufgeregt und konnte nicht mehr weiterschlafen. Ich ging daher in den Speisewagen, trank zwei Flaschen Bier und versuchte dann zu schlafen, aber ich war zu erhitzt und konnte bis nach Shimonoseki nicht einschlafen.

Nach Überkreuzung der Kammo-Meerenge las ich das Extrablatt, das von dem Unglück der „Midori-maru“ berichtete. Es überraschte und betrübte mich sehr, und ich erkannte, daß ich durch „Leben aus dem Geiste“ gerettet worden war und dankte Gott dafür. Zwei Herren von der Schiffahrtsgesellschaft suchten mein Heim in Osaka am folgenden Morgen auf, denn mein Name und meine Adresse war vermerkt worden, als ich das Billet in Matsuzakaya kaufte. Auch Zeitungsleute von der Asahi und Osaka Presse kamen und baten um mein Bild, um es zu veröffentlichen. Ich sandte meiner Mutter ein Telegramm, daß ich mit dem Zuge zurückgefahren sei; ihr Befinden hatte sich so erheblich durch das Lesen der Heiligen Sutra von Seicho-No-Ie gebessert, daß sie zum Friseur ging. Dort hörte sie von dem Untergang der „Midori-maru“ durch ein Extrablatt und kehrte schnell nach Hause zurück. Sie kniete nieder, weinte und dankte Gott dafür, daß ihr Sohn wunderbarerweise mit der Bahn zurückgefahren war.“

Herr Sakaguchi, der zuerst Herrn Sakamoto bei der „Midori-maru“ eingeführt hatte, hatte alle seine Sommersachen zusammengepackt und sie von seiner Wohnung aus an Kapitän Tabuchi gesandt. Sie alle wurden vernichtet. War es nicht Vorsehung, daß nur Herrn Sakamoto's Kleidung mit dem Schiffe unterging, nicht aber Herr Sakamoto selbst?

Daraus kann man sehen, daß sogar eine Naturkatastrophe einen Menschen mit erleuchtetem Gemüt nicht schädigen kann. Sie mag eintreten, doch sie kann ihn nicht verletzen.

In der Avalokitesvara-Schrift heißt es: „Wenn man die Macht von Avalokitesvara anbetet, können einen die Wogen des wilden Meeres nicht verschlingen, selbst drohende Drachen und Ungeheuer, Donner, Blitz, Hagel und Regen werden zu nichts, wenn man die Macht Avalokitesvara's anbetet." D. h. wenn unser Geist erleuchtet ist, kann uns keine Naturgewalt schaden. Der Gedanke, daß Naturgewalten unabwendbar seien, erklärt sich daraus, daß wir annehmen, Regengüsse, schwere Stürme und Erdbeben bestünden aus Materie. Geistige Natur jedoch kann durch Irdisches nicht zerstört werden. Regengüsse, Stürme und Erdbeben sind Schöpfungen des *Geistes.* Daher können sie durch die geheimnisvolle Macht Avalokitesvara's, der buddhistischen Bezeichnung Gottes, zunichte gemacht werden.

Ein *Gebet* zu Avalokitesvara bedeutet nicht etwa Bitte um Hilfe. Es bedeutet, daß man sich vergegenwärtigt, daß unser Selbst, das Leben und alles in Avalokitesvara Eines sind.

Wir müssen uns vorstellen, unser ewiges Selbst ist Avalokitesvara, ist Buddha, also Eins mit Gott; dann werden wir wissen, wie die Umgebung lediglich eine vom Geiste dieses unbeschränkten Lebens widergespiegelte Welt ist. Wenn wir diese Erkenntnis erlangt haben und unsere Umgebung demgemäß ansehen, erlangen wir „Freiheit des Charakters", denn nun wird „Freiheit des Charakters" nicht mehr ein bloßer Gedanke sein, bloße Theorie oder Verstandeswissen, sondern Erfahrung aus der „Praxis". Durch die Erkenntnis, daß das Selbst absolut frei ist, in welcher Umgebung auch immer man sich befindet, und wenn diese Umgebung nach Belieben erleuchtet werden kann, dann wird es nicht mehr nötig sein zu kämpfen oder Gewaltmittel anzuwenden.

4. Kapitel

ÜBER DAS SEIT URBEGINN VERBORGENE GÖTTLICHE IM MENSCHEN

Der Wahre Mensch, ein Sohn Gottes

Der Wahre Mensch, der nach dem Ebenbilde Gottes geschaffen ist, wird als Sohn Gottes geboren, um das Leben Gottes in seinem eigenen Leben zu verwirklichen, Die Menschengestalt ist Symbol des vollkommenen und allgütigen Gottes. Der Mensch soll die Freude haben, wie Gott selbst zu leben, also Gott zu lieben und höchste Freude durch Liebe und liebevolles Zusammenwirken mit seinem Mitmenschen zu erstreben, denn *alle* Menschen sind Söhne Gottes, nicht aber soll der Mensch seine Brüder verwerfen und sie zurückstoßen, um der einzige Erfolgreiche zu sein. Warum also geschieht es, daß der Mensch in der körperlichen Welt ein Leben der Zwietracht führt anstelle des vollkommenen Lebens des Himmels oder der geistigen und allein Wirklichen Welt?

Eine buddhistische Sutra, „Saddharma Pundarika", sagt: „Sukhavati (das Ewige Himmlische Paradies) besteht jederzeit überall, aber die Menschen glauben durch ihre fünf Sinne, daß es niedergebrannt sei und die Welt mit Sorge, Furcht und Schmerzen aller Art erfüllt wurde." Die Genesis sagt, der Himmel und die Erde waren geschaffen, Obstbäume und Gemüse wuchsen und gediehen auf Feldern und Bergen, und der wahre Mensch wurde nach dem Ebenbilde Gottes geschaffen (Genesis, 1. Kapitel). Jedoch die Menschen denken, daß der Mensch unvollkommen aus dem Staub der

Erde geschaffen wurde, um durch die Worte der Schlange getäuscht zu werden, aus EDEN vertrieben zu sein, um das Leben in schwerer Arbeit zu verbringen und dann wieder zum Staube zurückzukehren (Genesis, 2. und 3. Kapitel). Somit fiel der Mensch vom *wahren* Menschen zum *scheinbaren* Menschen herab, von dem „wahrhaften Menschen“ zum „falschen Menschen“. – Warum dieser Fall? Der „wahre Mensch“ ist nie gefallen, jedoch der Mensch *glaubt,* er sei gefallen. Der wahre Mensch wurde niemals vernichtet, verletzt, noch fiel er, sondern er genießt die ewige Freude der Schöpfung in Sukhavati (der Wahren Welt). Hierzu gelangen wir aber nicht, wenn wir denken, wir bestünden aus Staub und Materie.

Es steht geschrieben in der Pundarika Saddharma/Sutra (und auch in der Genesis), daß der Mensch in der Wirklichen Welt der Geistigen, oder „der Wirkliche und Geistige Mensch“ nicht vernichtet worden ist. Aber die Menschen erfassen sich und das Leben nur mit den fünf Sinnen und glauben daher, der Mensch bestünde nur aus Materie. Dies ist die erste Täuschung, die erste „Sünde“, daß der Wahre Mensch verborgen wird. Auf Japanisch heißt Sünde TSUMI = TSUTSUMI, was soviel wie Einpacken, Verbergen bedeutet). Die erste und Ureinheits-Sünde besteht darin, den geistigen Wahren Menschen durch die täuschenden fünf Sinne für bloße Materie zu halten und die wahre geistige Wesenheit des Menschen und der Welt nicht zu erkennen.

„Das Königreich Gottes“ – die Welt, die Gott wahrhaft schuf – ist nicht eine vergängliche Erscheinung, die zum Leben kommt, wenn die fünf Sinne es so sehen, und die verschwindet, sobald sie verworfen wird. Sukhavati (der Ewige Himmel der Wirklichkeit) wird weder kommen noch gehen, er wird weder größer noch kleiner und ist unabhängig davon, ob die täuschenden fünf Sinne ihn als wirklich anerkennen oder ihn als unwirklich verwerfen. Trotzdem kommen die Dinge der Erscheinungswelt ins Dasein, wenn man glaubt, daß sie existieren, und sie werden verschwinden, wenn man denkt, daß sie nicht mehr da sind. Wenn man z. B. denkt, daß Krankheit existiert, dann wird sie sich zeigen, aber wenn man denkt, sie existiere nicht, dann wird sie nach und nach oder auch sofort verschwinden. Wenn man denkt, man werde verarmen, dann wird die Armut kommen, doch wenn man denkt, daß „der wahre Mensch keine Armut kennt", dann wird es keine Armut geben.

Eine große Anzahl von Anhängern der Seicho-No-Ie weiß das aus Erfahrung. Dinge der Erscheinungswelt werden sich entweder vergrößern oder verkleinern je nach dem, was wir glauben. Man sieht ja nur Dinge, die unser Geist hervorgebracht und gefärbt hat. Wie es in der Saddharma Pundarika Sutra geschrieben steht, liegt das ewig heitre Land der Wirklichkeit in Frieden und ist von Freude erfüllt, auch wenn die Erscheinungswelt anscheinend „zerstört, ausgebrannt durch das Endfeuer des Jüngsten Tages, voll von Sorgen, Furcht und allen erdenklichen Qualen" ist. Wie kann die Welt der Wirklichkeit, das Land der Ewigen Freude, im Frieden liegen, wenn die Erscheinungswelt von Leiden erfüllt zu sein scheint, wenn doch die letztere ein Teil der Wirklichkeit sein soll? In der wahren Wirklichkeit besteht die Erscheinungswelt, die so sehr mit Leid erfüllt ist, überhaupt nicht. Die Welt der Materie ist ein *falsches*

Abbild des Seins. Dann aber ist die von Leid erfüllte Erscheinungswelt nur eine Traumwelt, völlig abgeschieden von der Welt der Wirklichkeit.

Die Antwort darauf ist „Nein“. Die Welt der Erscheinung ist ein falsches Abbild der Wirklichen Welt, deren Oberfläche verzerrt worden ist, weil man sie sich durch die trügerischen fünf Sinne anschaut. In Wahrheit ist die Wirkliche Welt das einzig Existierende, und nur wenn man sie durch die Linse der trügenden fünf Sinne betrachtet, erscheint sie als die uns erkennbare Welt. Die Erscheinungswelt wechselt je nach der Färburg der Linse und wird entweder voll von Kummer, Furcht und Sorge sein, oder von Frieden und Freude erfüllt. Ob der Erscheinungsmensch kommt oder geht, hat keinen Einfluß auf das ewige frohe Land der Wirklichkeit. Ob wir im Fleische da sind oder nicht, wir leben immer im Lande der wahren Wirklichkeit. Diese Welt der Wirklichkeit hat nicht dieselben Ausmaße wie die Erscheinungswelt, und wir werden nicht in diese Welt der Wirklichkeit nach unserem Tode versetzt.

Der wirklich vollkommene geistige Mensch, der geschaffen wurde, wie uns das 1. Kapitel der Genesis berichtet, ist nicht vernichtet worden, aber im 2. Kapitel wird gesagt, er sei unvollkommen aus Erdenstaub gemacht. Dies ist die erste Täuschung oder Ursünde (Sünde bedeutet etymologisch „in den Boden versinken und seine Urnatur verbergen“). Warum ist unsere Welt eine Täuschung? Weil die Wirklichkeit nicht als solche erkannt wird, und ein falsches Bild den Anspruch erhebt, wahr zu sein. Warum ist das Sünde? Weil die Wirklichkeit in den Erdenstaub versinkt und durch Täuschung verhüllt wird. Somit wird der geistige Wirkliche Mensch in ein falsches Bild eingehüllt, der Mensch wird als eine aus Materie bestehende Gesamtheit angesehen, und das Königreich Gottes erscheint nur denen, welche die Erscheinungswelt verlassen haben. Es ist erst dann erreichbar, wenn der Mensch dieses irdische Leben in der sinnlichen Welt verläßt. Ganz allgemein gesprochen: man weiß nicht, daß das Königreich Gottes die ewige grenzenlose Welt *hier* und *jetzt* ist, und auch nicht, daß der Mensch das Ewige Leben Gottes *hier* und *jetzt* lebt. Diese Verhüllung des Wirklichen Menschen ist die erste und größte Sünde, welche in der christlichen Lehre als „Adam's Erbsünde" bezeichnet wird.

Diese Ursünde (das Nichtwissen um die von Urbeginn verborgene Göttlichkeit des Menschen) brachte uns dazu, den Menschen als aus Erdenstaub geschaffen zu betrachten und daher als ein Wesen, das nur aus Materie besteht. Solange der Mensch sich nur als stoffliches Wesen ansieht, werden alle menschlichen Wesen getrennt von einander erscheinen. Diese falsche Auffassung gebar die Selbstsucht. Und solange der Mensch diese Welt als begrenzt ansieht und denkt, je mehr er hingibt, desto weniger wird er behalten, solange auch wird er kämpfen, rauben und morden, während der Wirkliche Mensch als Sohn Gottes weder kämpft, noch raubt noch mordet.

Der Irrtum der heutigen Christen, die vom körperlichen Menschen predigen, statt von der göttlichen Natur des Menschen

Das Verbergen der göttlichen Natur des Menschen besteht darin, daß man den Menschen, der in Wahrheit geistiger Art ist, im „Sohn Gottes“ als Materie betrachtet, belastet von Adam her mit „Erbsünde“. So ist es dann nicht erstaunlich, daß viele Christen heute diese „Ursünde“ begehen. Sie sehen Jesus als Menschen und erkennen nicht Christus die ewige Gottheit, die verkündete: „Noch bevor Abraham lebte, war bereits Ich“, d.h. der Geist war und ist und *wird* sein, von Ewigkeit zu Ewigkeit.

Viele Christen glauben, es gäbe keine Erlösung außer durch Jesus, den Menschen. Sie setzen das Fleisch (die Materie) anstelle der Göttlichkeit und nehmen infolgedessen Täuschung für Wahrheit. Wenn wir uns aber vergegenwärtigen, daß die Erlösung in unserer eigenen ewigen Göttlichkeit liegt, wie Christus' eigene Worte bezeugen: „Bevor Abraham war, war Ich“, dann werden wir auch erkennen, daß die Erlösung in uns selber ruht, denn jeder Mensch besitzt diese göttliche Natur, auch wenn sie noch so sehr verhüllt ist. Wie sinnwidrig ist es mithin, zu glauben, daß man nur durch Jesus, den Menschen, also von außen her, erlöst werden könne!

Christen verachten die Anbetung eines körperlichen Gegenstandes und bezeichnen dies als Götzendienst, aber auch sie verehren etwas Körperliches, indem sie glauben, es gäbe keine andere Erlösung, es sei denn durch Jesus, den Menschen, der vor 2000 Jahren in Judäa geboren war, und nicht durch den „Ewigen Christus“. Gibt es eine größere Sünde als dem „Ewigen Christus“ den Rücken zuzukehren und dafür einen ganz speziellen Körper anzubeten? Das heißt: man schließt die Augen vor der Wirklichkeit Gottes und verhüllt den wahren Gott durch Irrtum!

Religiöse Zwietracht entspringt aus Götzenverehrung

Wenn eine Religion lehrt, man solle einen körperlichen Gott oder ein Götzenbild verehren, dann wird ein Streit über die in Frage kommende Einfluß-Sphäre stattfinden. Es ist ganz natürlich, daß sogar diejenige Religion, deren Aufgabe es war, die ganze Menschheit in Harmonie zu vereinigen, über diese Einfluß-Sphäre in Streit geriet, weil die verschiedenen Sekten in dem Gegenstand ihrer Verehrung von einander abwichen, obwohl sie alle aus derselben Wahrheit stammen. Der Grad der Götzenverehrung in einer Religion kann daran erkannt werden, wie sehr man andere Religionen ablehnt. In anderen Worten: Der Keim aller Religions-Streitigkeiten kommt aus der Anbetung eines körperlichen Gegenstandes. Wenn jemand fragt, „Welches ist die erste und größte Sünde?", dann wird Seicho-No-Ie's Ethik antworten „Götzendienst".

Wenn die Christen „Christus" nicht in materieller Form als Jesus (im Fleische), sondern als die Ewige Gottheit entdecken werden („Bevor Abraham war, war Ich"), und wenn die Buddhisten den Buddha nicht in Gautama (im Fleische) erkennen, sondern den *ewigen* Gautama, der zu Ananda sagte: „Alle Buddhas der Vergangenheit sind meine Schüler", wenn die Seicho-No-Ie Anhänger Seicho-No-Ie nicht in dem Hause entdecken, wo Taniguchi körperlich lebt, sondern in dem Seicho-No-Ie der Ewigen Wirklichkeit, die erklärt, daß „alle Religionen durch Mich verjüngt werden", erst dann werden die Religions-Streitigkeiten über die Ausdehnung ihres Einflußbereiches aufhören.

Warum will der Mensch seine Freiheit? Auf der anderen Seite, solange sich der Mensch an Stoffliches hält, wird die „Freiheit", welche ihm ursprünglich zu eigen ist, durch seine eigenen materialistischen Ideen verkümmert, und er verliert sie. Kampf und Streit sind sichtbare Zeichen seines Verlangens nach Freiheit, denn sie entstehen aus dem Wunsche heraus, die ursprüngliche Freiheit wiederzubekommen. Solange eine Uhr unbeschränkt geht, werden alle Triebrädchen sich im Einklang Harmonie bewegen; wenn aber die Freiheit genommen ist, verlieren die Räder ihre Harmonie und geraten aneinander mit dem Ergebnis, daß die Uhr stehen bleibt. Dieser Widerstreit ist ein Sinnbild für den menschlichen Kampf und Streit. Verleumdung und „Bann" unter den verschiedenen Religionen ist das Gleiche wie das Zusammenstoßen von Triebrädern. Was für ein Widerspruch ist es doch, daß Religionen, deren Aufgabe es ist, die Menschheit in Harmonie zu vereinigen, mit einander in Streit geraten! Dies geschieht nur, weil sie Jesus den Menschen oder Gautama als Person verehren anstelle der „Ewigen Göttlichkeit" oder dem „Ewigen Buddha-Geist", der aller Menschheit innewohnt.

Jede Religion mit ihrem eigenen körperlichen Gegenstand der Verehrung wird mit anderen Glaubensbekenntnissen streiten. Auch ein Individuum, das seine Lebensfreude nur in materieller Form findet und nicht in dem Strome des ewigen Lebens, begeht die Ursünde dadurch, daß es „Materie" *vor* „Leben" setzt. Alle anderen Sünden entspringen aus diesem Ur-Übel.

Als Jesus nach Jerusalem kam, so sagt die Bibel, suchte ihn heimlich eines Nachts ein Pharisäer namens Nikodemus auf, ein Oberer der Judenschaft, und sagte zu ihm: „Meister, wir wissen, du bist ein Lehrer, von Gott gekommen, denn niemand kann die Zeichen tun, die du tust, es sei denn Gott in ihm." Jesus sah den Irrtum des Nikodemus, der glaubte, Gott an den Wundern zu erkennen, die in der sinnlichen Welt geschahen, während Gott doch nur im Geistigen erscheint, und er antwortete: „Wahrlich, ich sage Dir: es sei denn, daß jemand von neuem geboren werde, so kann er das Reich Gottes nicht sehen." Er meinte damit: „Das Königreich Gottes bekundet sich nicht durch irdische Wundertaten, wie du es annimmst!"

Darauf sprach Nikodemus zu ihm: „Wie kann ein Mensch von neuem geboren werden, wenn er alt ist? Kann er wieder in seiner Mutter Leib gehen und geboren werden?" Er dachte nämlich, daß man in den Mutterleib zurückgehen oder sterben müsse, um dann wiedergeboren zu werden.

Jesus antwortete: „Was vom Fleisch geboren wird, das ist Fleisch; und was vom Geist geboren wird, das ist Geist. Laß es dich nicht wundern, daß ich gesagt habe: Ihr müsset von neuem geboren werden. Der Wind bläst, wo er will, und du hörst sein Sausen, aber du weißt nicht, von wannen er kommt, und wohin er fährt. Also ist ein jeglicher, der aus dem Geiste geboren ist." (3. Kapitel Johannes).

Viele Geistliche predigen, daß das Leben im Fleische eine Vorbereitung auf das ewige Leben nach dem Tode sei.

Sie glauben, daß die Menschen entweder zugelassen oder nicht dahin zugelassen werden je nach dem Grade ihrer moralischen Verbesserung in diesem Leben des Fleisches.

Ich wünschte, sie würden die Lehre Jesu beherzigen, der sagte: „Was vom Fleisch geboren wird, ist Fleisch." Die Seele tritt nicht in das Königreich Gottes ein, nachdem sie das Fleisch verlassen hat. Wieviele Male auch der Körper geboren ward und starb, „was vom Fleisch kam, ist jedesmal nur Fleisch." Was aus der Erscheinungswelt entstanden ist, bleibt Erscheinung. Das physische Leben ist nur ein Schatten des Wirklichen Lebens, so wie eine Photographie ein Schatten des wirklichen Menschen ist. Der Mensch ist nicht wiedergeboren, nachdem eine Photographie von ihm genommen wurde, sondern das Abbild seiner verschiedenen Zustände wurde schon festgelegt, bevor er geboren war. Wir können uns viele Male photographieren lassen, aber man tritt nicht in das Bild ein oder daraus hervor, jedes Mal, wenn eine Photographie genommen wird.

In der gleichen Weise besteht der Wirkliche Mensch (der Geist) zuerst, dann erst wird das Fleisch (der Körper) geboren. Verschiedene Linsen, konkave, konvexe oder verzerrte, werden verschiedenartige Bilder hervorbringen, doch der Wirkliche Mensch unterliegt keiner Veränderung, ob nun der Erscheinungsmensch „gut" oder „schlecht" sei, auch wandert er nicht durch verschiedene Welten, also von einer Erscheinungswelt zu einer anderen, oder aus der Welt der Lebenden zum Hades, wohin, wie man sagt, die Toten versetzt werden. Die menschliche Welt und auch der Hades sind Erscheinungswelten, Abbilder der Wirklichen Welt, mit einer reinen Linse aufgenommen, die aber in die Wolke des täuschenden Geistes eingehüllt ist. Die Bilder unterscheiden sich nur dadurch von einander, daß verschiedenartige Linsen und „Platten“ benutzt wurden.

Wenn ich die Worte Jesu zu Nikodemus umschreibe, so lauten sie ungefähr so: „Auch wenn das Abbild verzerrt ist, so glaube nicht etwa, daß nun auch der Wirkliche Mensch verstümmelt sei; sogar wenn der Erscheinungsmensch krank ist — der Wirkliche Mensch ist es nicht. Das physische Auge kann den Wirklichen Menschen nicht sehen. Kannst du sehen, von wannen er kommt, und wohin er fähret? Du kannst den Wirklichen Menschen ebenso wenig sehen wie den Wind. Aus dem Geiste geboren zu werden, bedeutet, sich von dem physischen Sein dem Wirklichen Sein zuzuwenden“. Aber Nikodemus konnte ihn nicht verstehen und sagte: „Wie mag solches zugehen?“

Es scheint mir, daß es heute viele solcher Nikodemusse gibt, die auf meine Worte nur zu erwidern wissen: „Wie mag solches zugehen?“ Jesus muß daraufhin ungeduldig geworden sein, denn er sagte: „Bist du ein Meister in Israel und weißt das nicht? Wir reden das, was wir wissen und bezeugen das, was wir gesehen haben. Glaubt ihr aber bereits das nicht, was ich euch von irdischen Dingen sage (Parabel vom Wind), wie würdet ihr glauben, was ich euch von himmlischen Dingen sagen würde? Nur wer vom Himmel kam, also derjenige, der in der Welt der Wahren Wirklichkeit lebt, kann die Welt dieser wahren Wirklichkeit betreten. Die Zeit wird kommen, wenn du verstehen wirst, daß der Wirkliche Mensch ewiges Dasein hat, auch wenn das irdische Fleisch am Kreuze stirbt. Wer an den Sohn glaubt, der hat das Ewige Leben.“ (Johannes, Kap. 3: 1—13)

„Wer immer an Ihn glaubt, wird das Ewige Leben haben durch Ihn". Auf Grund dieser Stelle haben die Christen behauptet, das ewige Leben könne nur durch Jesus erreicht werden. Aber warum hat Jesus gesagt: „Aber wer immer an Ihn glaubt, soll ewiges Leben durch Ihn haben," anstelle von „durch *mich*"? Warum gebrauchte er die dritte Person, so wie „Menschensohn" oder „Ihn" anstelle der ersten Person „Ich"? „Der Menschensohn" wird auch übersetzt mit „Er, der von oben her kommt", was bedeutet „Einer, der aus dem Geiste geboren ist." „Menschensohn" ist ein ganz übliches Wort, das sich auf alle bezieht, die Wirkliche Menschen sind. Jesus wollte uns nicht sagen, daß wir an „ihn" glauben sollten, sondern an „den Menschensohn", d.h. den Wirklichen Menschen, wie er selbst einer war, denn wer immer an *Ihn* glaubet, an den Wahren Menschen, der die ewige Wahrheit bezeugt, der hat das ewige Leben erworben."

— — —

Die Ewige Gottheit bringt die Erlösung

Nicht kann man durch Hinwendung an die körperliche Erscheinung eines Menschen das ewige Leben erwerben, sondern jeder, der an den Wirklichen Menschen, die Ewige Wahrheit, glaubt, kann sie besitzen. Dies hat Seicho-No-Ie entdeckt. Jeder Mensch ist eine körperliche Erscheinung der Ewigen Wirklichkeit, und ob die körperliche Welt gut oder schlecht ist, hängt davon ab, ob die „Photographie" gut oder nicht so gut ausgefallen ist, hat also nichts mit dem „Wirklichen Menschen" zu tun. Wer diese Wahrheit nicht kennt, wird notgedrungen sich selbst verachten und sagen „Ich bin für nichts gut“, was nichts anderes bedeutet als „das Verbergen der göttlichen Natur“, also Sünde. Solange die göttliche Natur verhüllt ist, solange auch wird die physische Welt, die eine Widerspiegelung der geistigen Welt ist, unvollkommen sein. Ein Bild einer Person, die ein Furoshiki (einhüllendes Tuch) um sich trägt, kann niemals vollkommen sein. Wenn man seine göttliche Natur verhüllt indem man eine geistige Linse benutzt wie etwa die Idee „ich bin zu nichts nütze“, wie kann man dann ein schönes Bild in der physischen Welt hervorbringen? Der Glaube, „ich bin ein Sünder“, erzeugt viele andere Sünden in unserer physischen Welt. Auf der andern Seite: Der Glaube, daß ich ein Sohn Gottes bin, erschafft alles Gute in unserer Erscheinungswelt.

— — —

Der Ursprung des „Sünde“-Begriffes

Der Begriff der Sünde lag tief im Gemüte des physischen Menschen, seitdem Adam die Erbsünde begangen hatte (das Urverbergen der Göttlichkeit). Es gab nur zwei Persönlichkeiten in der Welt, die wußten, daß „ich bin sündenlos, so wie ich bin“. Das war Gautama Buddha, von dem in der Legende gesagt wird, daß er sogleich nach seiner Geburt sieben Schritte getan und gesagt habe: „Ich allein bin heilig im Himmel und auf Erden“, und Jesus Christus, der sagte: „Ich bin der eingeborene Sohn Gottes.“

Aber auch ich weiß, daß ich selbst der Anlage nach sowohl wie die gesamte Menschheit frei von Sünde bin, und betrachte es als die Rettung der Menschheit, jeden diese Wahrheit wissen zu lassen.

Woher hat der sündenlose Mensch – ein Wesen, das von Ursprung an rein und sündenlos ist – den Begriff von Sünde? Daher, daß der Mensch eben sündenlos *ist*. Wenn ein blindgeborener Mensch ins Dunkle kommt, wird er nicht wissen, daß es dunkel ist. Ein Frosch, der in einem kleinen Brunnen geboren wurde und aufwuchs, weiß nicht, daß er Freiheit hat, es sei denn, daß er aus dem Brunnen herausgenommen und in einen weiten See versetzt wird. Herrn Ranpo Edogawa's detective story „Der Dämon auf einer einsamen Insel" berichtet über das Leben zweier Personen, die als Babies ihre Rücken zusammengenäht bekamen und in einen Raum verbannt wurden, so daß sie keinen anderen Menschen zu sehen bekamen. Sie dachten, daß der Mensch von Anbeginn ein sehr unbequemes Wesen sei mit vier Armen und vier Beinen, bis sie dann einmal zweiarmige und zweibeinige normale Menschen erblickten und sich über ihre absonderliche Gestalt Sorge machten.

Das Wissen darum, daß man seine „von Anbeginn vollkommene Natur" leider nicht voll zum Ausdruck bringt, ist der Begriff von Sünde. *Es ist der geistige Sehnsuchtsschrei nach unserer ursprünglichen und vollkommenen Erscheinung.* Wir können die durch den Begriff der Sünde eingehüllte vollkommene Ur-Natur des Menschen mit einem Feuer vergleichen, dessen brennendes Holz durch Abfall erstickt wird. Der Rauch aus diesem schwelenden Holz-Feuer gleicht dem Begriff der Sünde. Jedoch weder das Feuer noch der Abfall ist der Rauch. Wenn keine innere Flamme vorhanden wäre, gäbe es keinen Rauch. Auch wenn der schwelende Abfall nicht da wäre, wäre kein Rauch vorhanden. Der Rauch ist ein Anzeichen dafür, daß die innere Flamme sich bemüht, den Abfall so zu zerstören, daß auch er zu „Feuer“ wird.

Unser wahres Selbst, (die uns innewohnende göttliche Natur) kennt keine Sünde, wie auch das kleine Kind von Sünde nichts weiß. Dieses göttliche Selbst, der Kern des Menschen, ist einer reinen Flamme zu vergleichen. Erst wenn die Flamme mit Holz oder Abfall bedeckt ist, entsteht Rauch. Der Rauch ist ein Zeichen für Abfall-Verbrennung. Die Flamme geht unter allen Umständen auf Verzehr des Abfalls aus, es ist ihre Natur, den Abfall zu verbrennen. So auch ist das göttliche Selbst im Menschen bemüht, den „Abfall“ zu verbrennen, die „Täuschungen“, die sich aus der irdischen Lebensanschauung ergeben, vor allem die Täuschung, daß der Mensch den irdischen Umständen unterworfen sei und sich nach ihnen richten müsse. Diese Täuschung, die den „Rauch“ verursacht, findet nicht mehr statt, wenn der Mensch im Bewußtsein des göttlichen Funkens in ihm lebt. Sein Leben wird dann erleuchtet sein, und zwar von einer klaren, *reinen* Flamme. Nun erst lebt er *wirklich*. Bisher hatte er in der Täuschung gelebt, im Nicht-Wirklichen.

Religion bringt die innere Flamme des Wirklichen Menschen zum Leben und zu starker Kraft. Der Rauch des Sündenbegriffes wird anwachsen in dem Maße, wie das Feuer der Erleuchtung stärker brennt. Es ist ganz natürlich, daß viele Prediger versuchen, soviel Rauch wie möglich zu bewirken. Um das zu erreichen, werfen sie soviel Abfall auf das Feuer, daß die innere Flamme zu ersticken droht. Bei dem Versuch, soviel Rauch wie möglich zu verursachen, vergessen sie, an die erstickende Wirkung des Rauches auf das innen brennende Feuer zu denken. Rauch und Kohlensäure sind giftige Gase. Wenn man zuviel davon an einem luftabgeschlossenen Orte produziert, muß die Flamme verlöschen.

Dasselbe geschieht beim Menschen durch die „Sünden-Vorstellung". Man erzählte von einem Menschen, der den Verstand verlor, als ihm ein Prediger gar zu eindringlich erklärte: „Du bist ein zu großer Sünder, als daß du je Vergebung erlangen könntest." Hier wurde die „innere Lebensflamme" durch den Rauch (oder das Giftgas), genannt „Sünden-Vorstellung" völlig erstickt. Wenn ein Mensch mit geringem Verständnis für „Leben aus dem Geiste" eine zu starke Vorstellung der Sünde eingeflößt bekommt, kann sein Leben sich diesem nicht anpassen, gleich dem Feuer, das mit zuviel Abfall bedeckt wird und zuletzt nur noch Rauch ist.

Viele Religiöse denken, „die innere Flamme des Lebens" würde umso besser brennen, je mehr Rauch entsteht, d.h. wenn der „Begriff der Sünde" besonders betont wird, daher gebrauchen sie recht oft die Worte „Sünder", „sündenvoller Mensch" oder „Kind der Sünde". Absichtlich Rauch zu verursachen, ist ungut; besser wäre es, das Feuer stärker lodern zu lassen. Dann wird der Abfall im Nu verbrannt sein.

Um den geistigen Abfall zu verbrennen, muß der Geist gut gelüftet werden. Was ist geistige Ventilation? Sie bedeutet, den Rauch, der die giftigen Gase enthält, herauszutreiben, anstatt ihn in uns zu behalten.

Wie kann die geistige Ventilation bewirkt werden? Durch Erkenntnis des „Lebens aus dem Geiste". Wir haben früher geglaubt, daß Rauch zum Feuer gehöre, aber jetzt wissen wir, daß Rauch nur Rauch ist, und Feuer ist Feuer. Sünde ist Sünde, aber du bist du. Feuer ist mit

Rauch so wenig verwandt, wie du mit der Sünde, nämlich überhaupt nicht. Du wirst jetzt verstehen, daß du den Rauch hinwegtreiben kannst. Der Rauch um dich herum, den man „den Begriff der Sünde" nennt, kann sich aber nicht verziehen, solange du ihn für einen Teil von dir selbst hältst und ihn damit hinderst, sich aufzulösen und zu verschwinden.

Mit anderen Worten: Sobald der Mensch zu der Erkenntnis erwacht ist, daß er „von Urbeginn an ein Sohn *Gottes* ist", und demzufolge hell leuchtet, gut durchlüftet ist, dann wird auch seine Seele, die bisher nur Sünde und Täuschung sah, sich umkehren und die wahre Natur des Lebens erschauen.

Um fähig zu sein, die eigene innere Lebenswahrheit zu erfassen, die aus Gott entspringt, muß man die Sünde verabscheuen. Ein Mensch, der glaubt, daß die Natur des Menschengeschlechtes sündenvoll ist, gibt den Begriff seines sündigen Selbsts zu, ist somit in billiger Selbst-Anmaßung zufriedengestellt und setzt das „falsche Selbst" an die Stelle des „wahren Selbst". Es sieht sich als irdisch gebunden an, statt sich der Freiheit bewußt zu sein.

Natürlich kündet Rauch ein Feuer an, aber Rauch ist nicht dasselbe wie Feuer. Das *sündige* Selbst ist nicht das *wahre* Selbst, denn dieses ist göttlich. Um das Feuer zu erkennen, muß der Rauch verschwinden. Mit einem großen Fächer kann man ihn vertreiben, so daß das Feuer hell aufleuchtet. In gleicher Weise: Wenn die Empfindung der Sündhaftigkeit zu stark geworden ist, werden manche davon so überkommen, daß sie nicht mehr in die Höhe können; wenn aber das innere Feuer hell genug brennt, durch den Glauben, auch sie seien

Söhne Gottes, dann werden sie sich bekehren, und ihre Seelen werden in einer hohen religiösen Flamme auflodern.

Warum gibt es zwei Arten von Menschen, solche, die durch das Gefühl der Sündhaftigkeit so niedergedrückt sind, daß sie sich nicht mehr erheben können, und andere, deren Seelen in der großen Lebensflamme glühen? Diejenigen Menschen, die nur einen schwachen Glauben an den lebenden Sohn Gottes haben, werden durch die Vorstellung der Sünde überkommen werden und ihr Feuer wird ersticken, während andere, die an den innewohnenden Christus als ihr wahres Selbst glauben, in großer lebendiger Flamme aufstrahlen werden. Religiöse Prediger, die ihre Gemeinde zur Erlösung führen wollen, müssen große Weisheit entwickeln, wenn sie über die Idee der Sünde sprechen.

— — —

Selbstvorwürfe des Sünders und ihre Wirkung

Wenn du Unrecht begangen hast, wirst du dir Selbstvorwürfe machen, so wie Rauch aufsteigen wird, wenn man Abfall darauf wirft. Dieses nennt man Gewissensbisse. Judas Iskariot mit seinem schuldbeladenen Gewissen, nachdem er Jesus für 30 Silberlinge verraten hatte, erhängte sich selbst und fiel auf den Boden mit dem Gesicht nach unten, sein Körper zerbrach und seine Eingeweide wurden entblößt.

Auch wenn du nicht solch eine fürchterliche Sünde begangen hast, so wirst du doch ein schuldbeladenes Gewissen haben, wenn du ein Unrecht begangen hast. Dies erklärt sich aus dem göttlichen Feuer in dir, welches die Sünde, die es verdunkelt, verbrennen will. Nach ihren Lebensbeschreibungen und anderen Schriften, fühlten sowohl St. Franziskus, wie St. Shinran und St. Honen oft starke Gewissensbisse. Ich möchte sogar behaupten, daß je tugendhafter ein Heiliger ist, umso stärker werden seine Selbstvorwürfe sein.

Wenn wir das Unbehagen zergliedern, das die Erkenntnis von getanem Unrecht begleitet, (das Unbehagen bedeutet bereits einen Selbstvorwurf), dann können wir dies nur als seelische Disharmonie bezeichnen.

Warum fühlen wir diese Disharmonie? Weil wir fühlen, etwas begangen zu haben, was gegen die Natur unserer Göttlichkeit verstößt. Wenn wir unser Gesicht an etwas reiben, das ebenso glatt ist wie dieses, dann wird uns angenehm zumute, aber wenn der Gegenstand rauh ist, dann hat man ein unangenehmes Empfinden. Eine begangene Sünde oder auch nur der Gedanke daran schafft Unbehagen, denn eine böse Tat stimmt nicht mit unserer göttlichen Natur überein. Wenn unsere Urnatur nicht göttlich wäre, würden wir dieses unangenehme Gefühl nicht haben. Die Stimme des Gewissens ist nichts anderes als dieses Empfinden, das unserer „göttlichen Natur“ entspringt. Selbstvorwürfe über eine begangene Tat sind zuerst eine geistige Angelegenheit, aber sie formen sich allmählich gegenständlich zu Erscheinungen wie Krankheit oder unglücklichen Lebensumständen gemäß dem Gesetze, daß „jede Idee zur konkreten Form wird“.

Seicho-No-Ie spricht diese Wahrheit aus mit den Worten: „Die Körper und ihre Umgebung sind Schatten unseres eigenen Gemütes“. Unser Denken erzeugt sinnlich wahrnehmbare Form genau so, als ob wir es selbst bestimmt hätten, und daher kann man sagen, daß das Fleisch (des Körpers) und unsere Lebenslagen unsere eigenen Richter sind. Wir können daher unsere Lebensgeschichte die Geschichte unseres eigenen Gewissens nennen. Die Weltgeschichte ist das Geständnis der Menschheit vor ihrem eigenen Richterstuhl. Geistiger Hader, Eifersucht, Neid, Furcht, Angst, Zorn, Haß usw., ist eine Art Strafe durch Kriege, Plünderungen, Explosionen, Streiks, Unterdrückungen usw., die aus unserem eigenen Geist zuletzt materialisiert worden sind. Es sind die Zeichen des Geistes, der heute die Welt erfüllt. Hätte niemand solche bösen Gedanken wie Eifersucht, Neid, Furcht, Zorn und Haß, dann könnten keine solche schrecklichen mörderischen Taten geschehen, die weiter nichts als Ausfluß solcher Gefühle sind.

— — —

„Die Weltgeschichte ist das Weltgericht“

Schlachtfelder sind das eigene Gericht. der Welt. Paulus sagte: „Der Sold der Sünde ist Tod“. Wo Sünde besteht, ist das Paradies, das Gott geschaffen hat, verhüllt und kann sich nicht offenbaren.

Aber das bedeutet nicht, daß die von Gott geschaffene Welt der wahren Wirklichkeit verschwunden oder vernichtet worden ist. Nein, nur ihre *Erscheinung* ist verdeckt und unsichtbar gemacht worden. Die vollendete, vollkommene, friedliche und geistige Welt besteht HIER und JETZT, nur verstehen das die Menschen nicht. Statt dessen sorgen sie sich ab, fürchten und hassen einander. Alle diese schlimmen Empfindungen sind verkörpert in der Welt des Leidens, wie eine buddhistische Sutra besagt. In Saddharma Pundarika heißt es: „Auch wenn Menschen sehen, wie diese Welt in wilden Schicksalsflammen aufgeht, so ist doch *Mein* Königreich im Frieden und von himmlischen Wesen erfüllt; nur die Menschen denken, es sei abgebrannt und von Leid erfüllt."

Dort wo Mißgeschick und Unglück in der Menschheit walten, befinden sich „Täuschungen" des Rassenbewußtseins, des Nationaldünkels oder sonstigen Hasses, lauter Täuschungen, die die Wirklichkeit verhüllen. Bei persönlichem Uglück ist der Grund dafür in einer individuellen „Täuschung" oder „Sünde", welche die Wirklichkeit überdeckt", zu suchen. Die persönliche Geschichte eines Menschen ist der Spiegel seines individuellen Geistes; die Weltgeschichte ist der Spiegel des die Welt beherrschenden Geistes.

— — —

Sünde formt sich zur Gestalt

Manche Menschen sagen, daß „Sünde nicht immer bestraft wird, und daß es mithin keine göttliche Bestrafung gibt", und bringen Beispiele, in denen es sündigen Menschen äußerst gut geht. Auch Seicho-No-Ie glaubt nicht an göttliche Strafe. Gott straft nie, aber die Sünde, (die Verhüllung der Wahren Wirklichkeit), vergegenständlicht sich in konkrete Form und wirft diese in den Spiegel der Außenwelt. Zur Zeit Jesu gab es einige, die ihn fragten, ob zwischen Sünde und Unglück ein kausaler Zusammenhang bestünde, so daß sich daraus Unheil und Krankheit ergeben könne. Jesus antwortete und sprach zu ihnen: „Meint ihr, daß diese Galiläer vor allen Galiläern Sünder gewesen sind, dieweil sie das erlitten haben? Ich sage: Nein; sondern so ihr euch nicht bessert, werdet ihr alle auch also umkommen. Oder meint Ihr, die achtzehn, auf welche der Turm in Siloah fiel und erschlug sie, seien schuldig gewesen vor allen Menschen, die zu Jerusalem wohnen? Ich sage: Nein; sondern so ihr euch nicht bessert, werdet ihr alle auch also umkommen." (Lukas, Kapl. 13: 2–5). In seiner philosophischen Sittenlehre predigte Jesus, daß die Sünde zur Gestalt wird, und daß, wenn man seine Taten nicht bereut (d.h. wenn man nicht umkehrt zum wahren und somit *besseren* Selbst), dann wird die Zeit kommen, wo die Sünden sich selbst aufdecken werden, um den Menschen dann ins Unglück zu bringen.

Zu Beginn des 9. Kapitels Johannes' fragten die Jünger: „Meister, wer hat gesündiget, dieser oder seine Eltern, daß er ist blind geboren?" Jesus antwortete: „Es hat weder dieser gesündiget noch seine Eltern, sondern daß die Werke Gottes offenbar würden an ihm". Das bedeutet: Es gibt kein Kausalgesetz in der geistigen Welt der Schöpfung Gottes, die wir Wirklichkeit nennen, wohl aber gibt es ein Kausalgesetz zwischen Sünde und Unglück; weil nämlich die Sünde die Wirklichkeit verhüllt, so wirft die Sünde ein unvollkommenes Bild (Unglücksfälle) auf die Außenwelt, und zwar dann, wenn wir nicht bereuen. Denn wenn wir nicht bereuen, werden unsere schlimmen Gedanken und Vorstellungen nicht verschwinden und werden zur sinnlichen Erscheinung nach dem Gesetz, daß „Idee zur Form wird". Oder aber, die nicht bereuten schlimmen Gedanken sammeln sich an in einem verborgenen KARMA, das darauf wartet, zur Erscheinung in unserer physischen Welt zu werden, um sich dann selbst zu bestrafen.

Warum offenbart sich die Sünde in der physischen Welt? Nicht weil sie sich selbst bestätigen will. Sünde ist stets „Verhüllung der Wirklichkeit", daher wollen wir den Ausdruck „Verhüllung" anstelle des Wortes Sünde zum besseren Verständnis gebrauchen. Eine Umhüllung ist eine Verdeckung, welche man aufdecken muß, um den Inhalt herauszubekommen. Die Umhüllung ist nicht wichtig. Wenn man aber das Umhüllte im Dunkel läßt, ohne es zu „enthüllen", dann wird die große Wahrheit, die innen drin ist, niemals ans Tageslicht kommen. Wenn aber statt dessen das Umhüllte ins Licht gebracht und aufgedeckt wird, dann wird sich die Vollkommene Wahrheit oder der Sohn Gottes uns zeigen.

Ein Blinder ist nicht blind als Strafe für seine Sünden. Man kann statt dessen sagen, daß er blind ist, um die Werke Gottes zu offenbaren. Die Sünde wird zur Form, damit sie sich selbst vernichtet. Eine Verhüllung zeigt sich, damit sie aufgedeckt wird. Eine Krankheit erscheint, damit sie geheilt wird. Wenn die Füße „einschlafen", empfindet man es als unangenehm, wenn sie sich allmählich wieder erholen. Somit kann man sagen, daß die Sünde sich in dieser Welt konkret materialisiert, nicht um sich selbst zu bestätigen, sondern „um die Wirklichkeit, die Gott geschaffen hat, zu offenbaren".

Wie erwähnt: Wenn die Sünde sich zum Unglück auswirkt, dann geschieht dies nicht darum, weil sie ihre Existenz in dieser physischen Welt zeigen will, sondern um Gottes Werke zu offenbaren, d.h. die vollkommene Wirklichkeit, die Gott geschaffen hat. Wenn man sie bereut, d.h. wenn der menschliche Geist sich zur Wahrheit bekehrt hat, d. a. W. wenn man durch eigene Erfahrung erkennt, daß „ich ein Sohn Gottes bin“ und die Wirkliche Welt, die Gott geschaffen hat, erschaut, dann wird man der Sünde Herr, und die Umhüllung wird sich lösen, damit die Wirklichkeit ans Licht kommt. Dann kommt es nicht darauf an, was für eine Gestalt, Muster oder Farbe die Umhüllung (Sünde) hatte. Die Umhüllung wird abgenommen und fortgeworfen, ohne darauf zu achten, wie sie gestaltet war.

— — —

5. Kapitel

GRUNDBEDINGUNG FÜR LEBEN UND WELTFRIEDEN

Harmonie ist die Grundlage aller Dinge

Es besteht kein Zweifel darüber, daß die Tatsache der „Schlange, die den Frosch verschlingt" in der Welt existiert. Als ich einmal genau diesen Vorgang des Kampfes ums Dasein und den Sieg des Stärkeren über den Schwachen beobachtete, dachte ich darüber sorgenvoll lange Zeit nach, denn ich konnte damit nicht die Güte und Harmonie, die doch in der Welt bestehen sollte, vereinbaren. Zu dieser Zeit war es mir unmöglich, den Kampf ums Dasein und die Vernichtung der Schwachen durch die Starken zu leugnen. Mein Betrachten dieses dunklen beklagenswerten Schattens in der Tiefe des Lebens und die Überlegung, wie sich solches erklären ließe, nahm lange Zeit in Anspruch. Zu jener Zeit schrieb ich eine Sammlung von Abhandlungen, betitelt „Der heilige Pfad" und einen Roman „Ich richte Gott". Judas, der Held dieses Romans, fragte: „Wenn das All von einem gütigen Gott geschaffen wurde, warum gibt es dann die Grausamkeit, daß ein lebendes Wesen das andere auffrißt, wie z. B. die Schlage, die den Frosch verzehrt. Warum vernichtet der Stärkere den Schwächeren? Warum gibt es Krieg, Krankheit, Leiden Tod usw.? Dieser Roman enthielt alle nur möglichen negativen Betrachtungen eines Atheisten, der Gott richtet und verleugnet. (Daher der Titel: „Ich richte Gott".)

Der Roman wurde am 1. September 1902 veröffentlicht und in die Groß- und Kleinhandels-Läden verschickt. Aber alle Kopien wurden in dem großen Erdbebenfeuer im Kwanto-Bezirk an dem Tage vernichtet, als sie erschienen. Das Buch, das Gott verurteilte und verleugnete, wurde von Gott entgegengesetzt verurteilt und vernichtet, bevor es in andere Hände kam.

Bei meiner Rückkehr nach Kobe nach dem Erdbeben sollte ich eine psychische Zeitschrift herausgeben, denn ich beschäftigte mich zu jener Zeit viel mit Lesen und Meditieren. Plötzlich ging mir die Wahrheit auf, und mein Trübsinn verschwand. Diese unsere physische Welt, die wir mit den fünf Sinnen wahrnehmen, ist gar nicht die Schöpfung Gottes. Ich hatte ein großes Unrecht begangen, als daß ich Gott anklagte und sogar verurteilte. Diese mit unseren Sinnen wahrnehmbare Welt haben wir selbst in unserem Geiste geschaffen. Gott ist die Liebe und ist barmherzig. Die Wirkliche Welt, die Gott in seiner Weisheit, Liebe und Güte geschaffen hat, ist von ewiger Harmonie erfüllt. Die Wirkliche, die Vollkommene und Ewige Welt, ist *immer* da. Dies ist die hohe Wahrheit, die ich damals entdeckte. Gleichzeitig erkannte ich „das Wahre Selbst". Das Wahre Selbst ist die von Ewigkeit Erleuchtete Gottessohnschaft. Ich fand heraus, daß es Gott war, der von Uranbeginn in unendlicher Weisheit, Liebe und Leben da war. Die Wirkliche Welt der Wahren Wirklichkeit, ist die Gotteswelt oder Buddha's Heiligtum. Die uns sichtbare Welt, die mit Jammer und Leid angefüllt ist, wozu auch die Tatsache der den Frosch verschlingenden Schlange gehört und der Sieg des Stärkeren über den Schwächeren, ist keineswegs die Wirkliche Welt. Unsere mit Leiden erfüllte Welt ist nur der Schatten, den unser Geist wirft und nicht die wirkliche von Gott erschaffene Welt. Obgleich es so scheint, daß diese Welt mit Jammer und Krankheit, Blutvergießen und fortdauernden Vernichtungen der Schwachen durch die Stärkeren angefüllt ist, so besteht doch die Wahre von Gott geschaffene Welt *hier* und *jetzt*, und wir sind Kinder Gottes, von Urbeginn an. In uns selbst ruht das ewige Leben, die unendliche Weisheit, die endlose Fülle. Wie ein Blitz flammte es in meiner Seele auf, als ob der Himmel selbst mich erleuchtet hätte: Hier ist die Wahre Welt und das Wahre Selbst. Körper und Umgebung sind nur Schatten, die unser Geist in diese sichtbare Welt des Raumes wirft. Dieser erleuchtende und inspirierte Glaube ist der Grundgedanke von Seicho-No-Ie.

Zu jener Zeit, wie gesagt, arbeitete ich an einem psychischen Journal, ich beendete die Arbeit in zehn Tagen, darum blieben mir die verbleibenden zwanzig Tage des Monats für meine eigenen Arbeiten. Die Herausgabe des Journals brachte nichts ein, die Mitarbeiter arbeiteten ohne Bezahlung, auch ich bekam nichts für meine Bemühungen. Meine Mutter, die sehr fleißig und sparsam war, hielt keine Zeitung. Meiner Mutter muß ich als sehr faul und müßiggängerisch erschienen sein als ich zwanzig Tage lang nichts anderes tat als Lesen und über psychische Dinge meditieren. Sie beklagte sich darüber und sagte, daß ich meine Zeit damit verschwendete, nichts zu tun. So dachte ich daran, mir eine bezahlte Stellung zu suchen, aber so leicht und schnell konnte ich nichts finden. Es war kurze Zeit nach dem großen Erdbeben im Kwanto-Distrikt, und die Menschen waren eifrig bemüht, Handel und Wandel wieder aufzubauen, so daß sie kaum Zeit zum Lesen hatten, daher war es also nichts mit Literatur. Durch Schreiben konnte ich mir keinen Lebensunterhalt schaffen. Endlich entschloß ich mich, irgend etwas anderes zu finden, um Geld zu verdienen. Meine Gedanken verliefen folgendermaßen: „Die Welt ist ein Produkt unseres Geistes. Der Mensch ist „ein Sohn Gottes", der unendliche Fülle in sich hat, darum ist Arbeitslosigkeit unmöglich, sie ist nur der Schatten unseres eigenen Geistes. Vom Standpunkt der Wahren Wirklichkeit aus gesehen, wo es keine Arbeitslosigkeit gibt, habe ich eigentlich schon eine Stellung. Wenn ich also wahrhaft glaube und bete, dann werde ich sicherlich eine Beschäftigung bekommen, da ja die sichtbare Welt der Schatten unseres Geistes ist". Somit bat ich niemanden um eine Stellung, sondern saß ruhig da und wartete in dem Gefühl, daß ich ja eigentlich schon eine Stellung hätte. Das war optimistisch gedacht, aber ich glaubte daran. Ich schrieb auch darüber in einem Blatt, das mein Freund herausgab. Einige Leser waren entsetzt über meine Gefühle. Einer von ihnen lebte in Formosa und war mir sehr freundschaftlich gesinnt, weil er meine Serie von Abhandlungen „Der Heilige Pfad" gelesen hatte. Er sandte mir zu jeder Jahreszeit einschlägige Formosa-Erzeugnisse mit einem freundlichen Gruß. Aber auch er war mit meinem Artikel unzufrieden. Er sandte mir eine Postkarte, auf welcher stand, daß ich ein Phantast sei, und von da an sandte er nichts mehr von den Formosa-Produkten. Die Menschen also verurteilten mich und dachten, wie töricht es von mir sei, in meinem Zimmer zu sitzen und zu glauben, daß ich ja eigentlich schon eine Stellung hätte. Aber ich meinte es ernst. Einen vollen Monat lang saß ich da und überlegte, daß ich schon eine Stellung hätte. Mit Gottes Hilfe und der

Kraft, die den Menschen durchfließt, sollte es doch eine Möglichkeit geben, meine Fähigkeiten zu verwenden. Wenn ich an meine Gotteskindschaft und die Wirklichkeit des Lebens in mir denke, so wird die Möglichkeit, meine Fähigkeiten und mein Leben nutzbringend anzuwenden, schon kommen. So glaubte ich also und meditierte ruhig weiter über die Wahrheit des Lebens.

Als der Monat herum war, fand ich einmal eine Nummer der Asahi-Zeitung vor mir liegen. Ich beschloß, sie durchzulesen. Wenn ich zu jener Zeit eine Zeitung las, griff ich zuerst nach dem Romanteil, um mich an der Abfassung, dem Stil, der Schönheit und der Schattierung gewisser Satzzusammensetzungen zu ergötzen. Wie schon erwähnt, war meine Mutter zu sparsam, um eine Zeitung zu abonnieren. So war es eigentlich ein Zufall, daß eine Zeitung im Hause war, wie vom Himmel gefallen. Gottes Hand veranlaßte mich, die Zeitung zu lesen. Ich las drei oder vier Zeilen des Romanteiles, dann fiel mein Blick auf den Absatz darunter: „Gesucht wird ein erfahrener Übersetzer". Interessenten wurden gebeten, ihren Lebenslauf in Englisch und Japanisch an eine bestimmte Postschließfach-Nummer einzusenden. Ich bewarb mich sofort. Zu der Zeit, als ich dachte, daß meine Bewerbung dort angekommen wäre, erschien ein Bürobote, um mir zu sagen, daß der Geschäftsleiter mich sprechen wolle.

Man muß nun bedenken: plötzlich kam eine Zeitung in ein Haus, in dem keine Zeitungen gehalten wurden. Ohne daß ich die Arbeit gehabt hatte, den Stellungsteil zu sehen, denn ich las ja nur den Roman, fand ich gerade darunter ein Stellungsangebot, das mit zusagte. Selbst wenn man das Leben realistisch betreibt und eifrigst den

Stellungsteil durchliest, auch dann ist es nur selten möglich, ein solches Angebot zu finden. Aber ich hatte ja im Geiste angenommen, daß ich das Angebot einer Stellung bereits hätte, und las also nur den Roman. Die Widerspiegelung meiner ruhigen geistigen Einstellung *brachte* mir die Möglichkeit einer passenden Stellung. An diesem Vorfall kann man erkennen, wie die Welt der fünf Sinne nur der Schatten unseres Geistes ist.

Am folgenden Tage wurde ich durch den Brief des Geschäftsleiters zu der Firma bestellt. Ich sollte ein Buch über Maschinerie übersetzen. Mit meiner Übersetzung ging ich zu dem Geschäftsleiter. Dieser sagte mir, ich solle am nächsten Tage wiederkommen, weil sich noch mehrere andere Bewerber um diese Stellung bemüht hatten. Am nächsten Tage sagte er zu mir: „Sie schrieben in Ihrer Bewerbung, daß Ihnen ein Gehalt von 100 Yen erwünscht wäre, aber ich biete Ihnen 170 Yen. Bitte, nehmen Sie die Stellung an. Unser Präsident ist ein Engländer, ich werde Sie mit ihm bekanntmachen. Wenn er Sie nach Ihren Gehaltsansprüchen fragt, so sagen Sie ihm, Sie möchten 170 Yen erhalten." Bescheiden wie ich war, hatte ich gedacht, ich könnte mit 100 Yen auskommen, und daß auch meine Mutter damit zufrieden wäre, hatte also in meiner Bewerbung geschrieben „100 Yen". (Im Jahre 1903 war ein solches Gehalt für einen Durchschnitts-Japaner reichlich.) Und nun bot man mir 170 Yen, und ich sollte dem Präsidenten der Gesellschaft mitteilen, daß ich 170 Yen zu erhalten wünschte.

Als Phantast lächerlich gemacht, hatte ich einen Monat lang jeden Tag eine halbe Stunde lang gebetet, in dem Glauben, daß mir eine passende Stellung schon zukommen werde, und so war es nun auch gemäß meiner geistigen Einstellung eingetroffen. Dies war der Ursprung des SHINSOKAN – Gebet für die Meditation, das ich gleich erklären will.

Der Mensch ist von Urbeginn an ein Sohn Gottes, darum gibt es für ihn weder Arbeitslosigkeit noch Unglück. Am Anfang gab es die Tatsache nicht, daß der oder das Schwache dem Starken zum Opfer fällt. Alles was wir benötigen, wurde uns bereits gegeben. Nur diejenigen, die diese große Wahrheit nicht erkennen, erfahren Arbeitslosigkeit und verbreiten sie, stellen sich unglückliche Umstände vor und bereiten Unglück, bilden sich Not ein und führen ein Leben in Not und Entbehrung, alles ihrer Vorstellung gemäß. Der Beweis liegt durch viele Erfahrungen dafür vor, daß diese Lebensumstände nur Widerspieglungen des Menschengeistes sind, in Wirklichkeit jedoch gar nicht existieren.

Die Firma, bei der ich beschäftigt war, erwies sich als eine Erdöl-Gesellschaft. Ich mußte Übersetzungen über Behandlung von Maschinen anfertigen, wie sie gebaut waren, warum sie eine ganz bestimmte Art Brennöl verlangten, usw. Ich hatte aber Literatur und nicht Maschinenwesen studiert. Die Übersetzungen waren schwierig, da ich nur geringe Kenntnisse auf maschinentechnischem Gebiete hatte. Meine einzige Waffe war meine gute Kenntnis des Englischen, die mir bei genauester und feinster Übersetzung half. In der technischen Abteilung der Gesellschaft befand sich ein erfahrener alter Ingenieur, der die Technische Hochschule absolviert hatte und bei einer bekannten Konstruktionsfirma lange tätig gewesen war, ein Prahlhans, der aus dem Ausland zurückgekehrt war. Ferner befanden sich dort viele Mitarbeiter, die praktische Kenntnisse im Verkauf besaßen. Da alle diese Leute die Übersetzer mit scharfer Kritik beobachteten, mußten wir doppelt darauf bedacht sein, die Übersetzungen so präzise wie möglich auszuführen. Ich hörte, daß mein Vorgänger einmal ein japanisches Wort benutzte, das man HEI-SHA ausspricht und das „unsere Gesellschaft" bedeutet. Aber das erste Zeichen war falsch gedruckt (ausgesprochen HEI), was „Papier" bedeutet. Es war nur ein leichter Druckfehler. Nun sah aber ein mißgelaunter Verkaufsagent diesen Fehler und schrieb deswegen einen Brief an den Generalpräsidenten, deutete auf den Fehler im Englischen hin und sagte: „Wie kann man einen Übersetzer beschäftigen, der Petroleum-Gesellschaft mit Papiergesellschaft übersetzt?" Es war für den Engländer unmöglich zu verstehen, wie solch ein Irrtum hatte stattfinden können, und so entließ er jenen Übersetzer.

Derartige winzige Irrtümer wurden reich verspottet. Ohne jede Kenntnis von Maschinerie und fortdauernd unter den Augen der vielen erfahrenen Mechaniker mußte ich beim Übersetzen und Durchlesen der Korrekturbogen äußerst vorsichtig sein. Dadurch wurde ich sehr ermüdet, und das schadete meiner Gesundheit. Zu jener Zeit besuchte mich ein Vertreter einer Lebensversicherungsgesellschaft, um mich als Kunden zu gewinnen. Ich beantragte eine 10 000 Yen Versicherung in dem Gedanken, daß im Falle meines Todes meine Familie genug zum Leben haben würde. Aber nach sorgfältiger körperlicher Untersuchung lehnte der Versicherungsarzt meine Bewerbung ab; ich war wirklich körperlich schwach zu jener Zeit.

Jeden Abend nach acht- bis zehnstündiger Arbeit (die

exakt und sorgfältig ausgeführt werden mußte), kam ich todmüde nach Hause und überzeugte mich nach und nach, daß dies nicht die richtige Arbeit für mich sei; meine Befähigung lag auf anderem Gebiet. Ich konnte dem Gedanken nicht wehren, daß meine neue Lebensanschauung, die ich mir durch meine religiösen, philosophischen und literarischen Studien erworben hatte, der Welt Erleuchtung bringen könnte. Ja, ich war fest davon überzeugt, daß meine Lebensaufgabe darin läge. Jedoch mein philosophisches Denken steckte noch in den Kinderschuhen, und so dachte ich, meine Arbeit bei meiner Firma zugleich mit meinen Studien zur Welterneuerung vertrügen sich nicht mit einander, zumal bereits meine Gesundheit darunter litt. „Aber", so sagte ich mir, „trotz der Ermüdung am Abend kann ich doch unsere täglichen Ausgaben vom Gehalt abziehen und den Rest sparen, so daß ich nach Ablauf von zehn Jahren mir genug erspart haben konnte, um meine Stellung aufzugeben. „Dann", so dachte ich, „will ich mit der Welterneuerung beginnen und ein diesbezügliches Monatsblatt herausgeben."

Aber was geschah? Zweieinhalb Jahre nach dem Erdbeben-Unglück kam ein Dieb und stahl meine Ersparnisse, nichts blieb davon übrig. Nach weiteren zweieinhalb Jahren geschah dasselbe, und wieder blieb ich ohne einen Pfennig. Diesmal aber erwachte mein Geist. „Jetzt, jetzt", so sagte eine innere Stimme zu mir, „jetzt ist die Zeit, damit anzufangen, es gibt keine andere Zeit als *jetzt*. Warum denkst du immer, du mußt erst Geld, genügend Zeit und Körperkraft besitzen, bevor du anfängst, der Welt die neuen Kenntnisse zu bringen? Weißt Du noch immer nicht, daß die Welt nur der

Schatten des Geistes ist? Dein Wahres Selbst ist von Ewigkeit an göttlich; du verfügst über unendliche Macht und Fülle. Du widersprichst dir selbst mit deinen zweifelnden Gedanken. Du willst doch der Welt diese unendliche große Wahrheit verkünden? Also mußt du es jetzt und gleich tun!" Unmittelbar danach begann ich eine Zeitschrift mit dem Titel „Die Seicho-No-Ie", herauszugeben, obwohl ich noch bei der Firma arbeitete.

So wurde also „Die Seicho-No-Ie" ins Leben gerufen. Die erste Ausgabe erschien vor ca. 27 Jahren. Die Erkenntnis: „Beginne JETZT" wurde mein Motto seit jener Zeit, und die religiöse Wahrheit wurde von selbst mein Lebensinhalt. Die Erkenntnis durch Erfahrungen der Wahrheit des GAUTAMA-Wortes: „Die Welt ist eine Erschaffung des Geistes" sowie „Jeder Mensch besitzt eine göttliche Natur (oder Buddhaschaft) in sich selbst" erschien nicht nur als buddhistische Philosophie, sondern als lebendige Tatsächlichkeit.

Bis zu jener Zeit dachte auch ich, daß religiöse und philosophische Erleuchtung in nichts anderem bestünde als eine solche Theorie niederzuschreiben und sie zur Bewunderung durch andere in Predigten und Büchern zur Kenntnis zu bringen. Religiöse Menschen, so dachte ich, seien diejenigen, die an solchen Dingen Interesse nähmen. Die verschiedenen Religionsgemeinschaften waren aber bis jetzt außerstande der Menschheit zu helfen, weil sie daran glaubten, daß Religion lediglich bedeute, über Gott in Büchern und von der Kanzel aus zu predigen, über göttliche Philosophie zu schreiben und die Menschen durch Erzählungen sentimental religiöser Art zu beeindrucken. Aber wie eindrucksvoll man auch immer die Bibel und die Sutren auf Papier erklären mag, so ist es doch unmöglich, die Welt auf diese von Menschen geschaffene Weise durch die Lehren Christi oder Gautamas zu erleuchten. Bis jetzt dachten die religiösen Prediger, daß derartige Beschreibungen „Religion" bedeuteten. Auf diese Art wurde Religion vom tatsächlichen Leben getrennt und wurde nur als Beschäftigung in Mußestunden für solche anerkannt, die Muße genug hatten.

Es gibt viele religiöse Bücher, von denen manche von wirklich tugendhaften, gelehrten Männern verfaßt waren. Was sie darin sagen, ist zum größten Teile zutreffend. Jedoch sind sie lediglich Buch- und Kirchenreligion, weil entfernt vom wirklichen Leben, weil sie nicht ausrufen: „Wachse *jetzt!*", denn sie haben sich die Tatsache noch nicht vergegenwärtigt, daß die ewige Buddha-heit *schon* jetzt in uns da sei. „Der ewige Gott ist *jetzt* in mir!" Sie verstehen nicht, wie man „diese ewige Buddha-heit und den ewigen Gott im praktischen Leben in Körper und Geist erfahren kann. Ich selbst bildete bis dahin keine Ausnahme.

Religion verblieb somit lediglich Sentimentalität und philosophische Meditation, aber die Erkenntnis: „Erhebe Dich *Jetzt!*", wandelte Religion in praktisches Leben um. Dies ist die eigentliche Bedeutung von Seicho-No-Ie. Der Unterschied zwischen vollkommener Religion und der neuen Offenbarung von Seicho-No-Ie ist gering, aber gerade dieser kleine Unterschied ist entscheidend. Sobald diese Schranke durchbrochen ist, wird Religion wirkliches Leben, bis dahin bleibt sie Kirchen- und Buchglaube. „Lebt das Leben Gottes *Jetzt!*" Das ist es, was wichtig ist.

Viele Christen glauben, Christus sei allein der Sohn

Gottes, aber gerade Christus lehrte uns „Unser Vater, der Du bist im *Himmel!*“ Das bedeutet, daß wir alle, nicht nur Jesus allein, Gotteskinder sind. Wir haben unendliche Kraft von Gott her in uns, weil wir Gotteskinder sind. Wenn wir diese Wahrheit erkennen und Gottes Leben *Jetzt* erleben, in jedem Augenblick, dann wird unendliche Kraft aus unserem Innern fließen. Obwohl ich todmüde von meiner Arbeit zurückkam, so verspürte ich doch bemerkenswerte Energie und erheblich bessere Gesundheit, sobald ich mir vorstellte, ich sei ein Sohn Gottes, und in diesem Gefühl zu schreiben begann. „UNENDLICHE MACHT lebt in mir JETZT. Das Unendliche Leben ist JETZT schon da. Mir ist JETZT unendlicher Reichtum gegeben.“ Alles war gut, als ich wahrhaft verstand, daß unendliche Kraft JETZT in mir wohnt.

Ich fuhr fort mit der Veröffentlichung von „Die Seicho-No-Ie“. Die dritte Ausgabe ging in die Welt hinaus, dann die vierte ... Nach der sechsten Ausgabe begannen sich Wunder zu offenbaren. Ich bekam einen Brief, der besagte: „Nach dem Lesen ihrer Zeitschrift wurde ich von meiner Krankheit geheilt.“ Die Anzahl der Leser, die mir Dankesbriefe sandten, vergrößerte sich, je mehr Nummern der Zeitschrift herauskamen. Anfangs wunderte ich mich über solche Geschehnisse, die mir seltsam erschienen. Beim weiteren Nachdenken jedoch war ich nicht mehr erstaunt. Wenn GAUTAMA recht hatte mit seinem Wort: „Die Welt ist Widerspieglung unseres Geistes“, dann müßten die Menschen, die sich durch das Lesen unserer Zeitschrift weiterentwickelten, sich auch in ihrer Gesundheit und in ihren Lebensumständen verbessern. Jetzt, wo soviele Menschen geheilt worden sind, betrachtet man Seicho-No-Ie als eine Religion, die Krankheiten heilt, aber dem ist bei weitem nicht so. Ich hatte immer eine starke Abneigung gegen Kranke. Mein Vater wollte, daß ich Arzt werden sollte, aber ich wandte mich statt dessen der Literatur zu. Jetzt werden viele, die meine Abhandlungen lesen, dadurch so stark bewegt, daß sie sich in ihrer Lebensanschauung völlig ändern, dadurch beginnen, ein helleres, heiteres Leben zu führen, und somit von ihren Krankheiten geheilt werden.

Manche Menschen betrachten Seicho-No-Ie als eine Religion. Das mag jeder halten, wie er will; ich selbst betrachte die Lehre als eine außerkonfessionelle erleuchtende Wahrheitsverkündigung auf dem Wege literarischer Produktion. Es mag seltsam erscheinen, meine eigenen Schriften zu verherrlichen, aber die wunderbare Macht meiner geschriebenen Worte im Japanischen (ich weiß nichts über die engliche Ausgabe) beeindruckt die Leser so sehr, daß ihre Gemütsart sich völlig ändert und sie dadurch von ihren oft schweren Krankheiten geheilt werden. Es ist mir nicht bekannt, ob solche Schriften jemals auf religiösem Gebiete veröffentlicht worden sind. Es sind keine Aufsätze, durchaus keine leichte Prosa und sicherlich kein Roman, doch der Inhalt beeindruckt die Leser so stark, daß sie dadurch von ihren Beschwerden geheilt werden.

Ganz sicher heilt nicht Seicho-No-Ie selbst die Krankheit, doch Stil, Ton, Rhythmus, die Schattierungen im Ausdruck und die edle, schonende Weise im Nahebringen der Wahrheit, dies alles besitzt die Kraft, den Geist zu läutern, ist also zum Vorlesen und Durcharbeiten in verschiedenartigen Schulen als Hilfsmittel zur Erziehung geeignet. *Wenn der Geist sich wandelt, wird auch die Krankheit geheilt, gewissermaßen als Beigabe.*

Wie betrachtet eigentlich Seicho-No-Ie den Begriff „Krankheit?“ Sie sagt, daß „Krankheit“ an sich gar nicht existiert. Krankheiten, Unglücksfälle und elende Lebensumstände gibt es nicht, obwohl es so aussieht, als ob sie „wirklich“ da sind.

Zu der Zeit, als ich „Der heilige Pfad“ schrieb, dachte ich noch, daß ein Geschehen, wie etwa die Schlange, die einen Frosch verschluckt, tatsächlich stattfände, dann aber, als ich „die Seicho-No-Ie“ zu schreiben anfing, wurde mir klar, daß solches und ähnliches nur eben „Schatten des Geistes“ sei, keinesfalls echte Wirklichkeit. Bis dahin hatte ich gedacht, daß die Disharmonie unter den Geschöpfen z. B., daß der oder das Schwache dem Stärkeren zum Opfer fällt, tatsächlich bestünde, doch jetzt ist es mir klar, daß ich mit dieser Ansicht Unrecht hatte. Dem Auge erscheint es so, als werde der Frosch von der Schlange verschluckt, aber die wirkliche Schlange verschlang keinen Frosch. Doch diese Tatsache können wir nur aus geistiger Sicht erfassen, nicht mit den Sinnen.

Als ich neulich im Saal der Hochi-Presse sprach, brachte ich Erzählungen von wiedergewonnener Harmonie zwischen Menschen und Mäusen, Menschen und Ameisen, Menschen und Wanzen, Hunden und Läusen, und betonte, daß lebende Dinge, die uns unangenehm und gefahrbringend erscheinen, harmlos werden können je nach der Einstellung unseres Geistes. Dies aber kommt nicht von einer magischen Formel „etwas Übles abzuschließen“, wie man oft sagen hört, denn „ab — oder einschließen“ bedeutet, etwas dazu zu zwingen, drinnen zu bleiben. Aber Seicho-No-Ie schließt nichts aus oder ab, um es so zum Drinnenbleiben zu zwingen. Mäuse, Hundeläuse und Bettwanzen taten deshalb keinen Schaden mehr, weil sie zu ihren eigenen Wohnplätzen zurückkehrten und in das Gebiet der Menschen nicht mehr eindrangen. Jedes lebende Wesen hat seinen eigenen Wohnsitz, der zu ihm paßt, und wenn wir uns diese wirkliche Welt der Harmonie, wo niemand und nichts dem anderen schadet, im Geiste tragen, dann ist dieser Zustand der Harmonie auch in der physischen Welt erreicht, die ja doch nur eine Schöpfung unseres Geistes ist. Gautamas ideale Religionslehre ist nicht nur Philosophie, denn ein so unharmonischer Zustand, daß der eine den anderen angreift und ihm schadet, wird durch die stete Ausübung der SHINSOKAN-Meditationen und -Gebete ausgelöscht. Dies ist also auch der maßgebende Gesichtspunkt von Seicho-No-Ie's SHINSOKAN, das sich nicht nur auf Mäuse, Wanzen und Läuse erstreckt. Die sich bekämpfende selbstherrliche Welt, in der die Menschen um ihre Existenz kämpfen müssen, und wo die Schwachen Opfer der Stärkeren werden, wird verschwinden, wenn wir die ewige Harmonie der Wirklichen Welt erkannt haben, und diese Harmonie wird unser in dieser physischen Welt werden, sobald wir diese als Widerspieglung der Wirklichen Welt erkennen. Dies ist eine Tatsache aus bestätigendem Augenschein, wie es viele unserer Anhänger erlebten. Seicho-No-Ie's Theorie kann vom Standpunkt der Verwirklichung aus eine Wissenschaft genannt werden, denn sie basiert auf Tatsachen, die durch Erfahrungen bewiesen wurden.

Die tatsächlichen Berichte über die ursprüngliche Harmonie in der Wirklichen Welt, verkörperlicht durch die

Beschreibung von Ameisen, Mäusen und Läusen, die zu ihren eigenen Wohnbezirken zurückkehrten, wurden im vergangenen Jahre in der Hochi-Halle erzählt. Im Folgenden kommen einige Berichte darüber, wie völlige Harmonie im Heim wieder hergestellt wurde, und wie ein entarteter Mittelschüler ein ausgesprochen lernbegieriger Junge wurde, zusammen mit etlichen selbsterlebten pädagogischen Erfahrungen.

Der Fall des entarteten Mittelschul-Schülers

Der Sohn des Leiters einer Dampfschiffahrtsgesellschaft, Schüler der Mittelschule, bekam schlechte Zeugnisse in seiner Schularbeit im 3. Jahr (9. Grad), wurde daraufhin übellaunig und verwilderte schließlich ganz und gar. Da er aus wohlhabendem Hause stammte, verführten ihn seine Rowdy-Kameraden immer weiter und erpreßten Gelder von ihm. Sie nahmen ihn mit zu Bar-Räumen und Tanzlokalen. Dies kam zu Ohren der Schulbehörde, und der Junge wurde von der Schule verwiesen. Seine Eltern waren darüber sehr bekümmert und ermahnten ihn ernstlich immer wieder, doch je mehr sie ihn ermahnten, desto schlimmer wurde er aus Trotz und Eigensinn. Seine besorgte Mutter stieg eines Tages auf zum Mt. Maya und betete AVALOKITESVARA. Eine Freundin, die sie begleitete, beendete ihre Andacht und schickte sich an, wieder herunterzusteigen und verlor dabei die Mutter des Jungen aus den Augen. Sie schaute sich nach ihr um und fand sie in der inneren Tempelkammer tief in Gebet versunken. Die Mutter betete ca. eineinhalb Stunden lang, dann gingen beide wieder nach Hause zurück. Als sie den Berg herunterstiegen, dachte die Mutter des Knaben daran, eine Bekannte in Noyori aufzusuchen, die Anhängerin von Seicho-No-Ie war. Sie erzählte ihr kummervoll von ihrem Sohn. Die Freundin fragte: „Warum gehst du nicht zu „Seicho-No-Ie“ in Sumiyoshi, um sie um Rat zu bitten?“ (Die Zentrale von Seicho-No-Ie war damals noch in Sumiyoshi und noch nicht in Tokio.)

„Was ist Seicho-No-Ie?“, fragte die Mutter. „Ist es eine Besserungsanstalt?“

„Nein, eine Besserungsanstalt ist es nicht“. Die Freundin zeigte ihr dann eine Abschrift meines Buches „Leben aus dem Geiste“, die auf dem Pult neben ihr lag. „Seicho-No-Ie veröffentlicht viele Bücher dieser Art. Wenn du eines dieser Bücher liest, wird sich alles um dich herum bessern. Man kann viel daraus lernen!“ Die Mutter staunte über die Mitteilung und beschloß, die Seicho-No-Ie-Zentrale aufzusuchen.

Beim Anhören ihres Berichtes über ihren Sohn bemerkte ich, daß sie selbst am meisten dabei zu tadeln war, denn sie sprach schlecht über ihn. Sie sagte, es gäbe niemanden, der schlechter wäre als ihr eigenen Sohn. „Ähnelt er nicht einem Kino-Bösewicht?“ fragte sie, als sie von ihrem Sohne sprach.

„Zu allererst müssen Sie sich selbst in Ihren Gedanken ändern“, sagte ich ihr. „Denken Sie niemals, daß Ihr Sohn schlecht sei. Zudem glaube ich, daß jemand Ihrer Familie feindlich gegenübersteht. Versöhnen Sie sich vorerst mit dieser Persönlichkeit!“ Sie dachte ernsthaft darüber nach und erzählte mir dann folgendes:

„Mein Mann verdankt seinen Erfolg dem früheren Direktor seiner Gesellschaft, deren Direktor jetzt mein Mann geworden ist. Dieser frühere Direktor, ein Wohltäter meines Ehemannes, unterschlug seiner Firma 300000 Yen. Obgleich die Sache nicht in die Öffentlichkeit kam, so sprach man doch in der Firma viel und bösartig über des Direktors Fehltritt. Schließlich wurde eine Konferenz abgehalten, und der Direktor mußte seine Entlassung einreichen. Daraufhin bekam mein Mann seinen Posten. Es sieht wie ein Zufall aus, aber jener alte Direktor hegt einen Groll gegen meinen Mann. Er denkt, daß mein Mann, der ihm doch sehr verpflichtet ist, eine Verschwörung gegen ihn angezettelt habe, um seine Stellung zu erhalten. Wir betrachteten diesen Mann früher wie unseren eigenen Vater und besuchten ihn oft, doch seit dieser Stellungswechsel stattfand, ist eine Spannung zwischen uns, und wir besuchen ihn nicht mehr."

„Das ist nicht recht", sagte ich. „Sie selbst und Ihr Mann müssen ihn sobald wie möglich aufsuchen, die Angelegenheit erklären und sich mit ihm versöhnen."

Nach einigen Tagen besuchten sie den früheren Direktor, erklärten ihm die Umstände und sagten zum Schluß, daß eine böse Absicht ihrerseits nie vorgelegen habe. „Wir werden alles für Sie tun, was in unserer Macht steht," sagten sie beim Abschied, „falls die Angelegenheit noch einmal aufgerollt werden sollte." Dann schieden sie in Harmonie und Versöhnung.

Damals lebte die Familie des neuen Direktors in Kobe, der vorige Direktor jedoch in Osaka. Ungefähr zu der Zeit, als die Versöhnung stattfand, fand die Tochter des neuen Direktors, die gerade auf Besuch in Kobe weilte, zu ihrem großen Erstaunen ihren Bruder eifrig bei seinen Schularbeiten. Das war der entartete Junge, der bis jetzt nie hatte arbeiten wollen. *Er hatte also die geistige*

Übertragung gefühlt, obwohl die Eltern in Osaka, nicht in Kobe, waren.

Damit änderte sich der entartete Sohn erheblich, seitdem die Versöhnung zwischen dem alten und dem neuen Direktor stattgefunden hatte, aber doch nicht völlig. Er blieb in der gleichen Schule und der gleichen Umgebung, daher kamen seine früheren Rowdy-Freunde wieder, um ihn in Versuchung zu führen, und auch seine Lehrer und Freunde sahen in ihm immer noch den entarteten Schüler. Diese schlimmen geistigen Schwingungen hatten eine solche Macht, daß sie ihn leicht wieder in das alte üble Leben hätten zurücktreiben können.

Dieses Problem sollte man bei der Erziehung als wichtig ansehen. Frühere Verbrecher z. B. haben es aus dem gleichen Grunde schwer, sich wieder in ein geordnetes Leben zurückzufinden. Darum gab ich den Rat, daß der Junge eine andere Schule besuchen solle.

Ein früherer Professor an der Keio-Universität, der mich häufig in Seicho-No-Ie besuchte und mit dem Leiter der Akashi Mittelschule befreundet war, hörte von dieser Angelegenheit und schrieb ein Empfehlungsschreiben für diesen Schüler. Der Schulwechsel fand ohne Schwierigkeit statt. Der Junge wurde bald ein hervorragender Schüler in der neuen Schule, denn niemand betrachtete ihn dort als „entartet".

Dieser Knabe ist heute gut gebaut, doch als er zum ersten Male bei mir war, war eines seiner Beine etwas kürzer als das andere. Er war kein Krüppel von Geburt, er wurde es erst, als er moralisch verkam. Sein verkrüppelter Körper entstand aus seinem verkrüppelten Geist. Er suchte Dr. Michiharu, einen plastischen Chirurgen in Osaka, auf, es wurde Handauflegen und vieles andere bei ihm versucht, aber nichts brachte Erfolg. Jetzt aber, als der Knabe *geistig* geheilt worden war, verschwand auch die *körperliche* Mißgestaltung.

Aber auch jetzt noch war seine Neigung zu leidenschaftlichen Temperamentsausbrüchen noch nicht ganz verschwunden. Bei solchen Anfällen hatten ihm die Eltern früher große Vorwürfe gemacht, indem sie sagten: „So etwas darfst du nicht tun", oder, „Siehst du denn nicht, daß du Unrecht tust?" Darauf lautete seine Antwort: „Warum tue ich Unrecht?" Und er wurde wegen dieser Überlegung noch viel heftiger. Aber seitdem seine Mutter meine Belehrungen erhalten hatte, handelte sie anders. Sie glaubte, daß „ihr heftiger Sohn nur eine falsche und vorübergehende Erscheinung ist; ihr *richtiger* Sohn ist ein Sohn Gottes, der niemals heftig wird und in Wutausbrüche verfällt." Daher ging sie jedesmal, wenn ihr Sohn in wilde Ausbrüche verfiel, in das Zimmer ihres Sohnes oben im Hause, setzte sich vor das Bild des MAHAKARA, (Engel des Wohlstandes in der Shinto-Religion) und betete: „Die richtige Erscheinung meines Sohnes ist sanft und strahlend wie MAHAKARA." So stellte sie sich die vollkommene und harmonische Erscheinung ihres Sohnes vor, und so seltsam es erscheinen mag, ihr Sohn beruhigte sich sofort.

Dies ist durchaus natürlich. Früher, wenn ihr Sohn sich wild und leidenschaftlich gebärdete, blickten seine Eltern auf ihn in dem Gedanken, er sei das selbst, daher auch machten sie ihm Vorwürfe, indem sie sagten: „Du bist ein Nichtsnutz! Du mußt dich bessern!" und hatten mithin selber „Übles" in ihren Gedanken. Gemäß dem geistigen Gesetz, daß „die Dinge, die man im Geiste vor sich sieht, sich konkret verkörpern", benahm sich ihr

Sohn schlimmer und schlimmer, doch als sie nicht mehr seine *äußere* Erscheinung betrachteten und das *wahre* Bild ihres Sohnes in ihrem Geiste vor Augen hatten und demgemäß beteten: „Solch böser Sohn existiert ja gar nicht; unser wirklicher Sohn ist ein Kind Gottes", dann beruhigte sich der Sohn sofort. Dies ist eine Tatsache, keine bloße Theorie.

Ihr Sohn ist nun ruhig und sanft geworden. Er sandte seiner Mutter einen liebevollen Brief von seinem Arbeitsplatz aus. Die Mutter zeigte mir den Brief. Er war von kindlicher Liebe diktiert. Der Junge kam in der Schule sehr gut voran und ist dieses Jahr zum Eintritt in eine Hochschule zugelassen worden. Auf diese Weise wurde der Sohn gerettet, seinen Eltern und der gesamten Familie geholfen.

Das menschliche Auge mag sehen, wie eine Schlange einen Frosch verschluckt, aber das ist nicht die Wahre Erscheinung. Ein entartetes *Benehmen* ist nicht das Wirkliche *Wesen* des Menschen. Die Form paßt sich dem Geiste an, aber in jedem Falle ist alles gut in der Wirklichen Wirklichkeit. Seicho-No-Ie's Philosophie oder Erziehungsmethode, daß bei Erkenntnis der Wirklichkeit im Geiste deren vollkommener Anblick in der äußeren Welt sich widerspiegelt, ist durch Erfahrungen erhärtet. Es gibt viele andere Beispiele dafür.

Der Einfluß eines einzigen Wortes auf einen Grundschüler

Vor einiger Zeit kam eine Dame zu mir mit ihrem Sohn, der in der 6. Klasse war. Sie klagte sehr über ihr Kind.

„Dieses Kind ist sehr heftig“, sagte sie, „er will nicht arbeiten. Er wollte seine Aufnahmeprüfung in die Mittelschule machen, aber ich glaube nicht, daß er sie besteht. Ich habe noch nie ein derart träges Kind gesehen!“ Darauf sagte ich zu ihr: „Bitte, tadeln Sie bitte Ihren Sohn in solcher Weise nicht. Wenn Sie schlecht von ihm *sprechen*, dann wird er schlecht *werden*, denn Worte sind mächtig. Jeder Mensch, den man fortdauernd als übel bezeichnet, wird bald übel werden. Betrachten Sie doch das Gesicht Ihres Kindes sorgfältig! Sieht er nicht TAKAMORI SAIGO sehr ähnlich? Er hat wundervolle Gesichtszüge. Er wird ein bedeutender Mann werden, ich bin dessen sicher“. Und zu dem Knaben sagte ich: „Du hast doch nur vorgegeben, schlimm zu sein, weil deine Mutter es so sagt, nicht wahr? Aber ich bin davon überzeugt, daß du eines Tages größer als TAKAMORI SAIGO werden wirst. Von morgen ab wirst du deine Schulaufgaben ordentlich erledigen. Wirst du das tun?“ Und ich sprach mit einem solchen Ausdruck, daß es in dem Kinde Glauben erweckte.

Am nächsten Tage kam die Mutter wieder, um ihren Dank auszusprechen. Der Knabe hatte sich grundlegend verändert. Früher, wenn er zu Bett ging, warf er seine Kleidungsstücke hierhin und dorthin, aber am vorigen Abend, nachdem ich ihn gelobt hatte, faltete er Jacke und Beinkleider sorgfältig zusammen und legte sie ordentlich neben sein Kissen. Auch seine Schularbeiten führte er mit Eifer durch.

Ein anderer Knabe kam am gleichen Tage. Ich sagte auch ihm lobende Worte, und er besserte sich seitdem sehr. Er erklärte, mich sehr zu bewundern und kommt jetzt noch oft auf seinem Rad hierher, um Shinsokan-

Meditationen auszuüben. Er wurde auch bei seinen Schulaufgaben sehr viel besser.

Nichts ist wirksamer als Lob. *Lobesworte sind das beste Mittel, die Menschheit zu erleuchten.* Aber die meisten Menschen loben noch nicht einmal ihre ihnen liebsten Nächsten. Im Gegenteil, sie sprechen vor anderen Leuten schlecht über sie. Ein Kind aber vertraut seinen Eltern. Wenn also die Eltern schlecht über das Kind urteilen, dann wird es sicher tatsächlich schlecht und böse. Wenn ein Kind sich erst einmal für böse *hält*, wird es so werden.

Man sollte sein eigenes Kind überall ehrlich loben. Die Welt erlaubt einem vormaligen Strafgefangenen keinen Eintritt in die menschliche Gesellschaft, daher weiß der Sträfling nach seiner Entlassung nicht, wohin zu gehen, da ihn niemand beschäftigen will. Dieser Umstand treibt ihn zu erneuten Verbrechen. Nur zu oft sagen die Leute, er sei schlecht, darum wird er es *durch die Macht des Wortes* auch werden. Bis jetzt haben viele religiöse Prediger aus Liebe zur Menschheit und in dem Wunsche, sie zur Erlösung zu führen, den Menschen als Sünder bezeichnet und die Menschen zur Reue aufgerufen, doch solange die Menschen als Sünder *bezeichnet* werden, solange auch werden sie sich für Sünder *halten*, die nun eben sündigen *müssen.* Wie kann ein Mensch gut werden, wenn man ihm immerfort zuruft: „Du bist ein Sünder, du bist tief in die Sünde verstrickt! Du Sünder, bereue deine Missetaten!" Durch die Macht solcher Worte werden die Menschen immer schlimmer, und daher gelingt es den Religiösen nicht, die Menschheit zu erleuchten. Natürlich beabsichtigen die Religionsprediger nicht, die Menschen schlechter zu machen. Sie haben die Menschen nur zur Reue bewegen wollen. Ebenso handelt die Mutter, die schlecht von ihrem Kinde spricht. Das Ergebnis fällt ganz gegensätzlich zu ihren Erwartungen aus, weil sie die Macht des Wortes nicht kennt. Jeder, der auch nur einige psychologische Kenntnisse hat, wird das verstehen können. Wer Hypnose kennt, wird das begreifen. Wenn man einem Hypnotisierten einredet: „Dies Glas ist sehr schwer; du bist nicht stark genug es aufzuheben", dann wird er nicht fähig sein, es aufzuheben. Religiöse Prediger gebrauchten nicht die richtigen Worte, wenn sie sagten: „Du bist schlecht, versuche deinen Lebenswandel zu bessern!" Solche Worte werden niemals einen Menschen bessern. Sie beabsichtigen, der Menschheit Erleuchtung zu bringen, aber sie bringen statt dessen Verdunkelung.

Auch Ärzte – Quacksalber – (ich schließe bekannte Doktoren aus) betrachten nur die äußeren Erscheinungen und nicht die unsichtbare geheimnisvolle Kraft des Lebens. Sie sagen, es ist zu spät, oder sie sprechen nur über die Krankheit, ohne das wunderbare Lebensprinzip zu erkennen, so daß oftmals der Patient stirbt, der bei anderer Behandlung hätte geheilt werden können. Ein guter Arzt sieht auf die Wirklichkeit des Lebens, nicht auf negative Erscheinungen. Wenn der Arzt sagt, der Zustand sei sehr ernst, dann wird der Patient so entmutigt, daß demzufolge die in ihm wohnende natürliche Heilkraft geschwächt wird, und er sich dann nicht mehr erholen kann, während er doch hätte geheilt werden können.

– – –

Ich bin Eins mit AVALOKITESVARA

Herr I von dem Post-Versicherungsbüro wurde im vergangenen Mai krank und befragte einen Arzt. Dieser schüttelte den Kopf und sagte: „Warum sind Sie nicht früher gekommen, dann hätte ich etwas für Sie tun können!" Er sprach ein wenig „umschrieben", aber er meinte damit, daß es „zu spät" sei. Der Mann geriet in Verzweiflung und sank auf den Boden wie ein Tier ohne Knochen, unfähig sich zu bewegen, sogar seine Reisschüssel war zu schwer für ihn. Dies ist eine wahre Geschichte. Er glaubte, er würde sehr bald sterben. Seine Familie und die Verwandten glaubten das auch, aber er wollte mit aller Macht wieder gesund werden. Er kaute an einem Mundvoll Haferschleim 60 Mal, aber sein Durchfall wurde noch schlimmer, denn er war von Furcht erfüllt, und deshalb konnten seine Verdauungsorgane nicht ordentlich funktionieren. Man glaubte sogar, er hätte Darmtuberkulose. Sieben verschiedene Krankheitsnamen wurden ihm vorerzählt: Lungentuberkulose, Asthma, Schlaflosigkeit, Neuralgie, Magen- und Darm-Katarrh u. a. m. Dadurch wurde er schwächer und schwächer. Er erwartete täglich den Tod.

Herr I glaubte ernsthaft an AVALOKITESVARA (den allgegenwärtigen Gott des Mitleidens im Buddhismus, der auch die Verkörperung Gottes im Christentum darstellt). Er wollte ein Bild von AVALOKITESVARA von einem buddhistischen Meister-Maler anfertigen lassen und beabsichtigte, die PRAJANA - PARAMITA - SUTRA fünftausendmal zu lesen, bevor er das Erdenleben verlies. Er begann zu singen; nachdem er die Sutra fünftausendmal gelesen hatte, sah er plötzlich die

TOKYO Nichinichi-Zeitung aufgeschlagen neben seinem Bett liegen und fand in ihr ein Angebot der freien Zusendung des Seicho-No-Ie-Journals. Er war daran interessiert und bat um Zusendung. Zu dieser Zeit war die Neujahrsausgabe der SEICHO-NO-IE noch nicht herausgekommen, statt dessen wurde ein Flugblatt mit dem Titel „Läuterung des Lebens“ und ein Band des „Lebens aus dem Geiste“ in Fortsetzungen ausgeteilt. Herr I bekam „Läuterung des Lebens“, das auf seinen Fall wie zugeschnitten war. Nach der Lektüre wandelte sich sein Geisteszustand derart, daß seine Krankheitsvorstellungen verschwanden. Soviel bewirkt die Macht des Wortes. Das geschriebene oder gesprochene Wort ist Ausdruck schöpferischer Kraft; wenn dieses den Leser oder Hörer zutiefst bewegt, hat es seinen erzieherischen Zweck erreicht. Darum möchte ich „Leben aus dem Geiste“ als ein großes erzieherisches Werk zur Verbesserung des Lebens und Erleuchtung der menschlichen Seele, also als überkonfessionelle höchste Religion bezeichnen.

Als Herr I diesen Abschnitt aus „Leben aus dem Geiste“ las, fühlte er, daß sein eigenes Leben eine Fortsetzung von AVALOKITESVARA war. Er empfand direkt AVALOKITESVARA in ihm leben, und AVALOKITESVARA war nicht krank.

Paulus erlebte die gleiche Erleuchtung, als er sagte: „Nicht ich lebe, sondern Christus lebt in mir“. Es war dieselbe Erleuchtung, die Christus sagen ließ: „Was ich tue, tue nicht ich, sondern mein Vater im Himmel, der in mir lebt, der tut es.“ Seicho-No-Ie ist keine sektiererische Religion; darum, wenn ein Christ „Leben aus dem Geiste“ liest, wird er erkennen, wie wahr es ist, „ich lebe nicht durch meine eigene Kraft, sondern Christus in mir lebt und wirkt durch mich", und ein Anhänger von Avalokitesvara wird wissen, daß „Avalokitesvara lebt, er wohnt tief innen in mir und wirkt durch mich; ich lebe nicht durch meine eigene Kraft."

Herr I war ein gläubiger Anhänger von AVALOKITESVARA, daher kam er zu dem Glauben, daß Avalokitesvara in ihm lebe und durch ihn wirke. Er, ein Patient auf der Schwelle des Todes, stand plötzlich auf und erklärte vor seiner Familie: „Ich bin nicht mehr krank. Mein Leben ist nicht das meine, es gehört AVALOKITESVARA. Avalokitesvara ist frei von Krankheiten, und so bin auch ich frei. Ich *schien* krank, weil Ihr alle *glaubtet,* ich sei krank, und dieses Denken hat mir geistige Krankheitswellen zugesandt, darum spiegelte sich euer Glaube in meinem Körper wieder. Jetzt aber habe ich die Wahrheit erkannt und bin nicht mehr krank. Ich werde von nun an hartgekochten Reis anstelle des Reisschleimes essen. Gebt mir gepökelten Rettich und alles andere, was gut schmeckt. Mein Leben ist das von Avalokitesvara, und ich fürchte mich nicht, ganz harten Reis zu mir zu nehmen".

So tat er es auch, und seine inneren Organe heilten allmählich ganz und gar. Bis dahin hatte er an einem Mund voll Reis 60 Mal gekaut, um seine Eingeweide zu beruhigen. Zudem verschwanden nun auch alle übrigen Symptome wie Lungenkrankheit, Asthma usw. Der Patient, den jeder, ihn selbst eingeschlossen, am 22. Dezember 1934 für hoffnungslos krank gehalten hatte, wohnte am 13. Januar 1935 einer Versammlung von Seicho-No-Ie bei, während der er von seiner Heilungserfahrung berichtete. Er lebte völlig gesund noch viele Jahre lang.

Herr Koji Inoue, der im Tuberkulose-Sanatorium in Nakano in Behandlung war, las „Das Königtum unseres Geistes", eine Fortsetzung des „Lebens aus dem Geiste", erholte sich darauf schnell und verließ das Sanatorium. Die Schwester und seine Freunde hielten ihn für irrsinnig, denn er hatte mehrere Male Blut ausgeworfen (gegen Ende Dezember) und war äußerst schwach. Er aber verließ das Hospital im folgenden Januar mit den Worten, er sei nicht mehr krank, nur nach dem Lesen eines Buches.

Als er das Hospital verlassen hatte, besuchte er unsere Verlagsgesellschaft, um seinen Dank auszusprechen. Die Gesellschaft war im Anfang ihrer Entwicklung noch sehr klein, somit dachte er, alles sei doch wohl sehr unsicher. Trotzdem ging er hinein und berichtete von seiner Heilung. Alle Anwesenden ließen ihre Arbeit liegen und begannen vor Freude zu weinen, als ob ihr eigenes Kind geheilt worden sei.

Viele Patienten sind wieder gesund geworden, weil sie eine Fortsetzung aus „Leben aus dem Geiste" lasen. Deshalb möchte ich dieses „Leben aus dem Geiste" ein großes Buch über die Erziehung zum wahren Leben nennen. Es scheint nicht recht, mein eigenes Werk zu loben, aber obwohl ich es geschrieben habe, so ist es doch nicht mein eigenes Werk: Gott, der in mir lebt (oder Avalokitesvara in mir) ließ es mich schreiben. So seltsam es klingen mag, viele hatten an dem Tage, als sie mit Seicho-No-Ie bekannt wurden, um Erlösung gebetet, indem sie das PRAJNA-PARAMENTA Gebet vor AVALOKITESVARA sangen, und wurden damit von ihrer Krankheit und anderen traurigen Lebensumständen befreit.

Eine Dame aus Meguro, die Frau eines Generalleutnants, erzählte mir von einem Tagtraum, den sie hatte, in welchem sie von AVALOKITESVARA das biblische Buch „Leben aus dem Geiste" erhielt. Sie wußte nichts von einem solchen Buche, hatte niemals davon gehört oder es vor Augen gehabt. Daher war es nicht etwa Erinnerung, die sich in ihrem Traume verkörperte. Sie hatte eine Verwandte, die einen Obstladen in Aoyama betrieb, und deren Sohn seit langem lungenkrank war. Die Dame, die das Buch von Avalokitesvara in ihrem Tagtraume zum Geschenk erhielt, dachte an diesen Patienten. Sie war die Tochter eines Priesters, und ihr älterer Bruder war oberster Abt eines Tempels in Kamakura. Sie selbst war gläubige Anhängerin von Avalokitesvara und besaß viele Sutren. In dem Gedanken, den Kranken damit zu trösten, nahm sie einige mit sich, um sie dem Patienten zu leihen und erkundigte sich gleichzeitig nach seinem Befinden. Sie fand ihn fast vollständig geheilt. Die Frau des Obstverkäufers (die Mutter des Patienten) war erfreut über ihre Nachfrage und sagte: „Wir besitzen ein wundervolles Buch; mein Sohn hat sich nach dem Lesen desselben sehr erholt. Wir wollen es Ihnen leihen zum Dank für Ihre gütige Nachfrage."

Wie seltsam es auch klingen mag, es war jenes Buch „Leben aus dem Geiste", das sie in ihrem Tagtraum erhalten hatte. Sie fing an es zu lesen und war überrascht, in welcher Einfachheit die Wahrheit darin erklärt war, die sie beim Lesen der vielen Sutren nie klar hatte erkennen können. Noch wunderbarer erschien es ihr, daß das Buch anscheinend speziell für sie geschrieben war, um ihre Eingebung von Avalokitesvara und ihre religiösen Erfahrungen zu erläutern.

Sie war jetzt davon überzeugt, daß das Buch ihr von Avalokitesvara geschenkt worden sei. Sie war daran interessiert, den Verfasser kennen zu lernen, sah auf die Rückseite des Buches und fand, daß die Hauptstelle von Seicho-No-Ie sich in Sumiyoshi-mura, Muko-gun, Hyogo Distrikt, befand. „So weit kann ich jetzt nicht gehen", dachte sie, „aber ich will es bei nächster Gelegenheit tun. Ich muß das Buch auch sobald wie möglich der Besitzerin wiedergeben."

Dann besuchte sie ihr Bruder am Neujahrstage und brachte ihr ein Buch als Geschenk mit den Worten: „Dies ist mein Neujahrsgeschenk für dich; es ist wirklich ein wundervolles Buch!" Es war „Leben aus dem Geiste"! Das Geschehnis in ihrem Traum, also im Geiste, kam zuerst in einem geliehenen Buch zum Leben und wurde jetzt zur Tatsache, denn jetzt besaß sie das Buch selbst. Nun aber wollte sie mich sprechen, dachte aber, ich lebte noch immer in Sumiyoshi-mura.

Eines Tages fand sie zu ihrer großen Freude, daß die Seicho-No-Ie-Zentralstelle nach Tokyo übersiedelt war. Als sie ins Sprechzimmer trat, erkannte sie zu ihrer Überraschung, daß sie mich schon vorher gesehen hatte. Sie erzählte mir von einem Traume, den sie vor drei Jahren gehabt hatte, und in dem ihr verstorbener Vater sie sie zu einem Lehrer brachte und sie vorstellte: „Hier ist meine Tochter, bitte, belehren Sie sie." Sie sagte, daß der in ihrem Traum gesehene Lehrer und ich sich ähnelten. Beide hatten ihr Haar in gerader Linie zurückgekämmt, und beide hatten schmale Schultern. Für sie stand es außer Zweifel, daß dies ein und dieselbe Person sei.

Ich erinnere mich jedoch, daß mein Haar vor drei Jahren noch nicht zurückgekämmt war. Dies ist ein interessanter Punkt. Zu jener Zeit, d. h. vor drei Jahren, hatte ich gerade meine Geschäftstätigkeit aufgegeben und trug mein Haar seitlich gescheitelt. Nun aber, in der Welt des Geistes, trug ich mein Haar zurückgekämmt, schon damals vor drei Jahren, andernfalls hätte sie mich niemals mit dieser Haartracht sehen können. Wir ersehen daraus, daß alle physischen Erscheinungen zuerst in der Welt des Geistes erwachen, dann erst erscheinen sie vor unseren Augen. Die Erfahrung dieser Dame ist mithin besonders interessant, da sie das Gesetz der physischen Erscheinungen als Folge des Geistes beweist.

In der Welt des Geistes trug ich schon damals mein Haar zurückgekämmt, in der physischen Welt tat ich es erst eineinhalb Jahre später. In der Welt des Geistes wurde diese Dame durch die Seele ihres verstorbenen Vaters vor drei Jahren zu einem Lehrer geführt, und jetzt, drei Jahre nachher, traf sie den Lehrer in der physischen Welt. Sie erhielt ein Buch von Avalokitesvara am Tage zuvor in der Welt des *Geistes*, am nächsten Tage lieh ihr die Frau des Obsthändlers das Buch, und am Neujahrstage des folgenden Jahres schenkte ihr Bruder ihr das Buch. Durch solche Erfahrungen kann man verstehen, wie die Dinge sich zuerst in der Welt des Geistes bilden, um dann in der physischen Welt zu erscheinen, so wie Gautama es ausdrückte: „Die Welt ist die Verkörperung des Geistes". Seicho-No-Ie beweist die Wahrheit dieses Gesetzes.

Krankheit und Armut entstehen zuerst in der Welt des Geistes und werden dann in der physischen Welt manifestiert. Es gibt viele Fälle, in denen ein Patient, den kein Arzt heilen konnte, dadurch Heilung erzielte, daß seine Gemütsverkrampfungen sich lösten. Sogar organische Leiden, wie Lungenkrankheit, Magenkrebs und auch Muskelleiden wie Rheumatismus und Gicht konnten in dieser Weise geheilt werden.

Neulich wurde ein Zimmermann aus Utsunomiya im Tochigi Distrikt zu mir gebracht. Er konnte wegen Gelenkrheumatismus nicht gehen und kroch aus dem Korridor in das Sprechzimmer. Er saß ungeschickt auf dem Boden, stützte sich mit den Händen, und sein Gesicht war von Schmerz verzerrt. Er sagte, er litte seit vielen Monaten an Rheumatismus; keine medizinische Behandlung hatte geholfen, selbst die heißen Quellbäder in Atami konnten ihm keine Besserung bringen, im Gegenteil, seine Schmerzen verschlimmerten sich. Er konnte sich kaum noch bewegen.

„Stehst du schlecht mit jemandem?" fragte ich ihn. Der Ausdruck auf seinem Gesicht zeigte, daß dies sehr wohl der Fall sein könnte. „Versöhne dich mit diesem Menschen in deinem Geiste", fuhr ich fort, „und du wirst sogleich geheilt werden". In wenigen Minuten war es an der Zeit, Shinkosan zu üben, eine machtvolle Gebet-Meditation, die zur Konzentration des Geistes nötig ist. Da sah ich den Zimmermann aufrecht dasitzen mit den Füßen eng unter sich gefaltet. „Jetzt fühlst du wohl keine Schmerzen mehr?", fragte ich ihn. Er sagte, nein, er fühle keine Schmerzen. Er stand ganz allein auf und durchschritt das Zimmer. Einige Minuten vorher hatte er nur kriechen können.

Man sollte denken, daß sein körperliches Bein durch den Rheumatismus Schmerzen litt, in Wirklichkeit jedoch fühlt weder das Fleisch noch das Nervensystem einen Schmerz, da sie alle aus bloßer Materie bestehen. Materie selbst hat kein Empfinden, nur das Gemüt kann Schmerz empfinden. Dieser geistige Schmerz offenbart sich in der Formenwelt als körperlicher Schmerz. Der Schmerz des Fleisches rührt von einem geistigen Schmerz her, der sich im Fleische widerspiegelt. Daher also verschwindet jeder körperliche Schmerz, sobald der Geist harmonisch wird.

Eine Frau, die zur Heirat unfähig war, wurde von chronischen Blutungen geheilt

Zwei junge Frauen kamen vor ein paar Tagen zu mir und wollten mich anscheinend um Rat fragen. Ich fragte sie, um was es sich handelte. Die eine von ihnen antwortete zögernd: „Können wir warten, bis die anderen fortgegangen sind?“ Als alle fort waren, sagte die eine von ihnen: „Ich hatte chronische Blutungen seit acht Jahren, sie begannen, als ich 14 Jahre alt war, und darum kann ich nicht heiraten“.

Ihre seelische Einstellung war sehr verwickelt, so daß sie mich viermal aufsuchen mußte, bevor sie geheilt werden konnte. Die andere sagte, sie habe Rheumatismus in ihrer rechten Hand und könne daher ihr Haar nicht ordnen.

Sie wurde auf der Stelle geheilt. Als ich sie zuerst

fragte, ob sie gegen irgend jemanden einen Groll hätte, antwortete sie mit „Nein". — „Und doch ist es so", sagte ich. „Eine Krankheit erscheint nicht sofort, wenn eine Seelenstörung vorliegt, sie zeigt sich aber später, wenn die Angelegenheit schon vergessen ist. Versuchen Sie, sich daran zu erinnern!"

Jetzt sagte sie, ihre Heirat sei schlecht ausgegangen. Als sie zu ihren Eltern zurückkehrte, war ihre Schwägerin sehr grausam zu ihr, was sie sehr unglücklich machte. Ich antwortete: „Hierin liege der Grund für den Rheumatismus. Verzeihen Sie ihr und versöhnen Sie sich mit ihr im Geiste". Sie sagte: „Ich will das tun". Dann sagte ich: „Bitte, heben Sie Ihre Hand hoch". Sie tat es ohne Schwierigkeit und ohne Schmerzgefühl, obgleich sie die Hand bis dahin nicht hatte hochheben können. „Oh, wie seltsam", rief sie, „ich fühle keine Schmerzen mehr!" Die Heilung von Rheumatismus durch ein paar Worte der Wahrheit ist gar nicht so seltsam, wenn man sich überlegt, daß die physische Welt weiter nichts als eine Schöpfung der geistigen Welt ist.

Heilung von Warzen, Magengeschwüren usw.

Am 4. dieses Monats gab ich eine Vorlesung in der Kokumin-Kaikwan-Halle, Osaka, während der ein interessanter Vorfall sich ereignete. Einer unserer Anhänger in Kobe, der diesen Vorfall beobachtet hatte, erzählte uns während unserer Mitgliederversammlung im Kato-Hotel, Kobe, davon. Wie er erzählte, befand sich unter den Zuhörern in der Kokumin-Kaikwan-Halle, Osaka, der Leiter einer Grundschule in Tatsuno, ein

Herr Ginnosuke Tanaka, war ein intelligenter Mann, aber er hatte mitten auf seiner Stirn eine große Warze, die sein Gesicht entstellte. Als ich mit meiner Vorlesung zum Schlusse kam, fiel die Warze plötzlich ab. Auch dies ist eine wahre Geschichte, denn, mag es auch seltsam klingen, das Körperliche ändert sich in genauem Verhältnis zur Gemütseinstellung. Voraussetzung für diejenigen, die von ihrer Krankheit geheilt werden wollen, ist stets die Einstellung ihres Geistes zu ändern. Dies kann durch die Macht des Wortes geschehen, doch es gibt auch Menschen, die durch Anhörung der Wahrheit keineswegs geheilt werden, weil sie ihre geistige Einstellung nicht ändern. Mit einem Gefühl des Widerstandes zuzuhören kann keine Heilung hervorrufen. Heilung ist nur dann möglich, wenn man unschuldig wie ein Kind wird und die Wahrheit ohne Zweifel annimmt.

Herr Kuwabara ist Anhänger der Seicho-No-Ie und mit dem Installieren elektrischer Maschinen beschäftigt. Sein Freund, Herr Tarao, der in seiner Fabrik elektrische Maschinen herstellt, hatte eine schwere Magenverstimmung, die auf ein Magengeschwür hindeutete. Herr Kuwabara besuchte ihn und brachte ihm zwei Fortsetzungen des „Lebens aus dem Geiste". Er begann sie zu lesen, gab es aber dann auf, nachdem er nur einige Seiten davon gelesen hatte. Am Morgen des 11. Dezember sah er in der „Tokyo Nini-nichi" eine Anzeige von Seicho-No-Ie dahingehend, daß ich in der Hochi-Halle eine Vorlesung geben würde. Er fühlte den Wunsch, diese Vorlesung anzuhören, und obwohl er bis dahin zu Bett gelegen hatte, stand er auf und ging zu der Halle.

Herr Kuwabara, der ebenfalls der Vorlesung beiwohnte, bemerkte auf der ersten Reihe jemanden, der

Herrn Tarao sehr ähnelte. Der Mann hielt die Hände auf den Magen gepreßt, als ob er Schmerzen hätte. Herr Kuwabara wunderte sich, daß eine solche Ähnlichkeit zwischen zwei Menschen bestünde, aber sein Freund Tarao war dicker, und der Mann vor ihm war zu schlank, als daß er Herr Tarao hätte sein können, daher also hielt er ihn für einen Fremden und sprach ihn nicht an.

Herr Tarao dagegen, auf der anderen Seite sitzend, hörte meiner Vorlesung trotz seiner Schmerzen geduldig zu. Nach Anhören der ersten Hälfte begann sein Schmerz sich zu vermindern, und am Ende der Vorlesung fühlte er überhaupt keine Schmerzen mehr und wußte, daß er geheilt sei.

Herr Kuwabara stand auf, um nach Hause zu gehen, betrachtete den anderen Mann noch einmal sorgfältig und war nun sicher, es sei Herr Tarao. Daher sprach er ihn an: „Wie gesund Sie doch aussehen! Ich freue mich, daß Sie gekommen sind. Morgen will ich Sie Dr. Taniguchi vorstellen. Warten Sie in seinem Hause in Onden ungefähr um acht Uhr abends auf mich. Sagen Sie dort, ich käme ebenfalls." Er zeigte ihm den Weg und ging fort.

Herr Tarao, den man als mit einem Magengeschwür behaftet diagnostiziert hatte, und der im Laufe eines Monats 33 Pfund Gewicht verloren hatte, stand trotz seiner Schmerzen auf und fand, daß er geheilt sei. Er ging nun am folgenden Morgen zum ersten Male nach langer Zeit wieder in seine Fabrik, und um sieben Uhr abends suchte er die Seicho-No-Ie-Zentralstelle dem Rate des Herrn Kuwabara gemäß auf. Zu dieser Zeit besaßen wir noch keine eigene Kirche, und so wurde meine Privatwohnung benutzt. Meine Empfangsstunden waren von 8 bis 10 Uhr. Besucher, die zu zeitig kamen, mußten in der kalten Vorhalle warten, denn entweder hatte mein Kind sein Bad, oder wir saßen beim Abendessen. Herr Tarao, der um sieben Uhr kam, mußte eine Stunde lang warten ohne Heizung zum Erwärmen. Er hatte bis gestern lange Zeit krank zu Bett gelegen und fror so sehr, daß er fortgehen wollte, als Herr Kuwabara erschien.

Endlich kam die Zeit heran, und sie konnten eintreten. An jenem Abend während seiner Unterhaltung mit mir gewann er einen so starken Glauben, daß er sich zutraute, Reis mit gebratenen Hummern zu essen, aber beim Überdenken fühlte er, eine solche Überanstrengung sei nicht ratsam, also entschied er sich für Makkaroni. Seitdem nimmt er normale Nahrung zu sich und ist gesund. Wir haben viele andere Fälle dieser Art gehabt.

So also werden Krankheiten geheilt, und Kinder arbeiten in der Schule gut, sobald die Eltern meine Bücher lesen, meinen Vorlesungen zuhören oder persönlich mit mir sprechen. Wie groß ist doch die Macht des geheimnisvollen Wortes! Daher legt Seicho-No-Ie großen Wert auf konstruktive Worte und vermeidet Negatives. Ein Mensch, der als böse oder als Sünder bezeichnet wird, muß sich notwendigerweise auch so entwickeln. Kinder werden entweder gut oder schlecht durch die Macht des Wortes, wie ich schon früher ausgeführt habe. Schulkinder werden ihre Aufgaben viel besser ausführen, wenn der Lehrer konstruktive Worte anwendet.

Die Leistungen der Kinder werden durch die Macht des Wortes verbessert

Neulich bei der Gruppenversammlung in Asakusa, Tokyo, sagte eine Dame zu mir: „Meine Tochter arbeitet neuerdings nicht gut, könnten Sie ihre Leistungen nicht durch Ihre Belehrung verbessern, Herr Dr. Taniguchi?" Ich fragte: „Um was handelt es sich?" Die Antwort lautete, daß das Mädchen früher sehr gut gearbeitet habe, aber als sie einmal einen Fehler gemacht hatte, hatte ihre Lehrerin gesagt: „Ich habe noch nie ein Mädchen mit so schlechten Kenntnissen gesehen," und seitdem mochte sie ihre Aufgaben nicht mehr und bekam immer schlechtere Zeugnisse. Durch dieses eine Wort der Lehrerin wurde sie so entmutigt, daß sie alles Interesse an ihrer Schularbeit verlor und schlechte Ergebnisse zeigte. Was für eine Macht Worte doch haben!

Ich sah mir das Gesicht des Mädchens an. Ihre Stirn war gut geformt, sie sah absolut nicht unintelligent aus. Daher sagte ich: „Trotz der Worte der Lehrerin halte ich das Kind für intelligent. Von morgen ab wird sie wieder arbeiten. Sehen Sie doch nur ihren wohlgeformten Kopf an!" Ich hörte später, daß sie wieder eifrig lernte und gute Zeugnisse bekam, nachdem sie bei mir gewesen war.

Herr Kurihara ist Grundschul-Lehrer in Nagasaki, Toshima-ku, Tokyo. Er ist Anhänger der Seicho-No-Ie und machte einmal ein Experiment mit der Macht des Wortes, indem er die Seicho-No-Ie-Erziehungsmethode anwendete. Auf Grund der beschränkten Schulräume erhalten die Kinder den Unterricht in zwei Schichten. Herr Kurihara leitet eine Knaben- und eine Mädchenklasse. Die Mädchen arbeiteten besser als die Jungen bis zur 3. Klasse. Dann experimentierte er mit den Jungen. Zu Beginn jeder Stunde ließ er sie die Augen schließen und im Geiste vor sich hin sagen: „Ich bin ein Sohn Gottes, daher werde ich meine Aufgaben gut bewältigen." Nach einem Monat stellte er eine 20prozentige Verbesserung in den Durchschnittsleistungen fest. Nun also leisteten die Jungen Besseres als die Mädchen. Die Anwendung konstruktiver Worte haben also 20 Prozent durchschnittlichen Nutzen erzielt, hingegen würden bei Anwendung negativer Worte die Leistungen um 20 Prozent fallen. Der Unterschied machte 40 Punkte aus, und das ist wichtig. Die Macht des Wortes müßte zur Erhöhung der Leistungsfähigkeit nicht nur in Grundschulen, sondern auch in Mittel- und Hochschulen, in Gymnasien und Universitäten benutzt werden. Was für Erfolge könnten erzielt werden, wenn die ganze Menschheit um 20 Prozent mehr vollbrächte! Dies könnte leicht der Fall sein, wenn alle Menschen an diese Erziehungsmethode glaubten. Ausgezeichnete Ergebnisse können nicht dadurch erlangt werden, daß man sagt: „Du bist schlecht, du mußt deinen Lebenswandel bessern." Um Erfolge zu erzielen, muß man sagen: „In Wirklichkeit bist du gut, deshalb mußt du dich gut verhalten. Du kannst gar nicht anders als gut sein, denn du bist ein Sohn Gottes. Ich sehe keine Sünde in dir."

Die Erleuchtungs-Bewegung von Seicho-No-Ie geht vor sich durch die Anwendung der Macht des Wortes. Sie ist eine literarische und religiöse Bewegung und beweist zur selben Zeit wissenschaftlich die Wahrheit, daß die Welt im Geiste geschaffen wird. Diese Bewegung muß sich durch ganz Japan, ja, durch die ganze Welt verbreiten. Wenn alle Japaner dieser Bewegung beiträten, würde das ganze Land erleuchtet werden. Wenn alle Völker der Welt sich dieser Bewegung angliederten, würde die ganze Welt erleuchtet werden. Seicho-No-Ie kann große Wirkungen erzielen, nicht nur bei Heilung von Krankheiten, sondern auch in der Erziehung und im harmonischen Zusammenleben in den Wohnungen der Menschen.

Mann und Frau harmonisieren nicht mit einander, weil sie ihr wahres Selbst nicht erkennen und einander nicht durch die Macht des Wortes loben und ermutigen. Wenn die Ehefrau ihren Mann durch die Macht des Wortes lobt und anerkennt, so wird sich daraus bald ein harmonisches Leben entwickeln. Wenn eine Ehefrau zu ihrem Mann, der etwa Direktor ist, sagt: „Du bist stolz darauf, Direktor zu sein, aber ich habe noch nie einen derart niedrig gesinnten Mann gesehen“, so wird er sich für wertlos halten. Ein Mann, der anscheinend stark ist, wird angesichts seiner Frau schwach. Sogar jemand, der stark genug ist, eine Million von Feinden zu besiegen, kann den Anwurf von bösen Worten seiner Frau nicht ertragen und wird zur Verzweiflung getrieben. Auf der anderen Seite, wenn er gelobt wird, kann er außerordentlich gut werden. Ein Ehemann kann die Verachtung von Millionen von Menschen ertragen, aber nicht die Verachtung von Seiten seiner Ehefrau. Leider loben die Frauen ihre Männer nicht oft. Auch die Männer fürchten sich anscheinend, ihre Frauen zu loben. Die Frauen beklagen sich oft, daß ihre Männer zu barbarischer Gewalt greifen. Obgleich diese Ehefrauen nicht selbst gewalttätig werden, so verletzen sie doch ihre Ehegatten geistig dadurch, daß sie *denken,* ihr Ehemann sei schlecht oder zu nichts nutze. Der Ehemann versetzt physische Schläge, die Frau verletzt noch schmerzhafter durch ihr Denken. Ich glaube, daß ein geistiger unsichtbarer Schlag verderblicher ist als ein physischer.

Auf der andern Seite: Wenn Mann und Frau einander mit liebevollen Worten wohltun, werden sie immer in Harmonie sein. Nicht nur sie selbst werden gut miteinander leben, sondern auch die gesamte Familie wird im Frieden sein, und die Kinder werden gut sein. Kennen Sie eine Familie, deren Kinder stets kränklich sind trotz allen Bemühungen? Solche Leute sollten einmal über ihr Leben nachdenken, um herauszubekommen, ob sie mit ihrem Ehemann oder ihrer Ehefrau in Harmonie zusammenleben. Ist dem so, dann werden auch ihre Kinder bald gesund werden.

Es ist leicht zu sehen, wie das Gemüt der Eltern sich in ihrem Kinde widerspiegelt, angesichts der Tatsache, daß viele Kinder von Bettnässen geheilt wurden. Eine unserer Anhängerinnen in Osaka, eine starke, männlich wirkende Frau, hatte eine epileptische Tochter, die alle drei Tage einen Anfall hatte, aber seitdem sie Seicho-No-Ie anhörte und ihr Mann die „Seicho-No-Ie"-Zeitschrift las, besserte sich der Zustand ihrer Tochter so, daß sie jetzt nur noch alle zwei bis drei Monate einen Anfall bekam.

Der Vater hatte sein Büro in Semba, Osaka, und eine Villa in Hamadera; die Tochter mit den epileptischen Anfällen lebte in der Villa, und ihre Mutter gab auf sie acht. Somit mußten die Eltern jeden Tag von Hamadera aus zu ihren Laden in Osaka gehen. Die Entfernung von der Villa zum Laden betrug achtzehn Meilen. Sehr oft stritten sich die beiden Eheleute verzweifelt wegen der Weiterführung des Geschäftes. „Wenn wir so mit einander streiten," sagte die Mutter, „dann wird sicherlich unsere arme Tochter wieder einen Anfall haben!" Und so war es. Als sie am Abend nach Hamadera zurückkehrten, hatte die Tochter zu derselben Zeit, als die Eltern ihren Streit hatten, einen Anfall bekommen. Eltern und Tochter waren dabei achtzehn Meilen von einander entfernt. Doch ihr geistiger Zustand spiegelte sich in ihrer Tochter wider. Dies mag seltsam erscheinen, ist es aber nicht, wenn man sich überlegt, daß die Welt nur der Widerschein des Geistes ist.

Versöhne dich mit der ganzen Schöpfung

Wenn die Leute ins Seichom-No-Ie-Hauptquartier kommen, um über ihre Leiden zu klagen, frage ich sie zuerst: „Haben Sie die Gottesbotschaft gelesen, die zu Eingang von „Leben aus dem Geiste" abgedruckt ist?" Sie beginnt folgendermaßen: „Du mußt dich mit allem und jedem im Himmel und auf Erden versöhnen." Dies ist die Quintessenz der Seicho-No-Ie-Lehre, aber da sie auf der Innenseite steht, übersehen die Leute sie sehr oft in dem Gedanken, es sei nur so eine Art „Vorrede".

Wenn man sich wirklich mit allem versöhnt, — was nur wenige tun —, wird man unverletzlich werden. Die Bibel sagt: „Liebet eure Feinde." Seicho-No-Ie hingegen sagt: „Im Ursprung gab es gar keine Feinde", anstelle von „Liebet eure Feinde". Eine wirkliche Versöhnung kann nur dann stattfinden, wenn man sich vergegenwärtigt, daß man gar keine Feinde hat. Wenn man sich die Existenz eines Feindes erst einmal vor Augen führt und dann versucht ihn zu lieben, so wird das fast unmöglich sein, denn der bloße Begriff „Feind" schließt „lieben" aus. Nur dann, wenn man niemanden als Feind anerkennt, kann man alle und jeden lieben.

Um nun zu unserem Thema zurückzukehren, müssen wir uns zuerst vergegenwärtigen, daß eine solche Disharmonie wie „ein Frosch, den eine Schlange verschlingt" einfach nicht existiert. Du liebst jedermann, dann hast du keinen Feind. In der Wirklichkeit ist der Frosch der Schlange freundlich gesinnt. Solange der Frosch dieses Gefühl beibehält, wird die Schlange gar nicht fähig sein, ihn zu verschlingen. Statt dessen aber denkt der Frosch: „Hier kommt eine Schlange, die mich verschlingen wird!" Er wird vor Schreck versteinert, verliert seine freien Bewegungen und wird verschluckt. Das ist der Schatten des Geistes und die Widerspiegelung der Furcht.

Einstmals hatten der berühmte Priester Takuan und der Fechtmeister, Tajima Yagyu, einen Wettkampf im Fechten. Tajima Yagyu, der oberste Meister im Fechtkampf, fand keinen Angriffspunkt, obwohl der Priester Takuan keinerlei Erfahrung im Fechten hatte. Der Abt hatte einen solchen starken Glauben, daß er einen Feind gar nicht besäße, gegen den er kämpfen müsse, daß sein Gegner keine Angriffsmöglichkeit fand.

Wenn man jemanden als Feind ansieht, gibt man ihm eine Möglichkeit, anzugreifen, wenn man aber Seicho-No-Ie liest und damit die Wahrheit des Lebens erkennt, sieht man, daß der scheinbare Feind nur ein Schatten des eigenen Geistes ist und daher nicht wirklich existiert, denn so etwas wie „Feind" hat keine reale Existenz. Der Augenschein, angegriffen oder nicht angegriffen zu werden, wechselt je nach der Einstellung unseres eigenen

Selbst. Nur der kann verletzt werden, der den andern für seinen Feind hält.

Disharmonie zwischen Ehefrau und Schwiegermutter kommt oft vor. Die Ehefrau sagt: „Ich versuchte mit aller Macht meine Schwiegermutter zufriedenzustellen und tat mein Möglichstes, ihr nicht zu widersprechen, trotzdem ist sie hart und grausam zu mir." Darauf antworte ich: „Sie haben Unrecht getan dadurch, daß Sie „mit aller Macht versuchten". Dieser Punkt ist wichtig. „Sie taten Ihr Möglichstes, sie zufriedenzustellen", d. h. Sie handelten unter Zwang. Dadurch erscheint sie Ihnen als eine Art Giftschlange, die Sie in dem Augenblick, in dem sie mit Ihnen unzufrieden ist, beißen wird. Sie erscheinen mithin gütig und hilfsbereit, nur um nicht gebissen zu werden, betrachten sie also als Ihren Feind. Solange wie Sie in dieser Haltung verharren, ist es nur natürlich, daß Ihre Schwiegermutter innerlich sagt: „Deine Güte ist Verstellung; in Wirklichkeit betrachtest du mich als eine Giftschlange. Ich bin aber keine giftige Schlange." „Sie haben Unrecht darin, Ihre Schwiegermutter als Feind zu betrachten. Und dann versuchen sie, den Feind zu lieben? Nein, Sie müssen Ihre Schwiegermutter wie Ihre richtige Mutter betrachten, sich natürlich und unschuldig benehmen und nachgiebig sein, dann wird sie Sie auch lieben."

Seicho-No-Ie sieht die Wirklichkeit in der Mutterschaft, nicht in der schlecht gelaunten Schwiegermutter. Wenn man die schlechte Laune nicht beachtet, wird sie verschwinden, denn sie existiert nicht wirklich. Seicho-No-Ie sieht alle Dinge als harmonisch an. Es gibt gar keine Disharmonie, keinen Streit, kein Opfer.

Eine Frau sagt oftmals, sie opfere sich für ihre Familie. Manch einer sagt: „Ich opfere mich auf für meinen Mann, aber er erkennt es nicht an." Der Gedanke, daß jemand sich für einen aufopfert, verpflichtet diesen andern. „Ich opfere mich für dich auf" bedeutet in anderen Worten: „Du tust mir ein Leid dadurch an, daß ich mich für dich opfern muß." Sakura Sagoro's Idee war: „Ich werde gekreuzigt und mit einem Speer durchbohrt als Opfer für euch. Ich werde euretwegen erstochen. Aber ich werde mein Opfer erdulden." Solch ein Gedanke wird keinen Menschen erfreuen: denn: „Ich will es ertragen, mich zu opfern" heißt nichts anderes als „Ihr tut mir ein Leid an", bedeutet also gehorsame Unterwerfung.

Ein Heim wird kein Glück ausstrahlen, solange Ehemann und Frau, Schwiegermutter und Ehefrau die Idee des sich Aufopferns für einander haben.

Seicho-No-Ie sagt, Selbstaufopferung, Askese und Selbstvorwürfe für Sünden sind nicht erforderlich. Religiöse Prediger haben bisher zur Askese als Selbstbestrafung für begangene Sünden aufgerufen, aber das ist eine unrichtige Ansicht. Seicho-No-Ie leugnet, daß Sünde existiert. Das Universum ist von einem allmächtigen, vollkommenen Gott geschaffen worden. Wie kann ein allmächtiger Gott Sünde erschaffen?

Was Gott nicht schuf, kann von Anbeginn her nicht existieren. Wenn es aber keine Sünde gibt, dann tut es nicht not, Trübsal zu erleiden oder sich selbst zu opfern.

Darlegung der menschlichen Sündenlosigkeit

Prediger aller Religionen haben stets verkündet, daß die Menschen sündig seien. Seicho-No-Ie hingegen erklärt, der Mensch sei unbefleckt. Wir sind keine Sünder, denn Gott hat keine Sünde erschaffen. Es ist der Zweck und die Absicht von Seicho-No-Ie, Sünde durch die Macht des Wortes auszulöschen. Im Urbeginn gab es keine Sünde, sie existiert nur, wenn man sie sich vorstellt. Wenn man ein Schulkind ausschilt und sagt: „Du machst Deine Aufgaben schlecht", dann wird es noch schlechter werden. Wenn man es hingegen lobt und sagt: „Du kannst Gutes leisten", dann werden seine Leistungen sich verbessern. Dies ist ein Beispiel dafür, wie man Sünde durch die Macht des Wortes austilgen kann. Seicho-No-Ie hat in der Tat die richtige Art gefunden, Böses verschwinden zu lassen. Christus sagte: „Deine Sünden sind dir vergeben; stehe auf und wandle", und der Gelähmte konnte plötzlich gehen.

Seicho-No-Ie vollbringt das Gleiche. In den Tagen Jesus verwunderten sich die Menschen und sagten: „Wer hat ihm Vollmacht erteilt, Sünden zu vergeben?" Die Worte Jesu löschten Sünden aus, da Sünden in Wirklichkeit nicht existierten. Seicho-No-Ie gleichfalls vertilgt die Sünde durch die Macht des Wortes, weil Sünde von Anbeginn her nie vorhanden war. In den Tagen Jesu verwunderten sich die Leute darüber, daß Jesus Sünden auslöschen konnte, heute hat Seicho-No-Ie erkannt, daß es jedem möglich ist, den Begriff der Sünde zu zerstören. Manch einer hat durch bloßes Lesen des heiligen Buches „Leben aus dem Geiste" die Wahrheit erkannt, daß wir alle, jeder, Söhne Gottes sind, und daß wir durch Versöhnung mit allem Lebenden glücklich sein und nicht nur uns selbst, sondern auch andere heilen können. In Seicho-No-Ie ist nicht nur deren Gründer „groß". Weder Jesus noch Gautama bezeichneten sich selbst als die einzig Großen. Erst spätere Ausleger ließen diese Religionsführer als die einzig Großen erscheinen und bezeichneten die Menschen als Sünder, denen ihre Vergehen gerade noch durch die Vermittlung der Gründer vergeben werden könne, so daß sie dadurch erlöst würden. Damit schalteten sie die unendliche Macht, die in jedem Menschen lebt, aus. Seicho-No-Ie hat erklärt, daß alle Menschen ohne Ausnahme Söhne Gottes sind, und daß sie ursprünglich weder Sünde, noch Krankheit, Tod, Leiden oder Schmerzen kannten; somit befreit Seicho-No-Ie des Menschen göttliche Natur durch Befreiung vom Banne des Wortes, das des Menschen unendliches Leben lähmte. Jetzt endlich kann der Mensch die in ihm wohnende unendliche Kraft entfalten, weil Seicho-No-Ie die Fesseln des Wortes, das die Menschen bis jetzt gefangen hielt, dadurch löste, daß sie die Menschheit für unbefleckt erklärte.

Gautama ist nicht die einzige Verkörperung des Ewigen Buddha im Fleische. Wir sind alle der Ewige Buddha, der im Fleische verkörpert ist. Jesus ist nicht der einzige Sohn Gottes. Wir sind allesamt Söhne Gottes. Jesus lehrte uns beten: „UNSER Vater, der du bist im Himmel." Das bedeutet, daß *alle* Menschen Söhne Gottes sind, und Gott ist Unser Vater. Wir haben unendliche Kraft von Gott erhalten. Wir alle sind Söhne Gottes. „Der einzige Sohn" bedeutet, daß der Mensch der Erbe aller guter Dinge sei. Ja, wir sind Söhne Gottes und Erben von allem, was ER besitzt; daher kann Gott das Unendliche allen seinen Söhnen gleichweis schenken und doch alles Unendliche in sich selbst zurückbehalten.

Somit bezeichnet Seicho-No-Ie jeden einzelnen Menschen als Sohn Gottes, weckt ihn auf zu der unendlichen

Kraft und Freiheit, die in ihm lebt, so daß Krankheiten auf der Stelle geheilt werden können, menschliche Heime mit Harmonie erfüllt werden und Kinder ihre Schulaufgaben gut lernen. Die Menschen, die zu Seicho-No-Ie kommen, werden von ihren Leiden befreit und erklären, daß ich, Dr. Taniguchi, sie geheilt hätte, doch dem ist nicht so; sie wurden geheilt durch die ihnen innewohnende Kraft Gottes. Wenn Sie einen Arzt befragen und dadurch geheilt werden, dann hat nicht der Arzt die Heilung bewirkt. Er half nur Ihrer eigenen Heilkraft, sich zu bewähren, d. h. der der unendlichen Kraft, die in jedem lebt; *diese* hat geheilt. Seicho-No-Ie's die Menschheit erleuchtende Bewegung löst die Fesseln des Wortes, das bisher die Menschen in allen Lebenslagen gebunden hat und offenbart die unendliche Kraft, die in dem Menschen wohnt, mit Hilfe der Macht des Wortes und der Kraft der Feder.

— — —

6. Kapitel

DIE EINHEIT UNSERES SELBST MIT ANDEREN UND DOCH INDIVIDUELLES LEBEN

Individualität und Universalität in der Kunst

Unser Selbst und das der anderen sind Eines — Ich bin Eins mit Gott. Die Erkenntnis dieser Tatsache ist der Grundbegriff aller Ethik. Alle Stufen der Sittenlehre leiten sich davon ab.

Besteht dann also nur das Universale Absolute Ich und gar keine Individualität? Ist individuelles Leben eine bloße Täuschung ohne Realität? Der Buddhist sagt: „Der Mensch ist eins mit Amita-Buddha, oder auch, des Menschen Leben vereint sich nach dem Tode mit dem gesamten Universum."

Bedeutet dies, daß ein individuelles Leben überhaupt nicht existiert, sondern im Universalen Leben verlischt?

Manche Denker behaupten, daß dem so sei, Seicho-No-Ie hängt einer solchen Theorie der Un-Individualität *nicht* an. *Wir lehren: je deutlicher eine Individualität sich behauptet, umso harmonischer wird sie sich in das Leben des Universums einfügen.*

Zur Erläuterung des oben gesagten kann man das All-Leben mit einer Uhr vergleichen. Der Zweck der Uhr ist, die Zeit anzugeben. Jeder ihrer Teile, z. B. das Zahnrad, muß seine besondere Eigenschaft vollkommen erfüllen, denn dies ist der einzige Weg, auf welchem das Zahnrad sein Leben mit dem der ganzen Uhr, die aus vielen Teilen besteht, richtig erfüllt. Die Individualität des Zahnrades besteht darin, daß alle seine Zähne gut angeordnet sind, sein Durchmesser darf sich durch Temperatureinflüsse weder vergrößern noch verkleinern, und das Rad muß sich in der rechten Richtung mit genauester Geschwindigkeit bewegen. Somit ist die Ausübung seiner besonderen charakteristischen Eigenschaft in vollster Vollendung der beste Weg, das eigene Leben mit dem der ganzen Uhr zu vereinen. Je vollkommener die Individualität des Zahnrades deutlich wird, umso vollkommener spielt sich das Leben der ganzen Uhr ab. Man kann daher nicht sagen, daß die „Individualität des Zahnrades“ „im gesamten Leben begraben“ ist. Im Gegenteil, je deutlicher seine Individualität sich ausspricht, einen umso besseren Beitrag wird es dem Ganzen reichen. Ein sich nach rechts wendendes Zahnrad muß sich so vollkommen wie möglich nach rechts wenden, und ebenso das sich nach links wendende Rad in genauester Weise nach links. Wenn aber — durch Verlust seiner Individualität — das nach rechts sich wenden sollende Zahnrad stehen bleibt, oder sich nach links dreht, dann trägt es nicht mehr zum Ganzen bei. Daraus ergibt sich, daß ein Kunstwerk, in welchem sich die Individualität am vollsten bezeigt, den besten Ausdruckswert im Universal-Leben besitzt.

Individuelle und Universale Betätigung

Wie aus obigem Beispiel hervorgeht, ist die vollkommene Entfaltung der Individualität des Zahnrades sein bester Beitrag zum Leben der ganzen Uhr. Übertriebene Handlungen oder ein sonderbares Benehmen ist keine

Bezeigung einer Individualität. Individualität bedeutet die Aufgabe oder die Pflicht des Selbst in seiner ihm zukommenden Lage. Die Genauigkeit der Zwischenräume zwischen den Zähnen und die bestimmte Geschwindigkeit der Radumdrehung, das sind die Aufgaben und Pflichten des Zahnrades, um die gesamte Uhr zufriedenstellend arbeiten zu lassen. Somit ist der deutliche Ausdruck einer Individualität in jeder Lebensphase der vollkommenen Ausübung der Pflichten des Zahnrades zu vergleichen. Eigensinnige Aufdringlichkeit außerhalb der ihm auferlegten Aufgabe ist wie ein gestörtes oder unregelmäßig gezahntes Rad. Es ist kein Zeichen von Individualität, wenn jeder sich eigenwillig und unzuverlässig benimmt, also nachlässig und liederlich wird. Individualität ist das spezielle Charakteristikum eines Menschen, das kein anderer außer ihm selbst tun kann. Das heißt, Gott hat dieses spezifische Charakteristikum, oder diese besondere Aufgabe diesem besonderen Menschen oder Ding aufgegeben.

Die Seele behält ihre Individualität nach dem Tode

Die Entwicklung der Seele bedeutet nicht das allmähliche Aufgehen der Individualität und seine Auflösbarkeit in dem großen Ozean des Lebens, ohne darin ein spezielles Charakteristikum zu hinterlassen. Der Zweck der Seelen-Entwicklung ist, allmählich eine vollkommene Individualität zu offenbaren. Somit ist es vernunftwidrig zu denken, daß unsere persönlichen Seelen, (die nach Verlassen des Körpers weiter fortleben, wie ich später erklären will), sich in der großen See des All-Lebens formlos auflösen, nachdem sie den Körper verlassen haben, ohne ein spezielles Etwas hinterlassen zu haben, etwa wie wenn ein Glas voll Salzwasser in den großen Ozean zurückgegossen wird. Es ist also töricht, zu glauben, daß das individuelle Leben nach dem Tode in dem großen durchsichtigen Ozean zu Nichts wird, wie dies eine Sekte der Buddhisten lehrt. Dadurch, daß man sein eigenes Leben mit dem Leben anderer zusammenwirken läßt, oder auch mit dem Universalleben (um wieder das Beispiel der Uhr anzuwenden), schmilzt man nicht die ganze Uhr zu einer gleichartigen Masse unindividuellen Metalls ein, sondern man läßt alle ihre Teile, wie Zahnräder, Zeiger usw., ihre speziellen Charakteristiken so vollkommen wie möglich betätigen, so daß die ganze Uhr (das Universum) zufriedenstellend arbeitet.

„Empfangene" Benachrichtigung während dringender Not

Herr Kotaro Ano in Aji-mura, Kagawa-ken, Geschäftsführer der Seicho-No-Ie Kagawa-Abteilung, sah auf einem Geschäftsgange eines Tages seinen Vater, Kozaemon, plötzlich vor seinen Augen erscheinen. Herr Ano bezeugte mir dies als ein wahres Erlebnis. Die eine Hälfte des Gesichtes seines Vaters war wie in heftigen Schmerzen zusammengekrampft. Er, Herr Kotaro, dachte, dies könne ein Anzeichen für eine Erkrankung seines Vaters sein, darum eilte er nach Hause zurück und fragte: „Wie geht es dem Vater?"

Er erhielt die Antwort: „Vater ging gerade in sein Lagerhaus, sorge dich nicht, er ist ganz gesund." Er fühlte sich seiner Sorge enthoben und schaute zum Fenster hinaus. Da sah er, wie jemand von mehreren Männern getragen auf das Haus zukam. Das Gesicht des Mitgeschleppten war kein anderes als das seines Vaters, dasselbe Gesicht, das er zehn Minuten vorher gesehen hatte. Eine Hälfte davon war schmerzverkrampft. So hatte Herr Ano unterwegs gesehen, daß sein Vater durch eine Gehirnblutung bewußtlos geworden war und nach Hause gebracht werden mußte. Glücklicherweise erholte sich sein Vater einige Zeit danach. So wurde mir die Geschichte wahrheitsgemäß von Herrn Ano erzählt.

Das Folgende wurde von einem (mittelwestlichen) amerikanischen Universitätsprofessor berichtet, als er ein junger Mann war. Die Geschichte ist auch in Mr. Trine's Buch erwähnt.

Als junger Mann verließ der Professor seine Heimat und arbeitete mit der Mannschaft eines Dampfers auf dem Mississippi. Eines Tages, als sein Schiff stromabwärts fuhr, fühlte er plötzlich, daß jemand ihm einen Schlag auf den Kopf versetzte und sah das Gesicht seiner Mutter ganz deutlich vor sich. Sie war aber daheim und nicht auf dem Schiffe. Der Eindruck war so klar, daß er tief erschrak und sich den ganzen Tag über deprimiert fühlte. In der Erkenntnis, daß er durch diesen seltsamen Vorgang bedrückt war, schrieb er die genaue Zeit der Begebenheit und auch andere Einzelheiten darüber in sein Tagebuch.

Einige Monate danach, als er schon alles über diesen Vorfall vergessen hatte, verließ er das Schiff und kehrte nach Hause zurück. Seine Mutter freute sich so sehr, ihn wiederzusehen, daß sie ihm bis vor die Tür entgegenkam. Sie trug ein dünnes Tuch über dem Kopf, und da er noch nie seine Mutter ein derartige Kopfbedeckung hatte tragen sehen, fragte er: „Was trägst du da, Mutter?“ „Dies,“ sagte sie und nahm das Tuch ab. Da sah er zu seinem Erstaunen eine tiefe, häßliche Narbe auf einer Seite ihres Haares. Sie erzählte ihm dann, daß sie vor einigen Monaten auf den Hinterhof gegangen sei und dort ein besonders scharfes Stück Holz gefunden habe, das sie weit fortwarf, jedoch verwickelte sich dieses Stück Holz in das Drahtnetz, das über den Hintergarten gespannt war und fiel gegen ihren Kopf zurück, und zwar mit dem scharfen Ende gegen sie gerichtet. Diese scharfe Spitze stieß gegen ihren Kopf und verletzte sie. Sie gab auch das Datum und die Zeit des Unfalles an. Der Sohn erinnerte sich nun daran, was er seinerzeit erlebt hatte. Er holte das Tagebuch hervor. Da fand er, daß Datum und Zeit des heftigen Schlages, den er auf seinen Kopf erhalten hatte, als er den Mississippi herunterfuhr, genau der Zeit und dem Datum des Unfalles seiner Mutter entsprach.

Die oben aufgeführten Erlebnisse von Herrn Ano und dem Professor sind wahre Berichte über eine telepathische Nachrichtenübermittlung von Vater zu Sohn, bzw. Mutter zu Sohn, die eine geistige Vereinigung bezeigen. Solche Gedanken finden oftmals statt zwischen Eltern und Kind, Ehemann und Ehefrau und auch zwischen vertrauten Freunden, weil die Seelen da in Liebe vereint sind.

Auch „Die unbekannte Welt“, das berühmte Werk von Dr. Flammarion, bringt einen Bericht von geistiger Verbindung zwischen Ehemann und Ehefrau.

„Eines Morgens erwachte ich durch einen heftigen Schlag auf meinen Mund; überrascht berührte ich meine Lippen. Sie schmerzten und schienen zu bluten. Daher hielt ich mein Taschentuch über sie, aber das Tuch wurde nicht blutbefleckt. Zudem konnte ich nicht verstehen, wie ich während meines Schlafes verletzt worden sein konnte. Ich dachte, geträumt zu haben und schaute auf die Uhr; es war sieben Uhr. Mein Mann war nicht zu Hause, wahrscheinlich war er segeln gegangen, da es ein schöner Tag war. Ich legte meinen Kopf auf das Kissen zurück und schlief wieder ein. Um neun Uhr dreißig ging ich ins Speisezimmer zum Frühstück wie gewöhnlich. Mein Mann kam ein wenig später herein und setzte sich aus irgend einem Grunde ein wenig abseits an das andere Ende des Tisches. Während er frühstückte, berührte er hin und wieder seinen Mund mit dem Taschentuch. Da erinnerte ich mich an das Geschehnis in meinem Bett und fragte ihn: „Lieber, ist irgend etwas mit deinen Lippen?“ – „Oh, nichts Besonderes“, antwortete er, „ich ging heute morgen rudern auf dem See, und ein plötzlicher Windstoß blies das Ruder gegen meinen Mund.“ – „Erinnerst du dich an die genaue Zeit, als dies geschah?“ fragte ich. Er sagte, es wäre etwa um sieben Uhr gewesen. Darauf erzählte ich meinen Angehörigen, was mir heute morgen zugestoßen sei, und sie waren alle sehr überrascht. (Erzählt von Mrs. Swivarn).

Im folgenden wieder eine Erscheinung, die sich am 4. Januar 1932 ereignete, als Frau Tamizo Kokaji an einer septischen Vergiftung nach einer Trommelfell-Operation starb. Ich kannte Herrn Kokaji seit der Zeit, als wir in der gleichen Firma arbeiteten. Er lebte damals in Suma. Frau Kokaji war mit Frau Shinko Hasegawa, deren Mann der Vorgesetzte ihres Mannes war, eng befreundet. Sie besuchten sich oft gegenseitig. Bevor Frau Kokaji zu Ende vergangenen Jahres ins Hospital ging, besuchte sie Frau Hasegawa und erzählte ihr von ihrer Krankheit und warum sie in das Krankenhaus zur Operation gehen mußte. Sie bat sie darum, sich um ihr Haus während der Zeit ihrer Abwesenheit zu bekümmern.

Es war 9 Uhr abends am 4. Januar. Nach Rückkehr von der Arbeit saß Herr Hasegawa in seinem „westlichen“ Zimmer. Er hörte, wie die Haustür geöffnet wurde und jemand hereinkam. Er hörte Fußtritte im Korridor und hörte, daß die Tür seines Zimmers sich öffnete. Er war dessen ganz sicher, daß sie sich öffnete. Herr Hasegawa schaute auf und erwartete, jemanden zu erblicken, doch obgleich die Tür sich geöffnet hatte, war niemand da. Er war ganz sicher, die Tür nach seinem Eintritt hinter sich geschlossen zu haben. Seltsam! Er ging erst zur Veranda und dann durch das Zimmer, auch ins Badezimmer, um zu sehen, ob jemand gekommen sei, aber er fand niemanden. Er dachte: „Ist das nicht sonderbar?“, ging durch den Korridor in die Vorhalle und schaute hinaus. Er bemerkte, daß jemand mit einer erleuchteten Laterne herankam. Es war Herrn Kokaji's älteste Tochter in Begleitung der Frau, die sich um Frau Kokajis Haushalt bekümmern sollte. Die beiden kamen, um von dem Tode von Frau Kokaji zu berichten.

Anscheinend suchte die Seele der Frau ihre Freundin im Augenblick des Todes auf, während in den beiden früheren Fällen „geistige Wellen“ Lebender für einige Augenblicke den Körpern entsprangen und eine gewollte Richtung einschlagen.

Herr Makino, Präsident der Fudo Sparkasse, erlebte ähnliches. Das Folgende ist eine Stelle aus seinem Buche „Lächelnde Geschichten". — „Etwas Seltsames geschah vor ungefähr zehn Jahren; es schaudert mich jetzt noch, wenn ich daran zurückdenke. Es war ungefähr 9 Uhr abends. Meine Frau war in Begleitung des Mädchens ausgegangen, und ich unterhielt mich mit meiner Schwester und noch anderen Personen. Plötzlich läutete es an der Haustür, und die Tür ging auf. Einer von uns ging hin, um zu sehen, wer gekommen sei. Die Tür stand offen, aber niemand war da. In diesem Augenblick kehrte meine Frau mit dem Mädchen zurück; auch sie hatten die Türglocke läuten gehört, sahen die Tür sich öffnen und erwarteten, daß jemand herauskäme, doch niemand kam. Wir kamen von innen und außen aufeinander zu und wunderten uns, was geschehen sei. Wir sahen uns sorgfältig um, doch niemand war eingetreten oder herausgekommen. Zudem brannte eine Straßenlampe hell, so daß niemand sich hätte verbergen können. Die Schiebetür hätte sich auch nicht von allein öffnen können. Wir alle hatten ein seltsames Gefühl. Nach einer Weile wurde der Körper meiner Schwiegermutter auf einer Tragbahre zu uns gebracht. Sie hatte im Iwasa Hospital gelegen und war soeben dort gestorben... Noch jetzt wundere ich mich, auf welche Weise sich die Tür geöffnet haben konnte. (S. 113, „Lächelnde Geschichten" von Mr. Motojiro Makino, veröffentlicht im Kogakudo Verlage, Tanaka-sagurakucho, Kanda, Tokyo.)

Herr Aijiro Murata, einer unserer Anhänger, kam neulich zu uns und erzählte das folgende, das er von einem befreundeten Priester gehört habe. Eines Nachts saß der Priester im Tempel, das heilige Wort „Namuamidabutsu“ der Buddhisten vor sich hinsingend, als er Fußtritte durch das Tempeltor eintreten hörte und auch der Haupttempel wurde betreten. Nach einer Weile saß jemand rechts hinter dem Priester. Dieser wendete sich um und erblickte eine Frau in einem weißen Umhang, aber in diesem Moment verschwand die Erscheinung. Am folgenden Tage bat ihn einer seiner Schüler zu einer Beerdigung zu kommen. Er sah, daß die Tote dieselbe Frau war, die er in der vergangenen Nacht in den Tempel hatte kommen hören, sie war auch mit dem gleichen Gewand bekleidet. Der Zeitpunkt ihres Todes stimmte genau mit der Zeit der Erscheinung der Frau im Tempel zusammen.

„Den Worten des Priesters gemäß“, fügte Herr Murata hinzu, „erleben sehr fromme Gläubige, die den Tempel oft besucht haben, hin und wieder solche Erscheinungen, auch solche, die niemals Tempel aufsuchen, aber kaum je Halb-Gläubige, die Tempel gelegentlich aufsuchen.“

Eine Sammlung ähnlicher Fälle geistiger Wellen-Verbindung ist in „Das Unbekannte“, einem berühmten Werke von Dr. Flammarion, einem großen französischen Astronomen und Seelenforscher, zusammengestellt. Einige solcher Berichte folgen hier:

1. Es war eine ruhige Sommernacht. Die Eltern des Artillerie-Offiziers Parmentier träumten friedlich. Plötzsich begann das Bett der Frau zu schaukeln, so stark, daß sie beinahe herausfiel. Sie erschrak darüber und weckte sogleich ihren Mann. Und wieder geschah ein weiteres Erbeben des Bettes. Das war alles. Ein Erdbeben schien es nicht zu sein, daher legten sie sich in Ver-

wunderung wieder schlafen, doch jetzt vernahmen sie ein lautes Geräusch im Wohnzimmer. Sie nahmen eine erleuchtete Kerze und gingen nachschauen. Es konnte kein Erdbeben gewesen sein, denn nichts hatte sich bewegt, auch war es kein Sturm, es war draußen alles ruhig, die Sterne schienen hell. Die Dame dachte, daß vielleicht einer ihrer Verwandten gestorben sei. Einige Tage später erfuhren sie, daß Frau Parmentier's frühere Erzieherin gestorben sei. Kurz vor ihrem Tode hatte die alte Erzieherin bedauert, daß sie Frau Parmentier seit ihrer Verheiratung nicht mehr aufgesucht habe, und rief viele Male nach ihr. In dem Augenblick, in dem Frau Parmentier das erschreckende Geräusch gehört hatte, war die Erzieherin gestorben.

2. Das Folgende ist ein Bericht des berühmten Wissenschaftlers Alphonse Belget: Als meine Mutter noch jung war und bei ihren Eltern lebte, war sie mit einem blinden Mädchen namens Amélie befreundet, die ihre Eltern in der Kindheit verloren hatte und bei ihrem Großvater nebenan wohnte. Sie hatte eine sehr liebliche Stimme und hatte meiner Mutter oft vorgesungen. Mit 18 Jahren war Amélie als Novize in ein Kloster eingetreten. Zuerst wechselten die beiden Mädchen noch häufig Briefe, dann aber, mit fortschreitender Zeit, schrieben sie sich weniger und weniger und schließlich gar nicht mehr. Eines Tages nach Verlauf von drei Jahren seit dem Eintritt Amélie's in das Kloster ging meine Mutter hinauf in die Bodenkammer, die als Vorratskammer benutzt wurde, um etwas zu holen. Plötzlich schrie sie auf, kam die Treppen heruntergestürzt und fiel im Wohnzimmer ohnmächtig zu Boden. Nachdem sie wieder zum Bewußtsein gebracht worden war, schluchzte

sie: „Oh, wie schrecklich! Amélie muß gestorben sein! Ich hörte sie einen Trauergesang anstimmen wie vor einer Toten!“ Darauf fiel sie wieder in Ohnmacht. Nach einer halben Stunde kam Amélie's Großvater mit einem Brief aus dem Kloster, der besagte: „Bitte, kommen Sie sofort ins Kloster; Ihre Enkelin ist gefährlich erkrankt.“ Amélie's Großvater setzte sich sofort in den Zug, um zum Kloster zu fahren, aber das arme Mädchen war schon gestorben. Man sagte, daß Amélie gerade in dem Augenblicke starb, als meine Mutter in Ohnmacht gefallen war. Ich hörte diese Erzählung zu verschiedenen Malen von meinen Großeltern und auch von meiner Mutter.“

3. Ich erhielt den folgenden Brief von Baron Deslandes am 20. März 1899: „Als ich ein Knabe war, hatten wir einen Diener namens Piemontese in unserem Palast. Er war ehrlich und treu, glaubte aber nicht an Gott und den Geist. Eines Abends ungefähr um 6 Uhr, als ich mit meiner Mutter im Wohnzimmer saß, kam unser Diener ganz rot im Gesicht herzugerannt und sagte weinend: „Oh, Madame, meine Mutter ist gerade gestorben! Sie kam ganz blaß zu mir herein, als ich nach Beendigung meiner Arbeit auf dem Bett lag. Es war, als ob sie mir Lebewohl sagen wollte. Ich dachte, es sei eine Sinnestäuschung und rieb meine Augen, aber sie stand tatsächlich da. Ich sprang auf, um sie zu umarmen, aber sie verschwand. Ich bin ganz sicher, daß sie gestorben ist!“

Piemontese hatte recht. Nach einigen Tagen erhielt er die Nachricht, daß seine Mutter am gleichen Tage im gleichen Augenblicke, als er ihre Erscheinung gesehen hatte, gestorben sei.“

Die obigen drei Beispiele wurden aufs Geratewohl

unter vielen ähnlichen Berichten von Dr. Camille Flammarion ausgewählt. Wer unter den Lesern dafür Interesse hat, mag das Originalwerk, das im Verlage Harper & Brother, 1901, erschienen ist, einsehen. Es kann als Beweis für den Schluß dienen, daß der „Geist" unabhängig von der Materie wirken kann, der „Geist" ist mithin vom Körper nicht abhängig.

Äther und Leben

Wenn das individuelle „Leben", nämlich das unsichtbare Geistige, sich von dem Körper ablösen kann, um an einem weit entfernten Orte wirksam zu sein, so entsteht die Frage, wie es möglich ist, einen entfernten Ort ohne materielle Hilfsmittel zu erreichen? Dies basiert auf der Tatsache, daß „alle Dinge Eines sind". Wenn wir einen winzigen Schnitt am Finger haben, so tut es nicht dem Finger allein weh, sondern der ganze Körper empfindet Schmerzen, doch der Finger hat seine Individualität und arbeitet unabhängig. Somit ist es bewiesen, daß alles seine eigene Individualität besitzt und doch Eins mit allem anderen ist, d.h. also mit dem Ganzen.

Was ist das, was ein individuelles Leben mit einem anderen verbindet? Es ist „Gott". Wir sind Eins mit allen Dingen durch (in) Gott.

Was ist Gott? Gott ist kein Körper und kann nicht mit den fünf Sinnen wahrgenommen werden. Wissenschaftler haben erfolgreiche Versuche über die wechselseitige Einwirkung von Äther, Materie und Energie angestellt. Äther ist wie Gott durch die Sinne nicht wahrnehmbar und muß vernunftgemäß erklärt werden. Seine

Wirksamkeit in *fast* allen, höchst wahrscheinlich sogar in *allen* Dingen ist aus deren Betätigung erkennbar. Diese „verbindende" Natur soll zahlreiche weit entfernte Planeten mit einander verketten und so das Sonnensystem bilden, sie verbindet ebenso verschiedene Atome, um chemische Verbindungen zu bilden und soll zu gleicher Zeit die Ursache der Erzeugung von universaler Abstoßung und Anziehung (Gravitation) sein. Die Betätigung des Äthers zeigt sich in der Erscheinung von Elektrizität, Magnetismus und Licht. Sorgfältige Untersuchungen über die Erscheinungen von Elektrizität, Magnetismus und Licht zeigen die Tätigkeit des Äthers ganz deutlich. Wissenschaftler haben durch Forschungen herausgefunden, daß Magnetismus und Gravitation, Wunderbetätigungen von Ätherwellen sind, ebenso das Licht.

Die folgende Frage kann gestellt werden:

„Ist Äther nicht die formlose Substanz, die ‚Selbst' und ‚Andere', ‚Geist' und ‚Materie' verbindet?" Früher dachte niemand, daß Äther als Substanz existiere, weil er weder gefühlt noch berührt werden konnte. Zudem bestand die metaphysische Schwierigkeit, die Verbindung zwischen Leben, Geist und Materie zu begreifen, jetzt aber haben neuerliche Untersuchungen den Äther als eine unendlich wichtige *Substanz* ermittelt. Das Atom ist im wesentlichen eine Umformung des Äthers, also „Nichts", und daher sind alle die vertrauten Dinge um uns herum, einschließlich der Moleküle, eine spezielle Verklärung des Äthers, des „Nichts", ohne Form, Geschmack, Farbe usw.

Moderne Physiker haben alle diese physikalischen Wunder als Wellen oder Umformung des Äthers, der „Nichts" ist, ausgelegt. Es ist damit erkannt worden, daß Materie eine Form ist, die aus diesem „Nichts" hervorging und durch geheimnisvolle Macht in Bewegung gesetzt wurde, und daß Materie wieder in Energie umgeformt werden kann wie auch umgekehrt. *Genau genommen; weder Materie noch Energie sind unsterblich. Nur die geheimnisvolle Macht, die sich einmal als Energie, ein anderes Mal als Materie bezeigt, ist unsterblich. Materie ist eine Form der Energie.* Jene geheimnisvolle Macht, die dieses „Nichts" in Materie und daraus in Magnetismus und andere Energie umwandelt, ist „Geist", genau genommen, der Geist Gottes.

Gegenwärtig kennt man verschiedene Formen der Energie wie mechanische Bewegung, elastische Spannung, Wärme, Licht, Töne usw., und sie wechseln miteinander und beeinflussen einander. Wir wissen auch, daß Materie aus Elektronen und Protonen besteht, und daß die Größe eine Elektrons der Weite des elektrischen Feldes, das sich im Äther ausdehnt, entspricht. Moderne Forschungen haben es möglich gemacht, einen Teil der Natur des Äthers zu erkennen. Elektronen und andere ursprüngliche Einheiten der Materie werden jetzt als sich stetig wiederholende Umdrehungsformen erkannt (es mögen auch noch andere Formen bestehen), verursacht im (und durch den) Äther, der ein „Nichts" ist. Dieses „Nichts", das sich dreht und dreht und als Materie erscheint, ist nicht mehr unbemerkbar, wie es vorher war, als man noch nichts über die Darstellung des „Nichts" als Materie wußte. Wir besitzen die sinnlichen Organe, um Materie zu erfassen.

Jetzt wissen wir, daß atomische Energie in Licht und Wärme vor unseren leiblichen Augen umgewandelt wird. Wissenschaftliche Untersuchungen haben bewiesen, daß das Licht eines Sternes, das wir erblicken, ein Teil bzw. der sich *zeigende* Teil, der Überschuß-Energie ist, die einer inneren Störung im Sternensystem entströmt. Ein ähnlicher Durchgang geschieht in unserer Sonne, jedoch nicht so heftig wie bei den Riesensternen. Es kann darauf geschlossen werden, daß die Sonnenwärme, deren wir täglich bedürfen, lediglich die Einwirkung der geheimnisvollen Macht (der geistigen Wellen) des „Unbekannten", die das „Nichts" beunruhigt, ist, welche wir „Äther" nennen.

Es scheint, als ob wir den Schlüssel zur Macht des „Gedankens", der das „Nichts" bewegt, und die relative Verwandtschaft zwischen „Geist" und „Materie", welche(r) das „Nichts" in Form bringt, finden können. Biologen haben behauptet, das Leben oder der Geist besäße verschiedene aktive Energieformen, welche Äther in das, was wir als organische Materie bezeichnen, umformen kann. Jedoch ist diese sogenannte Materie allein nicht Materie im eigentlichen Sinne. Licht und Elektrizität sind Umformungen von Materie, weil sie Umformungen des „Nichts", des Äthers, sind. Altertümliche Biologen behaupten heute noch, daß die lebenden Dinge aus der Materie hervorgegangen sein müssen, und viele Menschen glauben fest an diese Idee. Manche Extremisten glauben, daß Leben und Geist der Materie entstammen, weil sie nicht wissen, daß „Materie" eine Umformung des „Nichts" ist. Mancher Physiker denkt, daß es etwas Materielles, wie Äther, „gibt"; letzteres ist aber nur ein anderer Name für „Nichts".

Der Gedanke, es sei schwierig, ein „Leben" ohne das Medium eines organischen Körpers zum Ausdruck oder der Nutzbarmachung des Selbst zu leben, ist unrichtig. „Leben" ist unabhängige Energie, die alles Nötige aus dem „Nichts" erschafft. Die unterste Form des „Nichts" ist Äther; Materie und Körper dagegene sind komplizierte Formen des „Nichts". „Leben" kann funktionieren und sich auch ohne ein materielles Medium wie Gehirn- und Nervensystem zum Ausdruck bringen. *„Leben" wirkt nicht direkt auf die Materie, die wir Körper nennen, ein, sondern auf das „Nichts" zwischen den Molekülen*, denn in der molekularen Substanz unseres Fleisches ist die Entfernung zwischen zwei Molekülen relativ ebenso groß wie die zwischen zwei Planeten. Ist es nicht wahr, daß „Leben" erst auf das „Nichts" wirkt, und dann erst auf das Fleisch, die Nervenknoten, auf verschiedene Arten von Materie, Licht und Elektromagnetismus?

Somit ist das „Nichts" einem Klebstoff zu vergleichen, der alle endlichen Stoffe in einem Körper zusammenhält. Trotzdem bleibt „Nichts" „Nichts", ob es nun in Form gepreßt ist oder als Äther verbleibt. Daher also kann das „Nichts", das die Entfernung zwischen Individuen oder Dingen ausfüllt, kein wirklich Lebendes werden. Das was Individuen oder Dinge in einen Körper verschweißt, das was den Zwischenraum zwischen allen und allem ausfüllt, muß „ein Ding sein, das von Anbeginn an ein Körper war". „Nichts" und Materie können Dinge nicht zu einem Körper vereinen. Nur „das Ding, das von Anbeginn ein Körper war" kann alle Dinge in Eins verschmelzen und vereinen. „Das Ding, das von Anbeginn an ein Körper war, ist „Gott".

Alle Individuen werden ein einziger Körper nur dann, wenn sie im Glauben an Gott vereint sind. „Äther, der Nichts ist", scheint alle Dinge mit einander zu vereinen mittels universaler Gravitation, weil „alles, was ist", nämlich die Macht Gottes, hinter dem „Nichts" arbeitet. Äther ist das „Nichts", und die Macht Gottes ist Alles, Was Da Ist.

Anmerkung: Die physikalische Ausdeutung des Äthers ist bloße Hypothese. Für den Materialisten ist es schwierig, zu glauben, daß Licht und elektromagnetische Wellen durch Schwingungen des „Nichts" hervorgebracht werden; daher ist diese Hypothese aufgestellt als Erklärung der Erkenntnisse vor dem Elektronen-, Quanten- und elektromagnetischen Zeitalter. Aber einige Physiker behaupten, daß Äther selbst nur Hypothese ist, und eine solche Hypothese nicht als nötig erscheint. Der Zustand, bevor Materie erschien, braucht nicht als „ein Ding, Äther genannt" beschrieben zu werden. Er kann wirklich als „Nichts" beschrieben werden, anstatt ihm einen solchen Namen zu geben.

Daraus ist klar zu sehen, daß Äther, Elektronen und Materie sämtlich aus dem „Nichts" geschaffen worden sind. Dann auch müssen wir erkennen, daß Gott das Einzige ist, das existiert und der Urgrund aller Dinge ist.

7. Kapitel

DAS ETHISCHE PRINZIP DER REUE

Seicho-No-Ie, eine Religion der Wiedergeburt

„Denn in ihm leben, weben und sind wir; wie auch etliche Dichter bei euch gesagt haben: Wir sind seines Geschlechts. So wir denn göttlichen Geschlechts sind, sollen wir nicht meinen, die Gottheit sei gleich den goldenen, silbernen und steinernen Bildern, durch menschliche Kunst und Gedanken gemacht. Die Zeit der Unwissenheit hat zwar Gott nicht erkannt, nun aber gebietet er den Menschen, daß alle an allen Enden Buße tun."

Seicho-No-Ie ist nicht nur eine Religion, sie ist Leben, Heim, alles. Ihr bedeutendstes Charakteristikum ist, daß sie eine Religion der Wiedergeburt ist. Aus dieser herrlichen Eigenschaft heraus wird das Leben wert, gelebt zu werden, und Harmonie herrscht in jedem Heim.

„Wiedergeburt" bedeutet hier nicht nur, daß die Menschenseele in einem anderen Körper nach dem Tode des Fleisches wieder in die Welt kommt. Eine wirkliche „Seelenwanderung" bezieht sich auf die Wiedergeburt der *Seele* unabhängig von Leben und Tod des Körpers. Wenn auch der Körper zahlreiche Umwandlungen erfährt, so kann man doch nicht von Wiedergeburt sprechen, wenn man zugleich erkennt, man sei ein Sohn Gottes. Der oben angeführte Absatz aus der Apostelgeschichte besagt, daß man durch Bereuen zur Erkenntnis des „Wirklichen Selbst" als einem Sohne Gottes erweckt wird.

Die wahre Wiedergeburt ist das Verschwinden des Gedankens: „Ich bin ein Kind der Sünde" und die Erkenntnis: „Ich bin ein Sohn Gottes". Jedoch bedeutet die Erkenntnis der Sohnschaft Gottes nicht Selbst-Anmaßung oder Selbst-Belobigung jenes Selbst, das Sünden begeht. Das Begehen von Sünden im Geiste wird in der materiellen Welt zur Form, denn der Gedanke „Ich bin ein Kind der Sünde" bleibt im Unterbewußtsein verhaftet. Wenn das falsche Selbst sich als „Sohn Gottes" oder „das Wahre Selbst" betrachtet, dann ist die Gotteskindschaft nicht wahrhaft geboren. Wenn man das falsche Selbst als das Wirkliche Selbst ansieht, so ist das der Anpreisung falscher Ware als echte Ware zu vergleichen. Sie kann nur dann als echte Ware gelten, wenn das echte Etikett auf der echten Ware befestigt ist.

Aussprache zwischen Jesus und Nicodemus

Obgleich ein bewundernswerter Name wie „Wirkliches Selbst", „Wahres Selbst" oder „Sohn Gottes" dem Selbst der sündigen Lüste, der weltlichen Wünsche, oder dem materialistischen Selbst gegeben wird, so ist dies doch nicht die wahre Erkenntnis des „Wirklichen Selbst" oder des „Sohnes Gottes". Dies können wir falschen Stolz des falschen Selbstes nennen.

Die Erkenntnis, daß das zeitliche sündenvolle Selbst weltlicher Gelüste, die sich aus Materie zusammensetzen, nicht das Wahre Selbst ist, und das Wissen, daß das Ewige Geistige Unzerstörbare „Wirkliches Selbst" bedeutet, ist die wahre Wiedergeburt. Jesus sagte zu Nikodemus: „Wahrlich, wahrlich, ich sage dir, es sei denn, daß jemand von neuem geboren werde, so kann er das Reich Gottes nicht sehen." (Joh. 3:3). Nikodemus dachte, wiedergeboren zu werden bedeute Wiedergeburt des Fleisches, daher antwortete er mit der Frage: „Wie kann ein Mensch geboren werden, wenn er alt ist? Kann er auch wiederum in seiner Mutter Leib gehen und geboren werden?“ Jesus antwortete: „Was vom Fleisch geboren wird, ist Fleisch; und was vom Geist geboren wird, ist Geist. Lasse dich's nicht wundern, daß ich dir gesagt habe: Ihr müsset von neuem geboren werden. Der Wind bläst, wo er will, und du hörst sein Sausen wohl; aber du weißt nicht, woher er kommt und wohin er fährt. So ist ein jeglicher, der aus dem Geist geboren ist ... Und niemand fährt gen Himmel, denn der vom Himmel herniedergekommen ist, nämlich des Menschen Sohn.“

Er meinte damit, wie früher erwähnt: wieviele Male auch immer das Fleisch wiedergeboren wird, wird es in Ewigkeit Fleisch bleiben. Wie hart auch immer man versucht, das Fleisch zu züchtigen, so kann man dadurch nicht das Wahre Selbst erreichen; Wiedergeburt bedeutet Neugeburt. Dies bedeutet, daß, wenn man auch das Fleisch für das Wahre Selbst gehalten hat, dieser Gedanke über das Selbst sich plötzlich ändert, sobald man das Fleisch als zeitliches falsches Wesen erkannt hat und in die Wahrheit selbst neu hineingeboren wird — das ist dann eine „Neugeburt“. Er allein, der vom Himmel hernieder kam, nämlich der Wahre Mensch, aus der Wahrheit geboren, ist ein Sohn Gottes. Jesus meinte, daß das Erwachen zu dieser Wahrheit „Wiedergeburt“ sei.

Bereut, denn das Himmelreich ist nahe

Diese WIEDERGEBURT wird auch REUE genannt. Jesus sandte seine Jünger aus, um zu predigen: „Bereut, denn das Himmelreich ist nahe." „Nahe" bedeutet so nahe, daß man es erreichen und Nutzen daraus ziehen kann. Es bedeutet nicht, daß es herannahen wird. Daher bedeutet: „Bereut, denn das Himmelreich ist nahe", nicht: „Bereitet euch vor auf das himmlische Königreich, das kommen wird." Reue bedeutet die Bekehrung des Geistes durch die Erkenntnis, daß das fleischliche Selbst nicht das Wirkliche Selbst ist, sondern das falsche. Reue bedeutet die Erkenntnis, daß das Wirkliche Selbst von dem fleischlichen Selbst getrennt ist, und daß es allein das „Selbst des Sohnes Gottes" ist. Somit findet eine vollkommene „Umkehrung des Selbst" statt. Dies ist wahre Reue und Wiedergeburt. Wenn „Reue" und Umkehrung des Selbst" bewiesen sind, dann wird das Königreich des Himmels, aus dem man unendlichen Nutzen ziehen kann, ganz nahe vor uns erscheinen. Das Himmlische Königreich, das Land der Seligen und das Land der Ewigen Freude, wird sich dann dem offenbaren, der bereut, d.h. sein Selbst vollkommen umgewandelt hat.

Furcht vor dem Jüngsten Tage ist der Beweis, daß wahre Reue nicht bewiesen worden ist

Manche Menschen denken, daß „bereut, denn das Himmelreich ist nahe" eine Mahnung sei, sich zu bessern, damit man nicht am jüngsten Tage in der Hölle verbrannt wird. Bereuung von Sünden, nur um sich vor der

Gefahr zu schützen, verbrannt oder in die Hölle geworfen zu werden, ist keine grundlegende Bekehrung, sondern moralische Feigheit. Derjenige, der wahrhaft seine Sünden bereut hat, braucht nicht zu planen, wie er seiner Strafe entgehen könne. Wenn ein Mensch wahrhaft bereut und sich vollständig gewandelt hat, braucht er sich vor dem Jüngsten Tage nicht zu fürchten, denn geistige Umwandlung oder Reue bedeutet die Erkenntnis des „Wahren Selbst" das nicht verbrannt oder ertränkt werden kann, da es unvergänglich ist. Darum also hat jemand, der sich vor dem „letzten Gericht" fürchtet, nicht bereut, und es ist bedeutungslos ihm zu sagen: „bereue aus Furcht vor dem Letzten Gericht". „Bereuen hat nur dann einen folgerichtigen Sinn, wenn dieses Wort bedeutet, das falsche Selbst, das im Feuer verbrannt oder im Wasser ertränkt werden kann, aufzugeben, und dafür das „Wahre Selbst", das unzerstörbar und keinem Letzten Gerichte unterworfen ist, einzutauschen.

Furcht empfinden jene, die ihr „Wahres Selbst", das unzerstörbar ist und weder verbrannt noch ertränkt werden kann, noch nicht erkannt haben; sie wissen nicht, daß sie Söhne Gottes sind, sündenlos und auf jedem ihrer Schritte Gutes tun. Diejenigen, die zu ihrem „Wahren Selbst" erwacht sind, wahre „Reue" und vollkommene „Umwandlung" erfahren haben, brauchen sich vor dem Letzten Gericht nicht zu fürchten.

Wenn der Geist des Menschen aus Furcht vor dem Letzten Gericht ohne eine vollständige Umwandlung Reue empfunden hat, so wird die geistige Verbesserung eine weitere Verzögerung erleiden, wenn das Letzte Gericht nicht kommt. In solchem Falle wird die Bekehrung nur aus Furcht vor dem Letzten Gericht vorgenommen, die Bekehrung selbst ist nicht der Hauptzweck. (Eine wahrhafte Bekehrung durch Furcht ist nicht möglich.) Dies ist vergleichbar mit einem Schüler, der Schlechtes über seinen Lehrer in dessen Abwesenheit spricht, aber in seiner Gegenwart den Mund nicht öffnet. Kann Reue entstehen dadurch, daß der Schüler gewarnt wird, der Lehrer könne jeden Augenblick erscheinen, also daß das Letzte Gericht in jedem Moment kommen könnte? Nein, das ist nicht möglich.

Die Warnung: Der Lehrer mag jeden Augenblick erscheinen“ kann sehr wohl die Schüler aus Furcht daran hindern, schlecht über ihren Lehrer zu sprechen, wenn nun aber der Lehrer nicht gleich erscheint, so werden sie bald wieder mutwillige Reden führen. Eine Besserung des Geistes, durch Furcht verursacht, ohne daß das Selbst sich wahrhaft gewandelt hat, führt zur Bezeigung des „Falschen Selbst“, wenn keine Furcht mehr vorhanden ist.

In wahrer Reue muß das ganze Selbst sich vollständig umwandeln. Die Unterdrückung des „Falschen Selbst“ durch das Mittel der Furcht ist wirkungslos. Das „Falsche Selbst“ muß durch „Das Wahre Selbst“ ersetzt werden.

Reue bedeutet nicht Selbstverachtung

Reue ist nicht das Gefühl, „ich habe Unrecht“; sondern Reue ist die Auslöschung des „Falschen Selbst“. Obgleich die Erkenntnis „meines üblen Selbst“ bis zur Selbstanklage: „Oh, wie bösartig und unverbesserlich ich doch bin!“ uns bewußt wird, so bedeutet dies allein noch nicht wahre Reue. Manche Menschen haben Selbstmord begangen aus dem Gedanken heraus: „Wie schlecht bin ich doch, zu nichts gut!“ Andere wiederum verloren allen Mut, sich der Welt gegenüber zu behaupten und gingen ihren eigenen Weg durch das Leben. Manche, in Verzweiflung, faßten den Entschluß, Böses zu tun im Gedanken: „Ein Mensch kann gar nicht gut sein.“

Wie oben gezeigt, bedeutet Verzweiflung an sich selbst nicht „wahre Reue“. Der Pastor Nasao Takashi der Konkokyo-Shinto-Sekte behauptet, keinen Grund mehr zum Sich-beklagen zu haben, seit er herausfand, er sei das schlechteste Wesen in der Welt. Er empfand Dankbarkeit für alles und spürte das unendliche Leben. Daher predigt er, daß die Erkenntnis „man sei das schlechteste Wesen in der Welt“ der Weg zur Wiedergeburt sei. Dieses aber ist Takahashi's persönliche Erfahrung und nicht für jeden anwendbar. Warum hat Herr Takahashi dadurch das unendliche Leben gefunden, daß er erkannte: „Ich bin zu nichts gut, es gibt niemanden, der schlechter ist als ich“, während andere durch denselben oder einen ähnlichen Gedanken in Verzweiflung geraten oder sogar Selbstmord begehen? Die letzteren sahen nur, daß sie zu nichts gut wären, ohne das Falsche Selbst auszutauschen, bereuten also nicht wahrhaft. Sie erkannten nur „das gut zu nichts—Selbst“, „das schlimme Selbst“ oder „das Falsche Selbst“ und fanden nicht „das Größere Selbst“, jenes Selbst, das Himmel und Erde durchdringt.

Herr Takahashi erkannte nicht nur, daß er das nutzloseste Geschöpf in der Welt sei, sondern er wandelte „sein Inneres Selbst“ zu gleicher Zeit vollständig um. Bei Aufgabe seines Falschen Selbst erkannte er, daß eine geheimnisvolle Macht existierte, die Himmel und Erde durchdrang und ihn mit unerschöpflicher Kraft erfüllte.

Er erkannte, daß er nicht durch seine persönliche Kraft lebe, sondern durch das unendliche Leben des Vaters, das Himmel und Erde durchdringt. Er erkannte auch, daß er nicht durch sein persönliches Bemühen lebte, sondern daß das Große Leben im Himmel und auf Erden ihn leben ließ. Somit fand in ihm eine vollständige Umwechslung des Selbst statt. Früher dachte er, daß sein eigenes Selbst ihm Leben verlieh, heute aber weiß er, daß das Universale Leben Gottes seine Lebenstriebkraft ist, daß also das unendliche All-Leben Gottes in ihn eingeflossen sei und das sogenannte Selbst bildete. Daher war er für sein Leben dankbar, und nie endende Kraft ward sein.

Die Erkenntnis unserer bösen Natur kann wohl ein *Grund* für Reue sein, ist aber nicht Reue in sich selbst. Auf der anderen Seite mögen wir uns auch nicht als unbedingt schlecht empfinden, wenn wir nur verstehen, daß „himmlisches und irdisches Leben in uns hineinfließt und uns Leben verleiht" und daß „das Himmel und Erde durchdringende Leben nichts anderes als unser Wahres Selbst ist", und wir also eine vollständige Umwandlung erfahren, dann werden wir von Anbeginn an erleuchtet wie Buddha und wissen, daß „Ich bin Herr über mich selbst im Himmel und auf Erden", *haben* also schon die Umwandlung erreicht.

„Reue" ist, wie erwähnt, „Umkehrung des Selbst", wodurch „das Falsche Selbst" durch „das Wahre Selbst" ersetzt wird. Daher ist es nicht nötig, sich zu lange mit „dem schlechten Selbst" zu beschäftigen. Obgleich Herr Takahashi sagt, daß sein früheres Selbst *vor* der Bekehrung schlecht war, so denkt er nicht, daß sein neues Selbst *nach* der Bekehrung ebenfalls böse sei. Im Gegenteil; er fühlt sich groß, wie sonst könnte er Zeitschriften herausgeben und auf Vortrags-Tourneen gehen, um die Wahrheit zu lehren? Wenn er zu lange bei dem schlechten Selbst" verweilt hätte, könnte er das nicht sein, was er heute ist. Wenn er auch oftmals während seiner Vorträge sagt „es tut mir leid, verzeihen Sie mir", im Gedanken an seine erbarmungslose sündige Vergangenheit, so muß er sich heute sicherlich als „groß" betrachten.

Der Unterschied zwischen Reue und Bedauern

Reue ist „Umwandlung des Selbst", daher ist es keine Reue, das frühere schlimme Selbst mit sich herumzutragen und seinen Zustand zu bedauern, ohne sich umzuwandeln. Reue und Bedauern ähneln sich sehr; jedoch ist Aufgeben des schlechten Selbst und somit Neugeburt, während das bloße Bedauern ein weiteres Herumtragen des schlechten Selbst ist und es lediglich *beklagt*. Bedauern ist, über dem alten Selbst zu brüten, Reue hingegen wirft das alte Selbst weg, um sich an das neue und Wahre Selbst zu halten. Beides scheint ähnlich zu sein, ist jedoch von Grund auf verschiedene.

Der Unterschied zwischen Reue und Askese zum Zweck der Sühne

Manche Menschen benutzen ein Kaltwasser-Bad, um eine harte Strafe für ihre Sünden aus Reue auf sich zu nehmen. Jedoch, Reue ist eines, Strafe etwas ganz anderes. Vielleicht denken diese Leute, daß Härte ihre frühere Sünde auslöschen wird, aber wie hart auch immer man das Fleisch zu läutern versucht, die Sünde oder das üble Karma wird dadurch nicht vergehen. Um die Sündhaftigkeit verschwinden zu lassen, ist vollständige Umwandlung notwendig.

Reue ist nicht etwa der Entschluß, keine Sünde mehr zu begehen

Noch einmal: Reue bedeutet nicht die Bemühung, die bösen Taten nach und nach zu vermindern und gute dafür einzusetzen. Reue bedeutet, sich ganz und gar vom Übel ab – und dem Lichte zuzuwenden. Ein Mensch, dessen Selbst sich nicht ganz und gar bekehrt hat, ist dem Dachs in der japanischen Parabel von Kachikachiyama vergleichbar, der auf dem Tonboot verbleibt und versucht, ein Loch nach dem anderen zuzudecken. Trotz aller Bemühungen muß das Boot sinken. Schon ein einziges Loch kann das Boot zum Sinken bringen.

Ein Mensch, dessen Selbst nicht umgewandelt ist, mag mit größter Anstrengung versuchen, seine Sünden dadurch zu verringern, daß er keine schlechten Taten mehr vollführen will, es wird ihm nicht gelingen, weitere Sünden zu vermeiden. Wie hart man auch immer versuchen mag, keine Sünde mehr zu begehen, solange man auf dem Tonboot des „Falschen Selbst“ verbleibt, wird man auch weiterhin Sünde auf Sünde häufen. Das kann man nicht als Reue bezeichnen. Die Anstrengungen, das Loch in dem tönernen Boot zu bedecken, kann nicht als Umwandlung des Selbst betrachtet werden. Nur der feste Entschluß, nie mehr eine Sünde zu begehen, ist das Zeichen wahrer Reue. Die Um-Schiffung von dem „tönernen“ Boot auf das „ewige“ Boot der Gotteswahrheit, das erst ist Reue. Das Boot des „Wahren Selbst“ wird niemals Löcher haben. Sobald man auf dem Boot des Wahren Selbst, das keine Löcher haben kann, angelangt ist, wird es nicht mehr nötig sein, sich vor der Vollbringung übler Taten zu hüten, denn dann ist jedes üble Benehmen von Natur aus verschwunden.

Um ein Beispiel zu geben: neulich ging ich nach Kyoto, um einer unserer Sitzungen beizuwohnen. Nach einer kurzen Ansprache vollführte ich SHINSOKAN (eine gebetähnliche Meditation) mit allen Teilnehmern. Nach einigen Tagen erhielt ich einen Dankbrief von einer Dame. Sie schrieb, daß sie nach Beendigung ihrer Mahlzeit noch lange Zeit am Tische sitzend verschwendete. Sie wollte schon lange diese schlechte Angewohnheit aufgeben, aber es war ihr nicht gelungen. Am folgenden Morgen nach der Versammlung und der Ausübung von SHINSOKAN mit mir stand sie von jetzt an selbst auf und arbeitete fleißig nach Ende des Frühstücks. Sie strengte sich hierzu gar nicht besonders an, sondern fand einfach, daß sie ihre schlechte Angewohnheit aufgegeben hatte, ohne es zu wissen. *Früher versuchte sie ihre schlechte Angewohnheit zurückzuhalten und wollte sich bessern,* aber es war ihr nicht gelungen. Jetzt aber, ohne Anstrengung ihrerseits, war sie von ihrer schlechten Gewohnheit geheilt.

Das obige Beispiel beweist, daß der Entschluß, negative Eigenschaften zu ändern, nicht wahre Reue bedeutet. Durch die Erkenntnis, daß es „kein übles Selbst“ gibt und „das Wahre Selbst, das Eines mit Gott ist“, sich bezeugt, wird „das üble Selbst“ durch das „Wahre

Selbst“ ersetzt. Zusammenfassend möchte ich noch einmal sagen, daß Reue nicht Verbesserung „des bösen Selbst“ bedeutet, sondern dessen Weggabe und Eintausch gegen „das Wahre Selbst“.

Reue ist der Übergang auf das wahre, unzerstörbare Schiff der Realität

„Reue“, d. h. die Überwanderung aus dem tönernen zur Zerstörung verurteilten Boot auf das unzerstörbare Schiff der Realität scheint einfach genug, ist aber dennoch schwierig, aber zugleich ist es trotz der anscheinenden Schwierigkeit einfach. Man erinnert sich daran, daß „der Mensch ein Sohn Gottes ist“, und ist sich dessen voll bewußt, daß ER da ist. Und doch ist dies nicht wahre Reue. *Man selbst* muß den Übergang von dem tönernen Boot zu dem Boot der Realität vornehmen, und *man selbst* muß seine eigene Unzerstörbarkeit erlangen.

Das Folgende ist eine Parabel aus Matthäus, Kapitel 21:

„Es hatte ein Mann zwei Söhne und ging zu dem ersten und sprach: Mein Sohn, gehe hin und arbeite heute im Weinberge. Er antwortete aber und sprach: Ja, Herr! und ging nicht hin. Und er ging zu dem andern Sohn und sprach gleich also. Der antwortete aber und sprach: Ich will's nicht tun! Danach reute es ihn, und er ging hin. – Welcher unter den zweien hat des Vaters Willen getan? – Jesus sagte, es sei nicht der Sohn, der antwortete, er würde in den Weinberg gehen und ging *nicht*, sondern der andere, der tatsächlich ging. Er wird in das Reich Gottes aufgenommen werden.“

„Wahre Reue“ muß ein wirkliches Gehen sein, i. a. W. sie muß von der Erkenntnis begleitet sein, daß der Himmel direkt und *jetzt* vor uns steht. Sogar dann, wenn der Geist empfindet, daß dem so sei, das Ich aber noch nicht umgewandelt ist, so ist die Erlösung noch nicht realisiert, denn die Umgebung ist der Schatten des Geistes, der sich nicht ändert, bevor nicht eine völlige Umwandlung des Geistes stattgefunden hat.

Vor kurzem litt eine bestimmte Persönlichkeit an Asthma. Der Mann war wohlhabend und sandte sofort nach einem Spezialisten für Atmungsorgane. Die Diagnose lautete: Herz-Asthma! Daraufhin wurde ein Herzspezialist herbeigerufen. Auch mit der Niere stimmte etwas nicht, also kam auch noch ein Nieren-Spezialist.

Die verschiedenen Heilanwendungen hatten zuletzt des Patienten Verdauungsorgane geschädigt. So wurde also noch ein Magenspezialist hinzugezogen. Die Ärzte begannen nun in ihren Spezialgebieten den Patienten zu behandeln. Niemand unter ihnen aber nahm es auf sich, den ganzen Patienten in Behandlung zu nehmen. Alle waren auf ihrem Spezialfeld berühmt und behandelten den Patienten lediglich auf diesem. Der Herz-Spezialist bemühte sich, das Herz zu heilen und kümmerte sich nicht darum, welche Einwirkung seine Behandlung auf andere Organe des Patienten haben könnte. Der Asthma-Spezialist bemühte sich nur, des Asthmas Herr zu werden. Der Nierenarzt beschränkte sich auf die Nierenbehandlung. Natürlich fühlten sich alle verantwortlich, aber wenn mehrere Spezialisten denselben Patienten behandeln, so wird jeder von ihnen versuchen, nicht in das Feld des anderen Spezialisten einzudringen; daher arbeitet jeder Spezialist nach Möglichkeit nur in seinem eigenen Spezialfeld.

Der Patient wurde immer schwächer. Seine Zahnwurzeln fingen an zu bluten. Dies erforderte, einen weiteren Spezialchirurgen hinzuzuziehen. Eine Goldkrone, die hart auf den Gaumen drückte, war an der Blutung schuld, sie mußte also abgenommen werden. Da der Patient sehr wohlhabend war, hatte man eine starke goldene Vernietung benutzt, die nur ein Fachmann entfernen konnte. Also wurde ein Zahnarzt hinzugezogen. Zwei Spezialisten hatten wegen der blutenden Zähne befragt werden müssen.

Mr. Y, ein Anhänger von Seicho-No-Ie konnte dabei nicht mehr bloßer Zuschauer bleiben. Er sagte: „Es ist doch nur notwendig, die Blutung aufzuheben!" Mit diesen Worten betete er eine Zeit lang und hielt dabei seine Hand über den Patienten. Bald darauf hörte das Bluten auf. Dann erschien der Zahnarzt. „Sie werden nicht mehr benötigt", sagte Mr. Y., „die Blutung hat aufgehört!" — „Das ist wahr", antwortete der Patient, „aber der Zahnarzt ist speziell für mich den ganzen Weg hergekommen. Ich will daher seine Hilfe in Anspruch nehmen."

Der Zahnarzt arbeitete und feilte ungefähr zwei Stunden lang an den Zähnen des Patienten herum. Zwei Stunden in unnatürlicher Haltung mit weit geöffnetem Munde ermüdet selbst einen Gesunden. Die langwährende unnatürliche Mundstellung, in welcher der Patient verbleiben mußte, während seine Goldkrone abgenommen wurde, ermüdete und schwächte den schon erschöpften Körper noch mehr. Der Zahnarzt behandelte nur die Zähne und dachte nicht an den Gesamtorganismus.

Die Einstellung eines Arztes darüber mag anders sein, in diesem Falle aber, da der Patient von verschiedenen Spezialisten in ihren diesbezüglichen Eigenschaften behandelt wurde, kam der Kranke in eine unangenehme Lage. Mehrere Flaschen und Papierbeutel, medizinische Mittel enthaltend, welche die Ärzte verschrieben hatten, standen an der Bettseite des Patienten.

Es war Herrn Y abermals nicht mehr möglich, nur noch Zuschauer zu bleiben. „Stecken Sie eine Mitteilung an Ihre Tür, ‚Ärzten ist der Eintritt verboten' und nehmen Sie keine Medizin mehr", sagte er, „dann will ich Sie heilen!"

Der Patient antwortete ihm darauf: „Bitte, gestatten Sie es noch dieses Mal und lassen Sie mich die medizinische Behandlung fortführen. Es kommt nicht darauf an, wieviel es kostet, geben Sie mir die beste Medizin. Nach meiner Gesundung will ich zu Seicho-No-Ie gehen und dann an Gott glauben."

Der Patient fuhr fort, die verschiedensten Medizinen und Injektionen zu nehmen und wurde immer kränker. Somit zeigte es sich, daß Medizin allein nicht genügte. Der Patient wünschte Herrn Y nahe bei sich zu behalten. Jedoch Herr Y mußte seinen Geschäften nachgehen. Eines Tages verließ er den Patienten mit den Worten: „Ich werde sobald wie möglich zurück sein", und ging nach Osaka. Er mußte aber einen halben Tag lang abwesend sein; nach seiner Rückkehr sagte der Patient zu ihm: „Sie haben gelogen und sind fortgegangen. Tun Sie das nicht mehr. Bleiben Sie bei mir; ich fühle mich ohne Sie vereinsamt!"

Der Patient vermochte aber nicht, sich nur auf Herrn Y oder die Medizinen zu verlassen. Er befragte einen Meister der Prana-Heilmethode. Aber die Behandlung erregte ihn, und er konnte nicht einschlafen. Herr Y legte seine Hand auf die Stirn des Patienten und betete für ihn um Seelenfrieden. Da schlief er ein. Trotzdem aber konnte der Patient sich nicht von dem Gedanken befreien: „Der Mensch ist Fleisch, das aus Materie besteht und daher materiell behandelt werden muß“. Er hatte die Wahrheit nicht erkannt, daß „der Mensch ein Sohn Gottes ist und nicht zerstört werden kann“, hatte also noch nicht genügend bereut, um wiedergeboren zu werden. Obgleich der Patient noch viel länger hätte leben können, verkürzte er selbst sein Leben und starb viel zu früh, weil er dem Gesetz der Materie untertan war, ein Sklave materialistischer Medizin.

Wenn man dagegen wahrhaft bereut hat, dann wird man dies in Form und Tat beweisen, und das Land der Ewigen Freude naht sofort heran.

Viele Fälle solch wunderbarer Heilungen und anderer bemerkenswerter Erfahrungen werden in dem Kapitel über „Wahrhafte Berichte aus dem täglichen Leben“ in der monatlich erscheinenden „Seicho-No-Ie“, die äußerst lesenswert ist, aufgeführt.

Die Freiheit, Böses zu tun

„Warum hat Gott den Menschen die Freiheit gegeben, Böses zu tun?“ Diese Frage wird uns oft von unseren Lesern vorgelegt. Was bedeutet „gut“ sein? Es bedeutet nicht nur ehrlich zu sein. Gott will, daß die Persönlichkeit (nämlich der freie Mensch) mit seinem freien Willen das Rechte tut. Zwangsweise recht zu handeln, ist nicht moralisch gut, denn in diesem Falle hat die Persönlichkeit keine Freiheit und vollführt nur äußerlich Gutes, was bloß dem Anschein nach gut ist. Der Unterschied zwischen ethischem und erzwungenem Gutsein ist dem Unterschied zwischen einer aus freier Hand und der mit einem Lineal gezogenen Linie zu vergleichen. Eine mit einem Lineal gezogene Linie ist ganz gerade und scheint vollkommen, aber sie ist kein Kunstwerk, sie hat kein Leben, sie ist nicht geschmackvoll, sie ist mechanisch mit einem Lineal gezogen und *muß* daher gerade sein.

Wenn ein Mensch keine Freiheit hat und zwangsweise das Rechte tun muß, dann kann man ihn wohl einer mit Hilfe eines Lineals gezogenen Linie gleichsetzen. Er wird fähig sein, auf dem rechten Wege zu bleiben, aber sein Leben ist wie die Tätigkeit einer Maschine, die keinen Geschmack noch Leben hat. Ebenso wie eine mit dem Lineal gezogene Linie keine Kunst, sondern eine bloße mechanische Notwendigkeit ist, so werden auch unsere Handlungen unter dem Druck mechanischer Nötigung ihrerseits weder Leben noch Ethik aufweisen.

Daher ist ein wirklich gutes und wahres Leben der edlen Schönheit eines Bildhauer-Meißels zu vergleichen, der die Freiheit hat, der Länge oder der Breite nach oder auch nach irgend einer anderen Richtung hin zu meißeln, und dabei doch immer die richtigen Umrisse formt. Er hat die Freiheit, auch einen unrechten Weg zu gehen und schlägt dennoch immer den rechten Pfad ein.

8. Kapitel

EINE RELIGION, WELCHE DIE MENSCHHEIT BEFREIT

Die Quelle der Erlösung des Menschen

Solange eine Religion sagt „Meine Sekte sagt dies und dies“, oder „der Begründer der Sekte so und so“, und damit stets nur eine bestimmte Sekte in den Vordergrund kommt, und solange die von dem Gründer einer Sekte gesprochenen und auf die Menschen seiner Epoche zugeschnittenen Worte als goldene Regel angesehen werden, kann die Menschheit keine Erlösung finden. Wir können kein Heil durch in früheren Zeiten gesagte Dinge erlangen. Nur durch die Tugend der Wahrheit an sich kann das Heil erfolgen.

Was ist Wahrheit? Sie hängt nicht von verwickelten scholastischen Kenntnissen ab. Wahrheit bedeutet „das Ding, das wirklich da ist“. Nur durch das, was wirklich da ist, kann der Mensch erlöst werden, nicht aber durch „das Ding, das anscheinend und nicht in Wahrheit existiert“, oder durch die Vorurteile oder die Täuschung der Begründer einer Sekte oder Religion. Viele Religiöse jedoch versuchen diese Ansicht zurückzuweisen mit den Worten: „Der Begründer dieser Sekte sagte das, daher ist es heidnisch, etwas zu behaupten, was der Gründer nicht sagte“, oder „es ist eine Irrlehre“. Dies ist etwas Verabscheuenswertes, wenn es von einem Religionsprediger gesagt wird, es zeugt von Parteigängertum und ist Abweichung von der Wahrheit. Solange Religiosität einen solchen Parteigeist besitzt, kann keine Religion Frieden in die Welt bringen, oder die Menschheit erlösen.

Warum gelang es der Religion nicht, Frieden in die Welt zu bringen?

Es ist ungefähr 2600 Jahre her, seit Buddha den Buddhismus lehrte und 2000 Jahre seit der Geburt Jesu Christi: Warum lebt die Menschheit noch immer in ständiger Furcht vor Kriegen, die unmittelbar bevorstehen, und dies angesichts der Tatsache, daß die beiden großen Religionen einen so vorherrschenden Einfluß in der Welt haben?

Die Unzulänglichkeit der Religionen wird als Grund dafür bezeichnet. Man hört immer wieder sagen: „Was haben die Religiösen überhaupt getan?" Mit solchen religiösen Predigern möchte ich nicht zusammengenannt werden. Daher nenne ich mich, sobald ich in offiziellen Berichten die Spalte „Beruf" ausfüllen muß, „Schriftsteller".

Dennoch habe ich eine tiefe Verehrung für Buddha und Christus. Mein Grund dafür ist, daß unter den vielen Religionsgründern diese Beiden die Wahrheit predigten; jedoch mißverstanden die Anhänger verschiedener Sekten diese Wahrheit und konnten daher die Wahrheitslehre des Buddha und auch die von Jesus Christus nicht richtig übermitteln, sie lehrten also die Unwahrheit als Wahrheit. Dafür ist weder Buddha's Lehre, der Buddhismus, noch Christi Lehre, das Christentum, zu tadeln. Schuld daran ist, daß unter dem Etikett „Buddhismus" etwas „in Flaschen" verkauft wird, das garnichts mit Buddha's Lehre zu tun hat, und auch unter dem Namen „Christentum“ wird etwas, das nicht „Christi Lehre“ ist, angepriesen. Dadurch wurde die von Buddha und Christus gepredigte Wahrheit verhüllt, und „das Ding, das nicht die Wahrheit ist“, das sagt „Meine Sekte sagt dies“, das kam einherstolziert und schien die Menschheit erlösen zu wollen. Kann es da Wunder nehmen, daß der Menschheit nicht geholfen wurde, und der Friede nicht in die Welt kam? Das aber bedeutet nicht, daß Religion keine Macht hat; nur weil die wahre Religion verhüllt und nicht mehr erkennbar ist, wurden die Menschen nicht erlöst, und der Welt konnte nicht geholfen werden.

Zweck der Religion ist vollständige Befreiung der Menschheit

Wahre Religion muß die „Wahrheit“ selbst sein. Jesus lehrte: „Die Wahrheit wird euch frei machen“. Ganz bestimmt muß die wahre Religion den Menschen befreien. Man lasse sich durch den Ausdruck: „Glaubensfreiheit“ nicht täuschen. Der Glaube an irgend etwas ist keine Religion. Der Prüfstein, „wahre Religion“ von „falscher Religion“ zu unterscheiden, ist, ob die Lehre dieser Religion wirklich den Menschen befreien kann oder nicht.

Es ist eine falsche Auffassung religiöser Kritik, eine Klassifizierung in orthodox und unorthodox vorzunehmen

Soziale oder kulturelle Kritiker in Japan setzen gewöhnlich einen unrichtigen Prüfstein an religiöse Kritik. Sie teilen Religion in zwei Teile, orthodoxe und unorthodoxe Religion und sind ungemein tolerant und unkritisch der orthodoxen Religion gegenüber. Anscheinend herrscht der Gedanke, daß die in Hunderten von Jahren fortgeführten Unreinheiten im Laufe der Zeit ausfiltriert worden sind, so daß ein nahezu vollkommener Restsatz verblieb, der nicht mehr kritisiert zu werden braucht, so daß also Zeitungen und Zeitschriften keinen Aufruhr erheben wie z. B. „Ein Anhänger von solch und solch einer orthodoxen Religion beging ein Verbrechen". Wenn aber ein Anhänger einer nichtorthodoxen Religion irgend ein Verbrechen begeht, dann greifen sie immer wieder die unorthodoxe Religion an mit Worten wie, „ein Anhänger solch und solch einer unorthodoxen Religion beging einen Betrug" oder „beging dieses oder jenes Verbrechen", um damit zu sagen, daß ein solches Verbrechen begangen wurde, weil alle unorthodoxen Religionen Aberglauben sind und die Wahrheit verdrehen.

Die intelligent sein wollenden Kulturkritiker sind gar nicht so intelligent, wenn sie von der blind folgenden Menge verlangen, das, was unorthodoxe Religion genannt wird, falsch aufzufassen und alles derartige als Aberglauben zu betrachten. In jedem Falle jedoch gibt es verschiedene Arten von Sekten in sowohl orthodoxer als auch unorthodoxer Religion; es gibt wahre und falsche, sowohl orthodox wie unorthodox; es gibt wahren Glauben und Aberglauben. Daher ist es eine falsche Auffassung zwei Klassifizierungen durchzuführen und eine verallgemeinernde Kritik vorzunehmen.

Allgemein gesprochen: das, was wir Religion nennen, beschäftigt sich mit dem Problem des Lebens der

Menschen, und ihr Zweck ist, die Wahrheit, woher unser „Leben“ kommt, und wohin es geht, klar darzustellen. Es kann daher gar keine verschiedenartig gestalteten Wahrheiten geben, wie z. B. die Wahrheit der A oder B Sekte etc. Das Leben des Menschen kann nur aus *einer* Quelle kommen. Hierin liegt die Basis der Wahrheit, in der alle Religionen sich vereinigen müßten, wie ich es vorgeschlagen habe. Daher ist keine Klassifizierung in der „Seicho-No-Ie“ Bewegung, die ich predige, vorgesehen. Alle religiösen Wahrheiten, solange sie richtig und wahr sind, sollten sich einen.

Die wahre Bedeutung der Erlösung

Erlösung durch das Mittel der Religion bedeutet Wiederherstellung der ursprünglichen Freiheit des „Lebens“ und ist nicht mit des Menschen „Auslieferung an die Erbsünde belastet, Erlösung bedeutet eine äußerst liebliche Welt, Paradies benannt“, so als ob man einen nach Morast riechenden Karpfen aus diesem Morast auffischt und ihn in reines Wasser setzt. Unter den Anhängern orthodoxer Religionen gibt es viele, die glauben, daß Erlösung sündiger Menschen die Umbehausung eines nach Morast riechenden Karpfen in reines Wasser bedeutet. Dies ist eine absolut falsche Auffassung. Die Erlösung des Menschen durch religiöse Wahrheit bedeutet die Erkenntnis des Menschen um seine Gottessohnschaft und die Vergegenwärtigung, daß das innere Wesen des Menschenlebens von Anbeginn her eine vollkommene „Buddhaheit“ ist. Mit anderen Worten, die Gottnatur, die Seele, ist Gott, die Gottheit ist Buddha; frei von Anbeginn, und die ursprünglich vollkommene wahre Erscheinung des Selbst sollte sich entfalten und die alte Freiheit, die ursprüngliche Befreiung und freie Göttlichkeit, besitzen. Solch eine Wahrheit, die den Menschen befreit und frei läßt, ist wahre Religion, daher lehrte Christus nach dem Johannes-Evangelium: (Kap. 8, V. 31) „Ihr werdet die Wahrheit erkennen, und die Wahrheit wird euch frei machen". Auch Buddha lehrte in der Nirvana Sutra: „Das Wesen des Buddhatums ist Befreiung." Obgleich Buddhismus die Lehre Gautama Buddhas bedeutet, so hat Buddhismus doch auch den Sinn, die Menschen zu Buddhas umzuformen. Nicht nur Buddhismus, sondern alle religiösen Lehren sollten die Menschen zu Buddhas erziehen, d. h. sie zur „Befreiung" führen. Die Befreiung der Seele ist ein Zustand, worin man selbst sein eigenes Leben befreit sieht, i. a. W. die „Wahrheit, die euch frei macht". Religion kann die Menschen zu solcher „Befreiung" führen, wodurch der Mensch ein vollkommenes Wirkliches Selbst, also das Paradies, erreicht. Paradies ist kein Land, sondern ein „Zustand" des menschlichen Geistes.

Religion und das Problem der Sünde

Religion, die dem Menschen die Wesenheit des Lebens erklärt und ihn dadurch frei macht, sollte natürlich auch das Problem der „Sünde" lösen. Denn der Mensch ist durch die Sünde gebunden und hat seine ursprüngliche Freiheit verloren. Was ist eigentlich die wahre Natur von „Sünde"? Man kann nicht über Religion diskutieren, ohne an dieses Problem heranzugehen. Eine gewisse christliche Sekte behauptet, daß „Sünde“ eine Auflehnung gegen das „Gesetz Gottes“ sei, und daß diese Auflehnung rechtlicherweise bestraft werden müsse. Paulus sagte: „Der Sünde Sold ist Tod“, dies bedeutet aber nicht unbedingt „Tod des Körpers“, sondern daß Sünde die *Seele* abtötet. Viele Christen glauben, Gott bestrafe den Sünder dadurch, daß er ihn in das Höllenfeuer stürzt.

Wenn „Sünde“ dieserart gepredigt wird, erscheint Gott in furchtbarer Hoheit wie ein schreckenerregender Richter, der über dem Menschen Wache hält und Strafen verhängt. Mir hingegen erscheint es als Lästerung, Gott als Richter anzusehen. Wenn solch ein streng strafender Gott wirklich existierte, müßten die Menschen in Furcht vor dem Urteil erzittern. Dann wird der Mensch einem Kaninchen gleich, das in Furcht von dem Fuchs erzittert, und es gibt keine Freiheit mehr. Wenn dies die religiöse Wahrheit zur Erlösung des Menschen wäre, hätte Christus nie gesagt: „Die Wahrheit wird euch frei machen.“

Verneinung von Adam's Erbsünde

Christus lehrte: „Die Wahrheit wird euch frei machen“, das Judentum hingegen predigte: „Die Menschheit ist mit Adam's Erbsünde belastet, die jedem angeboren ist,“ und so ergriff die Menschen der Aberglaube, daß Gottes Verurteilung und Strafe jederzeit kommen könnte, und sie zitterten vor Furcht angesichts ihrer Sünden. Christus dachte, es sei falsch, Gott als solchen Richter aufzufassen; er erklärte, daß der Mensch nicht ein „Kind der Sünde“ sei, sondern ein „Kind Gottes“, und predigte die

Wahrheit, „Der Mensch ist ein Sohn Gottes, von Anbeginn unbehindert und frei und ohne Sünde", und lehrte, daß durch Erkenntnis dieser Wahrheit die Menschen nicht im Gedanken an ihre Sünde vor dem Urteil Gottes zu zittern brauchten, sondern frei wären. In jenen Tagen war Jesus ein unorthodoxer Prediger, der ein Leuchtfeuer der Aufklärung gegen die orthodoxe Religion entzündete. Er stellte sich dem Glauben der Juden entgegen, daß der Mensch ein Kind der Sünde sei, nannte sich selbst einen „Sohn Gottes" und erklärte, daß alle Menschen ebenso Kinder Gottes seien.

Dies ist das wahre Christentum. Durch die Erkenntnis, ein Sohn Gottes zu sein, verschwindet das Gedankenbild des Menschen als „Kind der Sünde", er wird keine Sünden mehr begehen in der automatischen Wiederholung durch die innewohnende Sünden-Idee (Weiterwanderung des Karma), und die Freiheit des Menschen wird sich wieder offenbaren. Das ist die Bedeutung des Wortes: „Die Wahrheit wird euch frei machen."

Christliche Kirchen wirken gegensätzlich zu Christi Lehre

„Christliche Kirchen" glauben immer noch, daß Jesus der einzige „Sohn Gottes" sei, alle anderen Menschen aber „Kind der Sünde"; dies aber ist nicht „Christentum, das die Menschheit befreit", wie Jesus lehrte. Er predigte niemals, daß der Mensch ein Kind der Sünde sei, sondern daß alle Menschen „Kinder Gottes" seien. Zum Beweis dafür setzte Jesus ein Beispiel im Gebet, das „Vaterunser", in dem es heißt: „UNSER VATER, der Du bist im Himmel, geheiligt sei Dein Name..." Hier ist besonders zu beachten, daß Jesus in dem Gebet sagte: „UNSER VATER, der Du bist im Himmel" und nicht: „Jesu Vater." Unser aller Vater ist Gott, daher sind wir alle als Kinder Gottes geboren.

Viele Kirchen, die sich als christlich bezeichnen, sehen auf den Menschen als „Kind der Sünde" und verkünden nicht den Menschen als „Sohn Gottes", der ursprünglich sündenlos war. Sie beklagen die Erbsünde des Menschen in Radio und Zeitschriften, lassen die Menschen in Furcht vor dem letzten Gericht erzittern und rufen aus, daß Erlösung nur durch ihre bestimmte Kirche erreicht werden könne, für die Anhänger dringend verlangt werden. Alles in allem: Unwahrheit, ganz und gar entgegengesetzt der Lehre ihres Gründers, wird laut, fern von „der Wahrheit, die Euch frei machen wird." Diese Kirchen binden den Menschen durch die Unwahrheit und schränken seine Freiheit ein. Sie sind „antichristlich", während sie behaupten „Christentum" zu predigen.

Buddhistische Predigten der Theorie, der Mensch sei tief in Sünde verstrickt

Auch im Buddhismus gibt es Sekten, die der Theorie, daß der Mensch ein „Kind der Sünde" sei, anhängen. Ich möchte keine bestimmte Klasse oder Sekte kritisieren, daher nenne ich keine Namen, aber sie predigen, der Mensch sei ein „törichter Sterblicher, mit schwerer Sünde behaftet" und so schlecht von Natur aus, daß es für ihn unmöglich sei, trotz äußerster Askese gerettet zu werden, jedoch sobald der Name AMITA BUDDHA ausgerufen wird, könne eine Seelenwanderung in eine ausgesprochen angenehme Welt, das gesegnete Buddhaland des westlichen Paradieses genannt, vorgehen. Weiterhin predigen sie, daß ein gewisser Haupttempel dabei passiert werden muß, um einen speziellen Platz in jenem Paradiese zu erlangen, und ihre Priester bekommen einen sehr schönen Unterhalt durch ihr Schmarotzen an den Darbringungen der Opfernden.

Ich bemerkte, daß „AMITA" im Sanskrit Licht bedeutet, das die Allwelt durchstrahlt, und daß überall, wo dieses unendliche Licht leuchtet, das Gesegnete Land Buddhas ist, darum also ist das Paradies bereits HIER und JETZT. Dieses Land wurde sehr passend als „Westliches Paradies" den alten indischen Massen gegenüber bezeichnet, die nicht wußten, daß der Westen seine Richtung je nach der Umdrehung der Erde wechselt. AMITA BUDDHA ist also im Innern des Menschen, und so ist auch das Gesegnete Land des Paradieses in unserem Selbst." Nach Lesen dieser Auslegung wurden die Priester dieser Sekte von einer Panik ergriffen. Sie protestieren gegen die Lehre Jesu, „alle Menschen sind Kinder Gottes", aber ihr Protest ähnelt der Kreuzigung Jesu unter der Brandmarkung „Gotteslästerer" durch die amtierenden Priester Jerusalems, die in Verschwörung mit den Händlern, welche Ochsen und Tauben als Brandopfer für Gott verkauften, einen guten Gewinn erzielten.

Solange als die Persönlichkeit, welche die „Wahrheit, die die Menschheit befreit, predigt, gekreuzigt oder seine Lehre als heidnische oder häretische Religion bezeichnet wird, um die geistlichen Behörden und ihr Einkommen zu beschützen, auch heute 2000 Jahre nach Christi Geburt und ungefähr 2600 Jahre seit Buddha erschien, verschlechtert sich das menschliche Gemüt trotz aller Predigten mehr und mehr, und kein Friede kommt in die Welt. Und auf die Frage, was denn die Religion in den letzten 3000 Jahren geleistet habe, gibt es keine Antwort.

Jesu Heilmethode stimmt mit der modernen Geisteswissenschaft überein

In jüngster Zeit wurde durch die Fortschritte in der Wissenschaft über Geist, Psychoanalyse und Geist-Heilkunde entdeckt, daß Krankheiten durch Selbst-Fesselung und Selbst-Beschränkungen, die auf der Idee der Sünde beruhen, verursacht werden, und daß Krankheit durch die Entfernung der Sündenidee geheilt werden kann. Das Ding, „Sünde" genannt, ist eine im Unterbewußtsein haftende fixe Idee, die durch den Glauben der Menschen in dem jeweiligen Zeitalter des Betreffenden durch Unterhaltungen seiner Umgebung, Geschwätz, elterliche Ermahnungen, religiöse Predigten usw. in sein Unterbewußtsein eingepflanzt wurde. Gemäß der allgemeinen unbewußten Ansicht, daß der Mensch, der gesündigt hat, durch Bestrafung seine Sünden vergeben bekommt, verursacht im Unterbewußtsein des Menschen seine Erkrankung als Selbst-Bestrafung. Demgemäß also können viele Krankheiten geheilt werden, sobald die Idee der Sünde den Betreffenden verlassen hat. Dieses führte Jesus in der Praxis aus. Er bemitleidete die Juden seiner Tage, die durch die Sünden-Idee gefesselt waren, und heilte Krankheiten, indem er die Sünden-Idee aus dem Unterbewußten entfernte mit den Worten: „Du *bist* bereits ohne Sünde“ oder „Deine Sünden sind dir vergeben, stehe auf und wandle!“ Nicht darum, weil Christus Kranke mit autoritativen Worten heilte, ist er der Sohn Gottes“. Da ursprünglich alle menschlichen Lebewesen „aus Gott entsprangen“, also *alle* „Kinder Gottes“ sind, sollte es so etwas wie Krankheit überhaupt nicht geben, aber die freie Natur unseres Lebens ist durch die Sünden-Idee im Unbewußten gefesselt und *wird* dadurch krank. Wenn jedoch die im Unterbewußtsein haftende täuschende Idee der Sünde beseitigt wird, kann auch die Krankheit, das Resultat der Sünden-Idee, geheilt werden.

In meinem Werke „Leben aus dem Geiste“ habe ich dies nach allen Richtungen hin beleuchtet durch Anführung von Beispielen und Darlegung meiner Theorie, daß es ursprünglich keine Sünde gab, weil das Wahre Leben darin besteht, ein „Sohn Gottes“ zu sein, und ich versuchte mit aller Kraft, die Sünden-Idee aus dem Unterbewußtsein des Menschen zu entfernen. Daraufhin bekam ich Dankbriefe von zahlreichen Lesern, die mir mitteilten, daß sogar Lungentuberkulose, Krebs und auch Rückenmark-Tuberkulose, denen die medizinische Wissenschaft nicht gewachsen war und die von medizinischen Autoritäten als unheilbar angesehen wurden, nach Lesen meiner Ausführungen vollständig ausheilten. Der Grund dafür war, daß die Krankheit, die im Unterbewußtsein durch die Sünden-Idee verursacht worden war, mit dem Verschwinden der Sünden-Idee heilte. Das war ein glücklicher Umstand für den Geheilten, aber ein Mißgeschick für mich, den Verfasser von „Leben aus dem Geiste“ und Begründer des Heilmittels, der geistigen Bewegung mit dem Namen „Seicho-No-Ie“. Das große Publikum nahm nämlich an, „Seicho-No-Ie“ sei nur eine unorthodoxe Heilungsreligion, und in Japan betrachtet man eine Heilungs-Religion als Aberglauben, schlimmer als eine Religion, die nicht zu heilen versteht. Sogar heute noch beurteilen uns die NHK (der japanische Rundfunk) sowie verschiedene Zeitungen und Zeitschriften trotz unseres großen und guten Rufes als religiös ergebene Leute sehr ungünstig, oder sie ignorieren uns ganz und gar. Ganz allgemein gesprochen ist es eine Falschannahme, neue Religionen en bloc unter dem allgemeinen Namen „unorthodox“ einzureihen. Viele unorthodoxe Religionen gleichen den orthodoxen. Sowohl die „orthodoxen“ wie die „unorthodoxen“ betonen die Sünde des Menschen und drohen ihm mit der „göttlichen Bestrafung“, aber sie rufen ihn mit den Worten „komme zu uns als Ausweg vor der göttlichen Strafe.“

Manche drohen mit Beschwörungen wie: „die und die Person hat ein böses Karma in ihrer vorigen Existenz erworben, daher wird es sich zeigen, daß der Mann oder das Kind in etlichen Monaten sterben wird. Um Erleichterung dieses Schicksals zu erreichen, mußt du unserer Religion beitreten und fest an sie glauben, sonst gibt es keine Hilfe“. Obgleich solche Torheit unvorstellbar sein sollte, wird durch die Macht des Wortes ein Furcht-Vorgefühl erregt, wodurch man sich unruhig und bekümmert fühlt, und so gibt es denn viele, die Mitglieder jener unorthodoxen Religion werden. Sobald sie Mitglieder geworden sind, geht die Drohung weiter, und sie hören, „ein Fluch wird über dich kommen, wenn du diese Religion verläßt“, was zumeist eine solche Wirkung hat, daß diese Menschen innerlich sich nie mehr von dieser Religion abwenden können. In einer solchen

Organisation vergrößert sich die Mitgliederzahl durch den Zwang der DROHUNG, und es gibt gewisse Sekten, bei welchen Geldopfer eingesammelt werden, die sich täglich erhöhen. Eine solche Religion ist weit entfernt von „die Wahrheit wird Euch frei machen", denn sie predigt Unwahrheit, bindet die Menschen zu jener Religion und erzwingt Opfergaben. Aber auch in einer solchen Religion gibt es zuweilen Heilung von Krankheiten. Dies erklärt sich aus der Tatsache, daß durch den Glauben an jene Religion das Gefühl „meine Sünden werden mir vergeben" erwächst und die Sünden-Idee durch Selbst-Läuterung verschwindet; dadurch also kann auch die durch die Sünden-Idee verursachte Krankheit geheilt werden. Die Heilung einer solchen Krankheit wird als ein Wunder jener Religion laut verkündet, und die Priesterherrschaft gewinnt eine immer größere Macht.

Warum können orthodoxe Religionen keine Wunder in dieser Welt vollbringen?

Obgleich solche Sekten unorthodoxer Religionen Wunderkräfte offenbaren können, (Erklärung für die physische Wirkung ist das Gefühl, daß die Sünde vergeben wurde, solange man bei dieser Religion verbleibt), so erweisen sich orthodoxe Religionen kaum fähig, ein „weltlich gutes" Wunder zu vollbringen, weil orthodoxe Religionen gewöhnlich nur von der Erlösung der Seele nach dem Tode predigen und nicht darüber, daß die Erlösung (oder die Vergebung der Sünden) schon in diesem irdischen Leben erfolgen könne, darum besteht keine Verbindung zwischen „Errettung der Seele“ und „irdisch Gutem“. Vielmehr wird in einer bestimmten orthodoxen Religion gepredigt, daß Askese in dieser Welt nötig sei, um die „Errettung der Seele“ zu erlangen. Auch Paulus sagte: „Das Fleisch gewinnt nichts“, und auch im Brahmanentum vor Erscheinung des Buddhismus wurde Kasteiung des Fleisches, die zur Läuterung der Seele führt, gepredigt. Der heutige Buddhismus (speziell in der Praxis) hat in gewisser Weise die gleiche Tendenz. Somit hält das Unterbewußtsein des Gläubigen die Idee fest, daß je unglücklicher dieses Leben verläuft, desto glücklicher wird er in seinem Astral-Leben sein, folglich leitet das Unterbewußtsein des Gläubigen ihn in seinem täglichen Leben und seinem körperlichen Zustand zu Unglück und Mißerfolgen, und in weiterer Folge zu Krankheit. Hierin liegt die Ursache, warum Heilung von Krankheiten und andere Wunderwirkungen in der irdischen Welt in orthodoxen Religionen so selten erfolgen, da sie nur die Rettung der Seele in einem späteren Leben predigen.

Freud erläuterte in seinem berühmten Werke: „Einführung in die Psychoanalyse“ und „Abnorme Psychologie im täglichen Leben“, daß viele „Schnitzer“, schlechtes Benehmen, Unfälle und Verletzungen durch die Selbstbestrafungsidee im Unterbewußtsein hervorgebracht werden. Viele Anhänger der orthodoxen Religion glauben grundsätzlich, daß Elend und Askese im täglichen Leben erforderlich sind, um dadurch im künftigen Leben „Seligkeit“ zu erlangen, und daß Selbst-Aufopferung zur Auslöschung der Sünden führen kann; daher also darf man irdische Güter nicht erwerben wollen.

Ich halte es für bedauerlich, daß viele unorthodoxe und auch orthodoxe Religionen die Sünden der Menschheit immer wieder betonen und die Selbstbestrafungsidee für Sünden in das menschliche Unterbewußtsein einpflanzen. Diese religiösen Prediger erkennen nicht, daß dasjenige, was wir Religion nennen, die Menschen von der Sünden-Idee befreien soll, und sie haben auch nicht das psychoanalytische Wissen, daß Sündenbewußtsein die Menschheit zu Unglück, Krieg und Krankheit als eine Selbstbestrafung führt. Sie betonen die Sündenidee ohne Erfolg und versuchen die Menschen durch Furcht zum Bereuen zu bringen, oder verlangen Tributzahlung an ihre Religionsgemeinde unter der Androhung göttlicher Bestrafung.

Dies unterscheidet sich durchaus von der Religion, die Buddha und Christus gepredigt haben. Daraus erklärt sich die Kritik: „Es sind jetzt 2600 Jahre seit dem Erscheinen Buddhas und 2000 Jahre nach Christi Geburt vergangen, doch was hat Religion in dieser Zeit vollbracht? Sie vermag es offenbar nicht, die Menschheit zu bessern und zu erneuern, ihr ethischer Charakter sinkt mehr und mehr." Aber Buddha und Jesus sind dafür nicht verantwortlich. Jesus starb am Kreuz, um die Sünden der Menschheit zu sühnen und dadurch das Sündenbewußtsein der Menschen auszulöschen. Es gibt Christen, die etwas so Törichtes predigen wie „gekreuzigt, um Gottes Zorn zu besänftigen", während Gott sicherlich kein solch hysterisches Wesen ist, das die Menschen im Zorn bestraft.

Die Kreuzigung Jesu bestand darin, daß er die Menschen als selbstgefesselt und eingeschränkt durch die Idee der Sünde erblickte und sie leiden sah durch ihre Überzeugung von „Adam's Erbsünde", die sie zu dem Glauben brachte, „Kinder der Sünde" zu sein. Sie konnten an seine Lehre, daß der Mensch nicht ein „Kind der Sünde", sondern ein „Sohn Gottes" sei, nicht glauben, daher litt er vor allen und sprach: „Ich werde für eure Sünden gekreuzigt werden, dadurch wird die Erbsünde ausgelöscht, und es wird keine Sünde mehr geben. Seht her! Soviel will ich für eure Sünden leiden." Nicht „Gottes Zorn" wollte Christus besänftigen, sondern das Sünde-Gefühl der Menschheit. Solche christlichen Kirchen, die heute immer wieder „Gottes Zorn" betonen, predigen Christi Lehre nicht, und diejenigen, welche Gott für ein Wesen von heftiger Gemütsart, das zu Zornesausbrüchen geneigt ist, halten, für Einen, der Vergeltung übt, sind Gotteslästerer.

Buddhismus: Eine Religion der Befreiung

Buddhismus wird als eine Religion der Befreiung angesehen: Wovon? Er befreit die Menschheit von der Sünden-Idee, macht sie also frei. Buddha lehrte die Anschauung: Alles ist eitel und nichts, in weiter Sicht gibt es nichts Dauerndes, alle Dinge sind vergänglich; nichts liegt fest, daher ist auch das Ding, „Sünde" genannt, nicht fest bestimmt. Keine Selbst-Kasteiung ist von Nutzen, alles dies ist vergebens. Hänge an nichts. Wenn wir uns an nichts hängen, sind wir eine uneingeschränkte „Buddha-Natur". So sagte Buddha in seiner Vorrede zu der Pundarīka Sutra: „Ich tue ein Gelübde, alle Menschen so zu formen, wie ICH BIN, und dieses mein Gelübde habe ich schon erfüllt". Somit stellte er fest, daß die Menschen Buddha geworden sind wie er selbst. Hieraus geht deutlich hervor, daß Buddhismus die Menschen über ihre ursprüngliche „Buddha-Natur", die von Anbeginn ohne Sünde war, belehrt. Beim Anhören dieser Erklärung des Buddha sagte der Jünger Sāriputra: „Ich folgte den Buddhas von Alters her und lauschte ihren Predigten wie auch viele andere aus den verschiedensten Ständen es taten, aber ein solche Predigt hörten wir noch nie; wir waren immer sehr bedrückt darüber, daß es so schwer ist, Erleuchtung zu erfahren, aber jetzt, als ich diesem Buddha nachfolgte, hörte ich eine Predigt, die alle Zweifel und Reuegefühle zunichte macht; Körper und Geist werden beruhigt, eine Empfindung des Friedens senkt sich herab. Ich erkannte heute, daß ich nicht länger ein „Kind der Sünde" sondern wahrlich ein „Kind Buddhas" sei. Ich bin im Zustand höchster Entzückung." (Kap. 3 der Pundarīka Sutra). „Kind Buddhas" entspricht dem „Sohne Gottes" in der christlichen Lehre; der Mensch ist kein Kind der Sünde, sondern ein Kind Gottes – dieses ist die wahre Natur des Menschen. Sobald diese Wahrheit erkannt wird, erwirbt der Mensch seine Freiheit wieder und kann sich selbst erlösen; dies ist die Quintessenz der Buddha-Lehre.

Wenn man den Menschen mit dem fleischlichen Auge betrachtet und nur sein irdisches Erscheinungswesen sieht, dann scheint er täglich Sünden zu begehen. Dies aber ist nur des Menschen zeitliche Erscheinung und nicht sein Wahres Selbst. Man verurteile den Menschen nicht als „Kind der Sünde" durch Betrachten seiner äußeren Erscheinung. Durch Verurteilung als „Kind der Sünde" wird der Mensch im Inneren gefesselt und eingeschränkt durch eben diese Sünden-Idee, und sein Wahres Selbst wird niemals zutage treten. Ein wahrhaft Bereuender sollte sich niemals als sündig bekennen, indem er sagt „ich bin ein Sünder". Daher lehrt Buddha in der SAMANTA-BHADRA folgendes: „Wenn auch Reue für unsere Sünden erforderlich ist, so ist doch ein sündiger Geist „nicht existierend". Sobald man über den Geist nachsinnt, gibt es keinen Geist mehr".

Diese Worte einen sich gut mit den Worten des Jüngers EKA, der St. Dharma bestätigt: „Mein Geist erlebt nur Wahn und Irrtum". Darauf antwortet St. Dharma: „Zeige mir deinen getäuschten Geist." EKA suchte ihn, konnte ihn aber nicht finden. Daher sagte er als Antwort: „Ich suchte nach ihm, aber ich fand ihn nicht." St. Dharma sagte darauf: „Ich habe deinen Geist befreit." Der „falsche Geist" und „der sündige Geist" sind lediglich Täuschung, und nur dann vorhanden, wenn man an ihre „Existenz" glaubt. Wahre Erleuchtung heißt, beide als einen Wahn anzusehen, ohne ihn zu begreifen, so lehrt der Buddhismus. Buddhismus bedeutet „Verneinung des Sündenbegriffes." So wird in der SAMANTALHADRA Sutra gesagt: „Sinne über den Geist nach, dann wird kein Geist mehr sein; er entsteht aus täuschenden Gedanken. Darum erwächst der denkende Geist aus Irrtum, gleich wie der Wind in der Luft, der nicht anhalten kann. Bei wahrer Reue denke über den Geist nach, dann gibt es keinen Geist mehr.

Ein solcher Gedanke wird erhabene Reue, sündenlose Reue genannt, oder auch Zerstörung des Intellekts. Der Mensch, der eine solche Reue bezeugt, wird rein in Körper und Geist, er ist kein Sklave des Gesetzes mehr und ist frei wie rinnendes Wasser; daher, wenn du bereuen willst, sitze aufrecht und meditiere über die Realität. Dann werden alle Sünden verschwinden wie Frost und Tau angesichts der Sonne der Weisheit."

Buddhismus lehrt, daß, sobald man aufrecht dasitzt und über des Menschen ursprünglich vollkommene Realität meditiert, alle Sünden von der Sonne der Weisheit überglänzt und verschwinden werden wie Frost und Tau. Er lehrt damit, daß das, was man „Sünde" nennt, am Anfang nicht existierte, es ist nur das Produkt der Täuschung, die aus dem Mangel an wahrer Weisheit hervorgeht. Wenn man also dasitzt und über die Realität meditiert, dann entschwindet die Täuschung und mit ihr die „Sünden-Idee", die das Produkt dieser Täuschung ist.

Buddhismus wie Christentum lehren die gleichen Wahrheiten

Wahres Christentum ist die Verkündung: „Der Mensch ist ein Sohn Gottes und ursprünglich makellos. Buddhismus erklärt gleichfalls: „Der Mensch, ein Kind Buddhas, ist von Anbeginn makellos." Durch Erkenntnis dieser Wahrheit wird des Menschen irrtümliche Ansicht von Sünde verschwinden, er wird sich selbst erlösen und Freiheit erlangen. So wollten es die Gründer, nämlich die Menschen freimachen. Jedoch nach Gautamas und Jesu Tod faßten viele ihrer Anhänger (mit Ausnahme einiger) ganz entgegengesetzt dem Willen der Gründer ihrer Religion, den Gedanken an die Sünden der Menschheit ins Auge. Damit stellten sie sich *gegen* die Gründer ihrer Religion, die doch versucht hatten, die Sünden-Idee der Menschen auszulöschen, und während sie auf der einen Seite den Menschen Erleuchtung bringen wollten, betonten sie auf der andern Seite den Sündengedanken mit Worten wie „ihr Sünder, bereuet“ und pflanzten dadurch die Sünden-Idee in das menschliche Unterbewußtsein ein. Nun begehen die Menschen immer weitere Sünden wie ein aus dem Gefängnis Entlassener, der gegen die Kritik seiner Eltern und der Gesellschaft vergeblich anrennt, die ihm vorwerfen: „Du bist ein entlassener Gefangener und wirst bald wieder ein Verbrechen begehen.“ Die Tatsache, daß es immer wieder Kriege in der Welt gibt, und daß Verbrechen weitere Untaten gebären und damit das Schicksal der Menschheit in den Abgrund der Hölle herunterziehen, ist allein verantwortlich für die Selbstvernichtung, die aus dem Unterbewußtsein der Menschen entspringt.

Diese Tatsache wird immer deutlicher, je weiter die Wissenschaft über den Geist vorankommt. Amerikas berühmter Forscher in psychomatischer Medizin, Dr. Karl A. Mennninger, stellt in seinem Werke: „Der Mensch gegen sich selbst“ folgendes fest: „In dem Phänomen des Krieges sind soziale und ökonomische Phasen zu erkennen, die mein Thema höchst eindeutig beleuchten. Ein denkender Mensch erkennt, daß es keinen wirklichen Sieg gibt. Ohne jeden Zweifel erleiden sowohl der Eroberer wie der Eroberte schwere Verluste. In diesem Sinne bedeutet Krieg eine wahre Selbstzerstörung, auch wenn es manchmal gegenteilig aussieht. Auch wenn ein Land sich über diese selbstmörderische Neigung klar wird, so gibt es doch immer einige Elemente, die diese Neigung innerhalb jeder Nation verstärken.

Ihre internationale Organisation ist wie ein seltsamer „Krebs". Dieser entsteht und entwickelt sich ganz sichtbar bei denen, die selbst an dieser Krankheit zugrunde gehen müssen ..." Dr. Karl A. Menninger stellt somit fest, daß Kriege durch den selbstzerstörerischen Instinkt der Menschheit verursacht werden, also eine Selbstbestrafung darstellen. Jeder, der sich mit Seelenkunde beschäftigt hat, wird wissen, daß Selbstbestrafung als Sühne auf Grund der Sünden-Idee erscheint.

Der innere Drang sich selbst zu bestrafen, der aus der Sünden-Idee entspringt, bringt Krankheit unter die Menschen und treibt sie in Kriege hinein. Alle Politiker und Ärzte sollten sich darüber klar sein. Während viele religiöse Gemeinschaften diese Sünden-Idee in die Menschen hineinpflanzen und sie dazu bringen, sich auf Religion mittels des Furchtkomplexes zu verlassen, ruft Seicho-No-Ie allein für sich aus: „Alle Menschen sind Kinder Gottes, daher gibt es vom Ursprung an keine Sünde; Sünde ist lediglich ein täuschender Tagtraum." Diese Worte folgen in Wahrheit den religiösen Lehren von Buddha und Christus, die versuchen, die Sünde-Idee in der Menschheit auszulöschen und Kriege, die durch den Willen zur Selbstvernichtung entstehen, verschwinden zu lassen. Seicho-No-Ie kann als Heilungs-Religion nur darum angesprochen werden, weil eine Krankheit, die durch den Selbstvernichtungswillen verursacht wurde, durch Selbstbefreiung von selbst geheilt wird, sobald nämlich die Sünden-Idee entfernt ist. Wenn mehr und mehr Menschen an die Buddha- oder Christus-Religion: „Die Menschheit ist von Ursprung an Buddhas oder Gottes, der Mensch ist ursprünglich ein Sohn Gottes und sündenlos", durch Seicho-No-Ie glauben werden, dann müssen die Schrecken des Krieges, der aus dem unbewußten Selbstbestrafungsdrang der Völker entsteht, mit Notwendigkeit verschwinden.

Ich glaubte daran und brachte diese Bewegung, die ich „Menschliche Erleuchtungs-Bewegung" nannte, ins Leben; da nun aber viele Krankheiten durch die Erkenntnis der Wahrheit geheilt worden sind, mußte ich bedauernd feststellen, daß manche Kritiker Seicho-No-Ie zugleich mit anderen seltsamen religiösen Sekten als eine Art tiefstehender Heilungs-Religion gebrandmarkt haben. Ich möchte hier noch einmal betonen: Krieg ist das Produkt der Sünde-Idee (eine krankhafte Idee), die tief im menschlichen Unterbewußtsein liegt; dies ist eine geistige Erkrankung des Menschen, also sollte sie, genau wie individuelle Krankheit, durch Entfernung der Sünden-Idee und des Gedankens der „Selbstvernichtung" geheilt werden. Die Krankheit „Krieg" sollte durch Vernichtung der Sünden-Idee im menschlichen Geiste ausgelöscht werden. Ich bin der festen Überzeugung, daß dies im Sinne von Buddha's und Christi Lehre ist.

9. Kapitel

ETHIK DER BEFREIUNG

Eine formal erzwungene Tugend ist kein Verdienst

Die Menschen können nicht wahrhaft glücklich sein und Gutes freudig vollbringen, weil zuviele Gesetze und Vorschriften sie einengen. Die ursprünglich freie menschliche Natur will keinen Zwangsvorschriften gehorchen, auch dann nicht, wenn sie Gutes tun soll. Wenn auch eine mit einem Lineal gezogene Linie noch so gerade verläuft, so fehlt ihr doch das Leben und die schöne Erscheinung, doch die mit freier Hand gezogene Linie, mag sie auch ein wenig krumm erscheinen, hat Leben und ist schön, und der Künstler wird immer die letztere vorziehen, ist sie doch *freier Ausdruck des Lebens.* Wenn auch die mit freier Hand gezogene Linie nicht so vollkommen sein mag wie die mit dem Lineal gezogene, so ist sie doch im Wesen sehr viel schöner. Jedes Ding ist schön und harmonisch, wenn sich Leben darin ausspricht. Durch zuviele Regeln und Vorschriften, mit welchen der freie Ausdruck des Lebens eingeschränkt und der Mensch in eine Norm gepreßt wird, geschehen als Rückwirkung verzerrte, unschöne Handlungen.

Daher ist es wichtig, nicht zuviele Normen in das menschliche Leben hineinzupflanzen, denn dadurch wird es durch die darauf folgende Reaktion verzerrt, oder ohne jeden Geschmack eingeschüchtert. Dann geht das Leben falsche Wege, oder sinkt in sich zusammen und verliert an Kraft.

Das Leben ist von Gott gegeben, daher hat es eine

hohe Würde und vollkommene Freiheit. Es ist Gotteslästerung, das von Gott gegebene Leben in eine einheitliche Form pressen zu wollen. Das Leben ist keine Maschine, es hat eine schöpferisch sich entwickelnde Kraft, die sich von innen heraus entfaltet. Unendlich fortgesetztes Schaffen ist die ursprüngliche Natur des Lebens. Freier Ausdruck innerer Schönheit ist nur dann möglich, wenn die Natur ungehemmt bleibt.

Daher müssen die das Leben einschränkenden Vorschriften soviel wie möglich erleichtert werden. Man versuche nur, die schöpferische Kraft des Lebens von innen her auszubilden, den Strom der sich selbst läuternden Kraft von innen hervorzulocken, dann wird sich die Schönheit des Lebens von innen heraus ergeben, und ein harmonischer Rhythmus, der durch keinerlei Vorschriften gehemmt ist, wird sich im Leben des Menschen ausdrücken. Im alleinigen Vertrauen auf die natürliche Entfaltung des Lebens wird ein harmonischer „Rhythmus" produziert, denn das Leben selbst ist eine harmonische Wellenschwingung, von unendlicher innerer Weisheit geleitet. Der harmonische Lebensrhythmus ist wie Musik, die beständig einen fortlaufenden Rhythmus erschafft, der sich von dem vorhergehenden Rhythmus unterscheidet, jedoch im Zusammenhange vollendete Harmonie erzeugt.

Das Leben kommt von Gott, und wenn es uneingeschränkt gelebt wird, kann es unendlich gut und schön werden. Wenn es das nicht wird, so liegt der Grund darin, daß das Leben sich nicht voll ausdrücken konnte, weil das Leben als Materie betrachtet und sein freier Verlauf erstickt wurde. Wenn das Leben als Materie betrachtet und dabei dennoch versucht wird, Gutes oder

Schönes zu schaffen, dann muß das Vorbild des Guten und der Schönheit, welches beides das Leben früher selbständig zum Ausdruck brachte, formell und künstlich nachgeahmt werden. So entstehen konventionelle Kunst und Ethik. Bloße Nachahmung formeller Schönheit hat kein Leben in sich. Sie ist ein lebloser Körper, oder wirkt puppenhaft, ohne wahre Güte und Schönheit darzustellen. Früher jedoch war die Güte und Schönheit wahrhaft vorhanden, jetzt ist sie nur mehr ein Fußstapfen. Die Güte und Schönheit waren am Anfang vorhanden, denn das Leben konnte sich in freiem Flusse offenbaren.

Vor einiger Zeit schalt ich eine Mutter aus und konnte dadurch die Heilung ihres schwindsüchtigen Sohnes bewirken. Die Mutter in ihrer großen Liebe wollte ihren Sohn heilen und zwang ihn zu einer vollständigen Ruhekur, die in der Vergangenheit sich bei jemand anderem gut ausgewirkt hatte. Als Folge dieser Ruhekur wurde seine Lebenskraft erstickt und sein körperlicher Zustand mehr und mehr geschwächt. Der Sohn wurde böse auf seine Mutter, die Mutter sorgte sich um den Sohn, und es entwickelte sich daraus ein tödlicher Kampf.

Ich sagte: „Sie sind für die Krankheit Ihres Sohnes verantwortlich!" Die Mutter wurde ärgerlich und sagte: „Und ich liebe doch meinen Sohn so sehr!" ... Jedoch als die Mutter es aufgab, ihren Sohn mit der formalisierten Ruhekur zu quälen, wurde er wieder gesund.

Ein sehr hübsches Mädchen fing an, einen „Widerwillen" gegen ihre Studien zu haben. Der Zwang der geistigen Wellen ihrer Eltern mit „Muß" und „soll" hatte auf telepathischem Wege einen solchen entgegengesetzten Einfluß auf sie, daß sie, sobald sie sich zur Arbeit niedersetzte, unwillig wurde. Nach kurzer Zeit verlor sie das Interesse daran, stand auf und begann zu spielen. Der Grund dafür war, daß die Eltern sie fortdauernd dazu zwangen, sie „müsse“ arbeiten, sie aber rebellierte im Unterbewußtsein gegen das fortdauernde „Muß“ seitens ihrer Mutter. Als die Mutter meinem Rate folgte und fest daran glaubte: „Mein Kind ist ein Kind Gottes, ich bin fest davon überzeugt, daß sie ihre Arbeiten gut ausführen wird“, begann die Tochter sich ihrer Arbeit zu freuen und machte gute Fortschritte.

Beziehungen zwischen Ehemann und Frau

Die Beziehung zwischen Eheleuten ist die gleiche wie zwischen Eltern und Kind. Wenn ein Ehemann seine Frau durch zuviele Vorschriften fesselt, oder wenn die Frau versucht, ihren Mann zu sehr einzuschränken, dann kann ein Ehepaar nicht mehr glücklich mit einander leben. Wenn es auch nach außen hin so scheint, so wird es in Wirklichkeit doch nicht so sein. Ein Ehepaar kann nur dann glücklich und zufrieden mit einander sein, wenn der eine Teil sein Selbst mit dem des anderen verschmilzt, nicht aber wenn der eine den anderen „besitzen“ will. Nur absolute aufrichtige Selbstlosigkeit wird Glück erreichen.

Vor einiger Zeit hörte ich von einer Dame, die mit einem Prediger ihrer Kirche seit 15 Jahren verheiratet war, dann verliebte sie sich in einen Mann, der Mitglied ihrer Gemeinde war, verließ ihren Ehemann und lebte mit dem anderen. Alle Leute in ihrer Umgebung regten sich darüber auf und versuchten, die illegitimen Liebenden auseinanderzubringen; dabei fragten sie mich um Rat.

Ich sagte: „Warum verließ die Frau den Pastor, mit dem sie fünfzehn Jahre lang verheiratet gewesen war? Diese Frage muß erst einmal beantwortet werden. Vielleicht ist der Pastor ein peinlich genauer Sittenlehrer, der seiner Frau fortdauernd Vorschriften macht. Aber ein Moralist, der moralische Formeln predigt, bringt andere dadurch zur Unmoral. Durch Fesselung wird stets das Gegenteil erreicht. Versucht nicht, die Frau durch Zwang von ihrem Liebhaber zu trennen, denn dann werden sie Widerstand leisten und noch stärker zueinander halten. Wenn man an den natürlichen Antrieb des Lebens glaubt und sich darauf verläßt, dann kann dieser nur heilsam wirken. Wenn es so bestimmt ist, daß die beiden sich wieder trennen sollen, dann wird dies auf natürliche Weise geschehen, andernfalls wird ein Segen auf ihrer Zukunft ruhen."

Dies war meine Rat. „Ich kann niemanden richten. Wenn das Schicksal die Beiden zur Trennung zwingt, so wird das ihr Urteil bedeuten. „Richtet Ihr nicht", sagte Christus. Wenn man das Gericht dem Leben selbst überläßt, so geschieht das nach dem Urteil Gottes, denn „Leben" ist „Gott", welches den höchsten und letzten Urteilsspruch darstellt.

Das der Freiheit anvertraute „Leben" wird die Wahrheit verkünden, und durch die Wahrheit „Güte" und „Schönheit" zum Ausdruck bringen. Somit wird „Wahrheit", „Güte" und „Schönheit" immer im Leben des Menschen vorherrschen, seine Handlungen werden recht und voller Charme sein, und er selbst wird ebenso gut wie schön. „Gleiches zieht Gleiches an", und Gleiches wird dann stets zusammengehen. Wenn der Ehemann die Aufrichtigkeit, Güte und Schönheit seiner Frau betrachtet, ihr vertraut und sie ihr eigenes Leben leben läßt, dann wird auch seine Frau ihn als wahr, gut und schön erkenen, und so werden die beiden musikalischen Instrumente in Harmonie mit einander sein; Güte und Schönheit werden mit einander harmonisieren und ein herrliches Heim mit einander schaffen.

Das Ewige Frauentum

Nur wenn das Leben seine Freiheit behält, kann es sich am höchsten entwickeln, darum also, wenn Ehemann und Frau sich gegenseitig geistige Fesseln anlegen und ihre Liebe formell wird, kann der Ehemann seine eigene Begabung nicht voll bezeigen, er wird sich immer durch den Gedanken an „Fürsorge für seine Familie" eingeengt fühlen und wird weder Zeit noch Interesse für soziale Arbeit in weiterem Sinne übrig haben. Die Ehefrau wird ihre eigene individuelle Schönheit nicht zum Ausdruck bringen können, und ihre Kenntnisse, Gefühle und Erscheinung werden unnatürlich, schematisch und stagnierend. Die Frau verliert dadurch ihren weiblichen Charme, sie wird unfähig sein, mit den geistigen Fortschritten ihres Mannes Schritt zu halten, kann also kein Gefährte mehr sein, wird dadurch seine Liebe verlieren, und ihr Heim wird einem elenden Zusammenbruch entgegengehen.

Die Frau muß Hausfrau und zu gleicher Zeit „ewige Frau" sein. Eine „Ewige Frau" ist „eine Frau nach dem Ebenbilde Gottes" wie in 1. Kapitel Genesis beschrieben, welches sagt: „Gott schuf den Menschen zu seinem Bilde und schuf sie als Mann und Weib." Sie muß eine

Frau sein, die ihre ihr innewohnende Schönheit stets offenbart. Eine Frau, die im Alter alt wird, ist keine wahre Frau. Die Offenbarung der Schönheit einer „ewigen Frau“, wird immer frischer, je älter sie wird. Dies ist „die wirkliche Frau“.

Über das Vorwärtsschreiten der Hausfrau

Männer haben mehr Gelegenheit, sich mit äußeren Dingen zu beschäftigen und mehr Anreiz, ihr Selbst zu entwickeln, denn sie können ihren Lebensunterhalt nicht verdienen, wenn sie nicht vorwärtskommen, daher ergreifen sie jede Gelegenheit, sich fortzubilden. Im Gegensatz dazu sind die Frauen an das Haus gebunden, mit Kochen und Näharbeiten beschäftigt, Arbeiten, die mechanisch sich Tag für Tag wiederholen und ihnen wenig Gelegenheit geben, sich fortzubilden. Wenn aber die Männer fortschreiten und die Frauen nicht, dann werden sich Mann und Frau geistig immer weiter von einander entfernen. Es ist ein geistiges Gesetz, daß „Gleiches Gleiches anzieht“, und daß Ungleiches sich gegenseitig abstößt, darum ist es ganz natürlich, daß die Liebe zwischen einem geistig hoch entwickelten Ehemann und einer stagnierenden Ehefrau sehr bald nachläßt.

Daher muß die Frau zugleich mit ihrem Manne fortschreiten; wenn sie das nicht tut, dann aus dem Grunde, weil sie oftmals auf ihr eigenes Geschlecht herabsieht, und auch manches Mal, weil der Mann „Weiblichkeit“ geringschätzt und so ihre Entwicklung verhindert. Meist verachtet die Japanerin sich selbst zu sehr. Viele Frauen beginnen an einem bestimmten Punkte (auf der geistigen Ebene) als bloße Hausfrau sich zurück zu entwikkeln, schon sehr bald nach den Flitterwochen. Wenn der Geist an einem bestimmten Punkte in seiner Entwicklung innehält und „befriedigt“ ist, dann wird die Frau sowohl damit aufhören, ihr Gesicht zu verschönern wie auch zu lesen, und geht dadurch geistig zurück. Der wahre Weg für eine Frau, sich zu fördern, ist Lesen. Eine Stunde Lesen kann ihr eine Kenntnis geben, die einen Tag wert ist. Manchmal kann eine Wahrheit, die den Verfasser ein halbes Leben kostete, sie zu erkennen, durch Lesen eines einzigen Buches erfaßt werden.

Es ist eine Tatsache, daß eine Frau im Hause durch das Lesen guter Bücher sich geistig schnell fortentwickeln kann. Es ist falsch zu sagen, daß dazu keine Zeit sei. Der Mangel an geistigem Wollen ist hier sehr viel mehr zu tadeln als der Mangel an Zeit. „Wo ein Wille, da ist auch ein Weg.“ Es gibt immer freie Augenblicke, die zum Lesen gut geeignet sind. Bestimmte Zeiten wie an Sonn- und Festtagen können oft durch Besuche bei und von Freunden für das Lesen verlorengehen. Daher entwickelt sich der in Extra-Augenblicken Studierende besser fort als jene, die auf eine festgelegte freie Zeit warten und sie dann vergeuden.

In solcher Weise entwickelt sich die Frau geistig im Hause ebenso wie der Ehemann draußen in der Welt. Dem Heim, in welchem von außen und innen her vollständige Harmonie herrscht, wird vom Schicksal dauernde Eintracht versprochen.

Jeder Ehemann will stolz auf seine (nicht notwendigerweise von Gesicht) schöne und tugendhafte Frau sein. Das Wort, eine Frau zu „besitzen“ muß aber nicht im materialistischen Sinne gedeutet werden. Es ist ganz natürlich, daß jeder auf eine solche gute „besere Hälfte" stolz ist, und auf eine gute Frau stolz zu sein, ist dasselbe wie darauf, daß die eine Seite des Gesichtes keinen schwarzen Flecken aufweist. Das Muttermal auf unserem Gesichte wollen wir auch niemandem zeigen, wenn möglich wollen wir es ausschneiden und vergessen. In gleicher Weise ist es natürlich, daß, wenn die Frau Jahr für Jahr immer mehr zurückgeht, der Ehemann sie bald sehr gern aufgeben möchte. Es ist also unbedingt wichtig, daß die Ehefrau sich bemüht, mit ihrem Manne geistig Schritt zu halten und mit ihm weiter zu wachsen; der Mann sollte das Seinige dazu tun, sie auf diesem Wege nach Möglichkeit zu fördern.

Ehemann und Frau sollten sich nicht immer gegenseitig tadeln

Als ich noch in Sumiyoshi, einer Vorstadt von Kobe, lebte, war dort eine Dame mit Namen Fumiko Tanaka, die Leiterin einer gewissen Frauen-Vereinigung. Eines Abends hörte sie einer Radio-Story von Shizue Natsukawa zu, in der von einer schrecklichen Krankheit erzählt wurde, durch die sich schwarze Flecke am Körper bildeten. Nachdem sie das gehört hatte, fand sie am nächsten Morgen solche schwarzen Flecke auf ihrer eigenen Haut. Frau Fumiko Tanaka erschrak heftig darüber und eilte zum Arzt. Als dieser sie mit den Worten beruhigte „es bedeutet nichts", verschwanden die Flekken.

Frauen sind sehr sensitiv den Worten anderer gegenüber und auch leicht verführt durch die Gedanken anderer, somit muß der Ehemann in Wort und Tat seiner Frau vorwärts helfen und sie in jeder Weise ermutigen. Ein Mann, der seine Frau verachtet, ähnelt jemandem, der seinen wichtigsten Begleiter in einen tiefen Sumpf stößt und mit dem Fuße nach ihm stößt. Wie ein Gärtner, der das ganze Jahr hindurch seine Blumen pflegt, damit er dafür herrliche Blüten erhält, muß ein Ehemann genügend Zeit dafür „opfern", seine Frau vorwärtszubringen und zu veredeln. Blumen in den Beeten ist dafür vielleicht kein sehr gutes Bild, aber in jedem Falle sind liebevolle Worte wichtiger als bodenverbessernde Substanzen, denn eine Frau, die wirklich die bessere Hälfte ihres Gatten ist, hofft beständig auf liebevolle Worte ihres Mannes.

Es ist nicht zutreffend, zu denken, daß der Mann durch geistige Fortschritte seiner Frau in den Schatten gestellt wird. Mann und Frau kämpfen nicht gegeneinander, sondern sie sind auf gegenseitige Harmonie eingestellt. Mögen die Oktaven verschieden sein, mag die eine Seite Baß, die andere Sopran singen, doch wenn die Musik in derselben Höhe gespielt wird, erscheint Harmonie. Sollte in irgend einem Heime Disharmonie herrschen, so darum, weil die Frau d r m f zu des Mannes s l s d spielt.

Seit dem Erscheinen von „Seicho-No-Ie" ist es deutlich geworden, daß Disharmonie zwischen Mann und Frau oftmals die Ursache ihrer jeweiligen Krankheiten ist, und für diejenigen der Kinder. Ich weiß von Fällen, in denen Kinder, die mit chronischen Krankheiten schon jahrelang daniederlagen, dadurch geheilt wurden, daß die Eltern mit ihren Streitereien aufhörten. Es gibt Beispiele dafür, wie der Gedanke der Frau sich in dem Ehegatten als Krankheit äußert, und gleicherweise der des Ehemannes in seiner Frau. Alle anhaftenden Gedanken, die gegenseitig einschränken und welche sich bald in Haß und Besorgnis umwandeln mögen, beschränken die Lebensenergie des anderen und führen zu den verschiedensten Erkrankungen. Wenn alle Mitglieder einer Familie sich gegenseitig frei schalten und walten lassen und die wahre Erscheinung des anderen durch positive, ermutigende Worte fördern, wird der Himmlische Zustand der Söhne Gottes in ihren Heimstätten deutlich werden.

Niemand sollte gezwungen werden

Wenn man andere in eine Norm guten Benehmens einzwängen will, wird man bald herausfinden, daß sie viel schlechter werden und zu gleicher Zeit man auch selbst schlechter wird. Andere, die umgeformt werden sollen, müssen mit dem Maße unseres eigenen Standards gemessen werden. Dies ist aber verschwendete Energie, mehr noch, es wird zu schwerem Konflikt führen, der uns selbst und die anderen verletzt. Der Fehler der anderen, den man ständig vor Augen hat, prägt sich in unserem Unterbewußtsein ein, sendet diesen Eindruck dann durch geistige Schwingungen zu den anderen und kann bei sensitiven Persönlichkeiten chronische Krankheiten hervorrufen. (Wie es durch die Radio-Story von Shizue Natsukawa auf der Haut der Zuhörerin hervorgebracht wurde.) Wenn auch nicht jeder so feinfühlend ist, so wird doch der gesandte Gedanke das Selbst von innen heraus zerstören, und der Mensch, der die geistige Sendung jener Idee empfing, wird den Einfluß des negativen Gedankens empfangen und dadurch ebenso verletzt werden, als ob ihn eine Kugel von außen her getroffen hätte. In den „Worten der Weisheit" steht: „Die Idee, andere zu verbessern, wird sie statt dessen verwunden, jedoch wird der Gedanke, daß sie bereits gut seien, sie vorwärtsführen."

Dies ist absolute Wahrheit. Derjenige, der den Geist immer hell, den Körper immer gesund erhalten und seine Energie zu 100% ausnutzen will, darf nicht andere auf seinen eigenen Weg zwingen wollen. Der Wahre „Göttliche Weg" hat keinen vorgeschriebenen Pfad. Ein pfadloses Luftfahrzeug kann niemals entgleisen, jedoch besteht große Gefahr der Entgleisung für Eisenbahnzüge auf festbestimmter Bahnlinie.

Entgleisung kann nur auf Geleisen stattfinden. Ohne Geleise kann es keine Entgleisung geben. Die Menschen, vor denen immer ein „Muß" steht, entgleisen und werden verletzt und bringen wiederum andere zur Entgleisung. Auf der Lebensreise mag wohl ein Straßenbahnwagen ohne Geleise nicht vorwärts können, aber der Mensch ist ein Sohn Gottes und wird daher, sobald er Freiheit hat, den Mittelpunkt seines Selbst erkennen und sich um diesen in Vollkommenheit bewegen. Jedes Ding, das sich von selbst bewegt, wird sich unverzerrt umkehren, wenn man es in Ruhe läßt, aber wenn andere es zurückhalten, kommt die Umdrehung in Unordnung, springt aus der richtigen Umdrehungslinie heraus und hört dann nach und nach mit seiner Drehungsbewegung ganz auf, wie ein Kreisel.

Es ist die Natur aller Bambus-Stengel, gerade in die

Höhe zu wachsen. Die Wisteria muß sich entlangwinden, und der Bambustorf muß auf dem Boden kriechen. Jedes hat seine eigene Schönheit und Individualität, Gottes Wille und Gott selbst lebt in jeder Individualität. Laßt doch den Bambus einen Bambus bleiben, die Wisteria eine Wisteria! Laßt den Torf Torf bleiben! Bei dem Versuch, die Wisteria gerade wie ein Bambusrohr haben zu wollen und den Bambus sich wie eine Wisteria winden zu lassen, wird der Bambus umkommen, und, was noch schlimmer ist, das Selbst, das von außen her Zwang ausüben will, wird von der dauernden Anstrengung ermüdet, verängstigt und schließlich vernichtet. Es bedeutet, andere und auch sich selbst vernichten, wenn man die anderen nach seinem eigenen Maßstabe mißt und sie so zu verbessern hofft.

Laßt die Verschiedenheiten der Individualitäten bestehen

Bei objektiver Beobachtung der Individualitäten sieht man ihre Verschiedenheiten genau wie diejenige der Gesichter. Wenn man die Ansicht der anderen mit der eigenen in Übereinstimmung bringen möchte, wird dies zu keinem guten Ergebnis führen. Das einzige, was sich daraus ergibt, wird Ärger und Ermüdung des eigenen Selbst und Abneigung gegen die anderen sein. Niemand will gezwungen werden, die Meinung anderer anzunehmen, daher wird ein Mensch, der seine Meinung anderen überheblich aufzwingt, unbeliebt werden.

Aus einer solchen Psychologie heraus macht sich oft eine Frau, die ewig die Wahrheit predigt in dem Gedanken „ich will meinen Mann verbessern“ bei ihrem Mann mißliebig, und wie sehr auch immer sie sich damit abmüht, ihn an der „Wahrheit“ zu interessieren, so wird sie nie damit einen Erfolg erzielen. Der Ehemann will von seiner Frau nicht besiegt werden. Er hat das Gefühl „ich will nicht von dir geführt werden. Ich weiß alles, wovon du sprichtst, genau so gut wie du“, und wird ihr stets in seiner Haltung widerstreben, auch wenn er geistig beeindruckt sein mag. Auf der anderen Seite, wenn der Ehemann seine Frau immer leiten und die Oberherrschaft über sie haben will, dann denkt sie: „Mein Mann sagt so viel kluge Dinge, aber man betrachte dagegen seine Taten und beobachte, was er tut“, dann findet die Frau ihres Mannes Fehler heraus und gibt ihm den „Gnadenschuß“.

Was ist die Lösung? Man darf niemals versuchen, andere durch Einschränkung ihrer persönlichen Freiheit zu lenken. Helft anderen unter der Voraussetzung, daß diese ihre eigene göttliche Begabung haben und laßt ihnen die Freiheit ihrer eigenen Gedanken. Glaubt an die „Güte Gottes“ in anderen und laßt sie diese frei entwickeln.

Somit, wenn die Menschen in völliger Freiheit belassen werden, wenn man also den schwingenden Kreisel sich drehen läßt, ohne ihn anzurühren, dann wird er sich korrekt und aufrecht um seine Mittelaxis schwingend benehmen.

— — —

10. Kapitel

ES MACHT SICH BEZAHLT DIE MACHT DES WORTES ZU ERHÖHEN

Eine der wichtigsten Fähigkeiten, die man aber am meisten vernachlässigt und nicht genug pflegt, ist die Verfeinerung der „Macht des Wortes“. Wenn man es unterläßt, seine Hoffnungen, Wünsche und sonstigen Empfindungen fest und deutlich auszudrücken, verliert man die mächtigste Waffe des Lebens. Ich brauche wohl nicht erst zu betonen, daß das Wort eines Menschen seinen Charakter widerspiegelt. Die Worte eines Unkultuvierten hören sich lügnerisch und oberflächlich an, und er kann keinen guten Eindruck damit erwecken. Aber wie traurig ist es doch, wenn ein fein kultivierter Mensch nur dasitzt und sich nicht recht ausdrücken kann, darum also seine Hoffnungen und Pläne nicht zur Sprache zu bringen fähig ist! Ein großer Prozentsatz der Japaner lernen sich auf Englisch zu unterhalten, oder sie beherrschen schwere chinesische klassische Werke. Aber warum lernen sie nicht zuerst einmal ihre Muttersprache gründlich? Zugegeben, sie mögen die verschiedensten technischen Ausdrücke kennen, aber wenn sie die verfeinerte Muttersprache nicht beherrschen, dann kann man wohl sagen, daß sie eine der wertvollsten Kulturgaben vernachlässigt haben.

Bei einer Unterhaltung ist deutliche Sprache entscheidend wichtig. Ein Mensch, der seine Worte undeutlich, zweifelnd, halb flüsternd einhermurmelt, so daß kaum die Hälfte verständlich wird, kann nur die Hälfte seiner Fähigkeit anderen übermitteln. Es ist dies so, als ob man einer Ware einen um die Hälfte reduzierten Preis anstelle des regulären Preises anheftete. Ein Mensch, der die Macht seines Sprachschatzes nicht pflegt, gleicht einer solchen Ware. Er kann kaum die Hälfte seiner ihm innewohnenden Fähigkeiten zeigen. Es ist ungemein wichtig, eine deutliche Aussprache von Kindheit an zu lernen. Die Rezitation besonders schöner Texte kann in verschiedenster Weise von Nutzen sein. Außer der Möglichkeit, eine klare Aussprache zu üben, lernt man die feine Kunst der Rhetorik. Ein reicher Wortschatz verhilft ferner dazu, Ideen und Gedanken in vollkommener Weise anderen mitzuteilen. Das in Frage kommende Thema wird in angenehmster Art durch die Wahl schöner Worte erhellt. Erfreut andere durch schöne, fesselnde Worte! Dann hört man sagen: „Es ist wahrlich ein wundervoller Unterhalter. Ohne mir darüber zunächst klar zu werden, rissen mich seine Worte fort", oder „Er drückt sich so wunderbar aus, ich freue mich immer wieder, mit ihm sprechen zu können". Wenn man sich gut zu unterhalten versteht, ist man auf dem Wege zum Erfolg. Auch bei nicht so hoher Begabung werden die Menschen, sofern du deine Worte gut zu setzen weißt, dir jederzeit zuhören und deinen Wünschen gern nachkommen. Somit wirst du Meister deines Schicksals.

Der Grund dafür, daß es in der Welt so wenige gute Redner gibt, ist darin zu suchen, daß wir uns nie darum bemüht haben, die feine Kunst des Vortragens zu erlernen. Von welch geringer Qualität sind doch die Worte, die man im Publikum hört! Ungebildete Wortfetzen, aufs Geratewohl gewählt. Glaubt man wirklich, sein Empfangszimmer durch überallhin verstreute Nichtigkeiten, die man irgendwo gefunden hat, zu verschönern und die Besucher damit zu erfreuen? Wenn wir jemanden zu uns einladen, so hängen wir gute Bilder an die Wand, setzen kleine Figuren auf das Kaminsims und arrangieren farbige Blumen in Vasen hier und dort. Jedoch sind diese Dekorationen nicht der Gastgeber selber, somit also wirft es kein schlechtes Bild auf den Charakter des Gastgebers, wenn die Ausschmückungen vielleicht keinen hohen Wert haben, doch seine Worte werden seine Persönlichkeit widerspiegeln. Wenn sie gewöhnlich klingen, wird man ihn für einen gewöhnlichen Menschen halten, wenn hingegen seine Worte reich und gewählt klingen, wird man ihn für einen Menschen mit kultiviertem, verfeinertem Charakter halten. In gleicher Weise, wenn seine Worte dürftig sind, wird er als ein verkümmerter Charakter erscheinen. Daher also muß man die Anwendung dürftiger, gewöhnlicher Worte, die man aufs Geratewohl von irgendwoher genommen hat, vermeiden. Man gewöhne sich daran, hervorragende Originalbemerkungen und Essays bekannter Autoren zu lesen, merke sich daraus die geistreichsten und schönsten Stellen und verwende sie wieder und wieder. Es ist wichtig, besonders schöne Stellen zu rezitieren, denn dadurch fühlt man den Rhythmus der Worte in seinem Innern wie in eine Schallplatte eingepreßt, und bei anderer Gelegenheit, wenn man zu einer Rede veranlaßt wird, stehen einem dann die Atmosphäre und die reichen, vollen Worte der schönen Stellen, die man früher rezitiert hat, zur Verfügung. Die Worte, die wir gelesen haben, werden von selbst in unserer täglichen Unterhaltung wieder auftauchen. So z. B. werden ein guter (englischer) Wortschatz und kluge Ausdrücke unwillkürlich in den Worten eines Menschen, der sich viel mit (englischer) Literatur beschäftigt hat, oft angewendet werden. Somit, wenn man fortdauernd hervorragende Stellen in Büchern liest, nimmt man deren feine Eigenschaften an und macht sie sich zu eigen.

Wie bedauernswert ist es doch, daß ein Mensch voll hoher Ideale und weitreichender Pläne verloren ist, wenn er seine hohen Ideale erläutern soll. Was für eine Enttäuschung ist es doch, wenn ein Riese (in seinen Idealen) zum Zwerg zusammenschrumpft, sobald er von seinen Ideen sprechen will. Wenn man höchstens ein Zehntel seiner Fähigkeiten anderen übermitteln kann, dann werden unsere reichen Hilfsquellen wie das im Boden vergrabene Gold eines Geizhalses sein.

Angenommen, du bist zu einer Abendgesellschaft als Ehrengast eines weltberühmten Wissenschaftlers eingeladen. Wie bedauerlich wäre es da doch, wenn du rot und blaß vor Erregung würdest und kein Wort vor den Zuhörern äußern könntest! Man muß die Kunst des Sprechens lernen.

Wenn du ein wirkungsvoller Sprecher werden willst, mußt du die Worte deutlich aussprechen und einen reichen Wortschatz besitzen. Vor allem mußt du davon überzeugt sein, gut reden zu können. Sobald du dies glaubst, wirst du tatsächlich ein guter Sprecher sein. Zum Beispiel, wenn man jemanden hypnotisiert und ihm einredet „du bist Herr so-und-so und wirst jetzt eine Rede im Parlament halten“, dann wird er dazu auch fähig sein, als ob er tatsächlich Herr So-und-So sei. In gleicher Weise mußt du davon überzeugt sein, ein guter Redner zu sein. Manche werden hier sagen, das sei unmöglich. Selbstverständlich zittert jeder vor Unruhe beim ersten Versuche, weil er es noch nie ausgeprobt hat, ob er ein Redner sei oder nicht. Es ist selbstverständlich, daß man sich anfangs fürchtet und einfach nicht sprechen *kann,* weil man unsicher ist, ob man es könne oder nicht.

Um sich von dieser Furcht zu befreien, muß man die Kunst des Sprechens üben. Jedermann wird fließend sprechen können, wenn er nach genügender Übung sich davon überzeugt hat, daß er es kann.

Einmal stand ein Mann auf dem Gipfel eines Berges früh am Morgen, als alles noch schlief und übte seine Redekunst mit lauter Stimme ohne jede Hemmung nur mit Himmel und Erde als Zuhörer. Ein anderer stellte sich der brausenden See gegenüber und trainierte seine Redegewandtheit mit so lauter Stimme, daß sie das Geräusch der Wellen übertönte. Das Trainieren der Zunge und Lippen ist eine körperliche Übung wie das Handhaben einer Schreibmaschine. Ohne Übung ist es unmöglich, fließend und wohllautend zu sprechen. Ich wiederhole: Fortlaufende Übung ist von größter Wichtigkeit. Nachdem du nun zu Mutter Natur anstelle einer Zuhörerschaft gesprochen hast, ergreife jede Gelegenheit, vor einem Publikum zu sprechen. Wie gut man auch immer die englische Sprache lesen kann, so kann man ein guter englischer Redner nur dann werden, wenn man seine Kenntnisse in praktische Konversation umzusetzen versteht. Die Fähigkeit, sich gut zu unterhalten, kann nicht durch bloße Kenntnis vieler Wörter erworben werden. Es ist unbedingt erforderlich, viel mit anderen zu sprechen.

Es ist zutreffend, daß Furcht und Schüchternheit durch wiederholte Übung überwunden werden kann. Jemand, der vor einer großen Zuhörerschaft errötend zittert, wird sich völlig frei vor seinem Publikum bewegen, wenn er Mut genug aufbringt, dies wiederholt zu tun. Zuerst werden ihm die Gesichter der Zuhörer wie in einem Nebel verwischt erscheinen, später aber, wenn er es öfters versucht hat, wird er die Gesichter deutlich erkennen. Sobald man diesen Punkt der Fassung erreicht hat, wird alles gut gehen. Dann kann man die Zuhörer nach seinem Willen bewegen und sie zu Beifall und Hochrufen veranlassen. Wenn man darauf ausgeht, eine Stütze der Gesellschaft oder ein Führer der Menschen zu werden und Wertvolles im Dienste an der Menschheit zu leisten, ist es zu allererst wichtig, die Kunst des Redens zu beherrschen, um die Menge nach seinem Willen zu leiten.

Um den Geist der Zuhörerschaft zu packen, muß der Redner mit ihr im Einvernehmen sein. Es ist sehr schwer, eine wirklich hinreißende Rede zu halten, wenn der Redner und seine Zuhörer sich feindlich gegenüberstehen, sobald man aber von der Ebene der Zuhörerschaft aus spricht, werden die Menschen mit dem Kopfe nicken, in die Hände klatschen und mit dir zugleich den Kopf schütteln. Der Redner wird also Befehlshaber seiner Zuhörer, die sich seinem Willen gemäß verhalten werden. Man könnte sagen, er atmet in Harmonie mit ihnen und bildet sie im Geiste. Der Redner muß zunächst einmal tief atmen und dann furchtlos und frei auf die Zuhörerschaft herunterblicken.

Dies trifft auch bei persönlicher Unterhaltung zu. Wenn man sich vor dem anderen fürchtet und eingeschüchtert ist, ist es nicht möglich, die Fähigkeiten, wie groß sie immer sein mögen, zu übermitteln. Man sollte von Kindheit an die Gewohnheit annehmen, vor anderen so furchtlos wie möglich zu reden. Wenn es auch anfangs nur zögernd geht, so wird man doch nach und nach daran gewöhnt und lernt, seine Meinung oder Schilderung frei in geeignete Worte zu kleiden. Mancher erfahrene Redner sagt, es sei ein Fehler, zu denken, andere seien uns überlegen, denn dadurch fürchtet man sich vor ihnen und kann daher nicht fließend sprechen. Nur wenn man die Zuhörer als unter sich stehend betrachtet, wird ein hinreißendes mitführendes Sprechen möglich sein. Eine solche geistige Einstellung kann aber in Mißerfolg enden. Ich meine, daß eine geistig freundschaftliche Wellenschwingung vorzuziehen ist. Wenn man aus einer geringschätzigen geistigen Einstellung heraus spricht, so wird der Zuhörende verachtende negative Wellen empfangen und sich unfreundlich gegen uns einstellen. Möge man dann noch so ernsthaft zu ihm sprechen, er wird nicht rückhaltlos zuhören. In persönlicher Unterhaltung also oder während einer Rede vor einer großen Zuhörerschaft ist es immer erforderlich, sich vor Augen zu halten: „Sie alle sind Söhne Gottes wie auch ich, somit sind wir Eins mit Gott. Darum bin ich ihnen freundschaftlich gesinnt, und auch sie sind mir gegenüber wohlwollend eingestellt. Ich kann zu ihnen zwanglos und ohne Rückhalt wie zu Brüdern sprechen". Wenn man Furcht und Ungleichheit vergißt und frei und heiter redet, wird die Schüchternheit verschwinden, und man wird fähig sein, gut und fließend zu sprechen.

„Reden" ist eine hohe Kunst. Ohne Übung kann niemand ein guter Redner werden. Jede Gelegenheit zum Reden zu ergreifen, ist unbedingte Erfordernis, um (englische) Unterhaltung zu meistern. In gleicher Weise versuche man bei jeder Gelegenheit mit anderen zu sprechen, Tafelreden zu halten und anderes mehr. Genau wie ein Schriftsteller seine Worte wählen muß, so muß dies auch der Redner tun. Ungebildetes Reden, mag es noch so geläufig vor sich gehen, kann nicht beeindrukken, weil die Rede nur einen kümmerlichen Inhalt hat. Ohne die Fähigkeit weitester Toleranz kann man keinen Widerhall erreichen, weil sonst die Art der Darstellung zu sehr verengt ist. An dieser Stelle zeigt es sich, daß Redekunst mehr als bloße Technik bedingt, denn wie jede Kunst den Charakter des Ausübenden widerspiegelt, so auch die Redekunst. Ohne aufrichtige Menschenliebe ist es einem Redner nicht möglich, eine große Zuhörerschaft zu beeindrucken.

Ein erfahrener Vertreter einer Lebensversicherungsgesellschaft hat eine eigene Art, einen Versicherungskontrakt zum Abschluß zu bringen. Wenn er eine Privatwohnung oder ein Büro betritt, wird er niemals verfehlen, den Garten zu loben oder die Ausstattung des Büros. Wenn er dann sieht, daß sein Klient sich freut und sein Herz durch seine Komplimente „weich" wird, kann er über den Versicherungskontrakt sprechen und wird zumeist auch Erfolg haben. Es ist nötig, zuerst anderen zuzuhören, um zu erreichen, daß sie am Ende auf deine Worte eingehen. Auch hier waltet das Gesetz vom „Geben und Nehmen". Wenn jemand einen schönen Garten hat, denkt er natürlich: „Oh, ist er nicht wunderbar? Sehen Sie ihn doch an!" Wenn Sie ihm also des Gartens wegen ein Kompliment machen mit den Worten: „Was für einen herrlichen Garten haben Sie doch!", dann strebt Ihr Geist seinem Wunsche entgegen und eint sich mit ihm. Jemand, der eine schöne

Zierausschmückung einer Nische hat, sagt sich: „Schauen Sie sie doch an! Ist es nicht wunderschön?" In Antwort darauf, wenn Sie ihn also loben, erfüllen Sie seinen Wunsch und bringen ihn dazu, auch Ihnen zuzuhören. Bei einer anderen Einstellung, wenn Sie also kein Verständnis für ihn aufbringen, werden Sie ihn kaum dazu bringen, Ihnen zuzuhören.

Zusammenfassend möchte ich sagen, daß Worte eine schöpferische Kraft besitzen, die das Schicksal beherrscht und jeden und alles, mit dem Sie in Berührung kommen, beeinflußt. Die gewichtigste „Überwaffe" im Leben ist das Wort. Darum ist es vor allem wichtig, die Technik zu erlernen, sich fließend und zwanglos auszudrücken. Wenn man diese Kunst nicht besitzt, so ist das mit einer Rose zu vergleichen, die sich nicht voll zur Blüte öffnen kann. Bis zum heutigen Tage sind viele Menschen dadurch beschwert, daß sie es unterlassen haben, ihre Fähigkeiten auszubilden.

Daher, meine lieben Zuhörer, hoffe ich, daß Sie die Kraft der Worte durch Unterhaltung, Reden und Schreiben von früh an pflegen und entwickeln werden.

Bücher von Dr. M.O. Bruker

Unsere Nahrung – unser Schicksal
449 Seiten, Best.-Nr. 84018 (früher: Schicksal aus der Küche)

Bei uns erkrankt der Durchschnitt der Bevölkerung schon etwa 25 Jahre vor dem Tod an einem ernährungsbedingten Zivilisationsleiden, das dann später oft zur Todesursache wird. In diesem Buch erfahren Sie, wie Sie bis ins hohe Alter gesund und vital bleiben – und wie Sie eine verlorene Gesundheit zurückgewinnen können. Daß die Küche ein Ort der Krankheits- oder Gesundheitsentstehung sein kann, ist bekannt. Es kommt darauf an, was dort zubereitet und anschließend gegessen wird.

Die lebensbedingten Krankheiten
400 Seiten, Best.-Nr. 84028 (früher: Krank durch Streß)

Die geistige Haltung bestimmt, wie der einzelne mit den Belastungen des täglichen Lebens fertig wird. Mangel an Kenntnis und Erkenntnis kann zu Krankheiten führen. Konflikte und Streß bedrohen heute jeden. Wie Sie trotz aller Belastungen gesund bleiben oder wieder gesund werden, beschreibt dieses Buch. Die lebensbedingten Krankheiten sind keine unabänderlichen Situationen, nein – sie können beseitigt werden durch Ordnung und Harmonie im Lebensbereich und Konsequenz des Einzelnen.

Idealgewicht ohne Hungerkur
90 Seiten, Best.-Nr. 84038 (früher: Schlank ohne zu hungern)

Dies ist kein Diätbuch in üblicher Prägung und enthält keine trokkenen Theorien und kein Gestrüpp von Verboten, sondern hier wird eine ganz aus der Erfahrung geborene Methode gezeigt, die ihre Bewährungsprobe schon lange hinter sich hat. So unwahrscheinlich es klingt, nicht das Zuvielessen erzeugt Fettsucht und die begleitenden Krankheiten, sondern ein Zuwenig, d.h. der Mangel an bestimmten Nahrungsstoffen. So ist dies ein äußerst guter und praktischer Ratgeber für jeden Übergewichtigen und für alle, die ihr Gewicht halten wollen.

Stuhlverstopfung in 3 Tagen heilbar
88 Seiten, Best.-Nr. 84048

Selbst die hartnäckigste Stuhlverstopfung kann ohne Abführmittel geheilt werden! Dies haben unzählige Fälle bewiesen. Durch einfache Nahrungsumstellung und Änderung der Lebensbedingungen kann jeder Stuhlverstopfte von seinem jahrelangen Übel befreit werden! Wenn er nur will!

Leben ohne Herz- und Kreislaufkrankheiten
176 Seiten, Best.-Nr. 84058
(früher: Sich schützen vor dem Herzinfarkt)

Die Herz- und Kreislaufkrankheiten nehmen von Jahr zu Jahr zu, angeführt von der Todesursache Nr. 1: Dem Herzinfarkt! Die Ursachen hierfür können vermieden werden. Diese sind vor allem ein Mangel an Vitalstoffen durch die heutige denaturierte Kost.

Ernährungsbehandlung bei Leber-, Galle-, Magen- und Darmerkrankungen
168 Seiten, Best.-Nr. 84068
(früher: Leber, Galle, Magen, Darm)

»Der Tod sitzt im Darm«, diese uralte ärztliche Weisheit gilt heute mehr denn je. Wer gesund bleiben oder wieder gesunden will, muß seinen Verdauungstrakt gesund erhalten oder wieder gesunden lassen.

Erkältet?
100 Seiten, Best.-Nr. 84078 (früher: Nie mehr erkältet)

Frei von Grippe und Erkältung durch vitalstoffreiche Vollwertkost. Jeder zivilisierte Mensch ist ein- oder mehrmals im Jahr »erkältet«. Aber Schnupfen, Husten und Grippe müssen nicht sein! Dr. M. O. Brukervermittelt hier seine verblüffenden Erkenntnisse, wie man sich diese lästigen Plagen auf einfache Weise sicher vom Leibe halten kann.

Rheuma - Ursache und Heilbehandlung
123 Seiten, Best.-Nr. 84088
(früher: Rheuma - Ischias - Arthritis - Arthrose)

Jeder 5. leidet heute an Erkrankungen des Bewegungsapparates. Dies bedeutet für die Kranken: Ständige Beschwerden, starke Schmerzen und Kosten für Kuren und Medikamente. Die wirklichen Ursachen und die wirksame Heilbehandlung beschreibt dieses Buch und ermöglicht sogar im späten Stadium, das Fortschreiten der Erkrankung zu verlangsamen oder sogar zum Stillstand zu bringen.

Biologischer Ratgeber für Mutter und Kind
ca. 300 Seiten, Best.-Nr. 84098

Wenn Sie vorhaben, Kinder zu bekommen oder schon welche haben: hier finden Sie endlich alle Informationen, wie Sie Ihr Kind von Anfang an gesund aufziehen und ernähren können. Gesundheit beginnt bei den Eltern schon vor der Zeugung, und setzt sich fort mit dem Stillen und anschließender vollwertiger Ernährung. Auch zu Fragen wie Impfung, Zahnkrankheiten und Allergien nehmen die Autoren Stellung.

Tonkassetten mit Vorträgen von Dr. M.O. Bruker

Wie kann ich meine Gesundheit erhalten?
Best.-Nr. 82016

In diesem 1 1/2 Stunden-Vortrag erläutert Dr. Bruker die ernährungsbedingten Zivilisationskrankheiten. Wie sie entstehen, wie sie geheilt werden können, und vor allen Dingen, wie Sie sie vermeiden können. Mit genauen Anleitungen für Ihre tägliche Ernährung, die sie schon ab morgen befolgen können, wenn Sie wirklich an der Erhaltung Ihrer Gesundheit interessiert sind.

Die lebensbedingten Krankheiten und ihre Heilung
Best.-Nr. 82026

Zu den lebensbedingten Erkrankungen rechnet Dr. Bruker die Krankheiten, die durch eine falsche geistige Haltung und Lebenseinstellung entstehen. Weitgehend bekannt ist der Zusammenhang zwischen häufigem Ärger und Magengeschwüren. In Wirklichkeit ist die Palette der lebensbedingten Erkrankungen zumindest genauso groß, wie die der ernährungsbedingten – vielleicht in unserer hektischen Zeit sogar noch größer. Streß, Hetze, Ärger, Streit und andere seelische Belastungen spiegeln sich in zahlreichen Krankheitsbildern wieder. Sie selbst können diese Ursachen beseitigen, indem Sie zu einem harmonischen Leben finden. Wie? Das sagt Ihnen ein erfahrener Arzt für psychosomatische Ganzheitsmedizin.

Homöopathie
Best.-Nr. 82036

Dr. M.O. Bruker, ein erfahrener Homöopath, erklärt den Unterschied zwischen Homöopathie und anderen Behandlungsmethoden. Sie erfahren genau, was Homöopathie eigentlich ist.

Getreidemühlen-Informationen

Gesundheit ist kein Zufall
60 Seiten, Best.-Nr. 81218, von G.D. Fischer

Diese Broschüre enthält alles wissenswerte über Getreidemühlen, sowohl mit Stahl- wie auch mit Steinmahlwerk. Die gängigsten Mühlen sind abgebildet und beschrieben: Preise, Leistung und alle wichtigen Daten.

Einfacher leben - einfacher essen
Gabriele Kieninger, 112 Seiten, Best.-Nr. 83028

"Der Titel *Einfacher leben - Einfacher essen* ist zu bescheiden. Die Schrift vermittelt trotz ihrer Kürze weit mehr. Das Grundsätzliche einer Vollwertkost ist in knapper Form so hervorragend dargestellt, daß all denjenigen, die das Studium größerer Bücher abschreckt, die Augen weit genug geöffnet werden, daß es die Fehler der bisherigen Ernährungslehre sind, die die zivilisierten Menschen zwangsweise in die Krankheiten hineintreiben." schreibt Dr. M. O. Bruker in seinem Vorwort zu diesem Buch. Den Hauptteil des Buches nehmen viele leckere Rezepte für den ganzen Tag ein.

Die Kleidung - unsere zweite Haut
Paulus Johannes Lehmann, 456 Seiten, Best.-Nr. 83018

Wesentliches über naturgemäße Kleidung - so könnte der Untertitel dieses wertvollen Ratgebers lauten. Denn Sie erfahren, wie die wichtigsten Kleidungsstoffe in der Natur entstehen, wie sie verarbeitet werden, welche Qualitäten es gibt, für welche Anwendungsbereiche sie wie verwendet werden können und wie Sie sie am schonendsten pflegen. Der Vollständigkeit halber sind neben Wolle, Seide und Pflanzenfasern auch die Chemiefasen beschrieben.

Leo Leichtsinn
Hendrik Nachtsheim, 120 Seiten, Best.-Nr. 83038

In einer Zeit, in der Kinder durch skrupellose Medien und Werbemacher oftmals falsch informiert und zum unkritischen, ja fast bedingungslosen Konsum geradezu erzogen werden, ist es nötig, ihnen auch einmal etwas Gegenteiliges anzubieten!
In sieben Geschichten schildert der Autor, was der zehnjährige Leo so alles erlebt. Es geht dabei um Themen wie Ernährung, Umweltschutz, Naturheilkunde, Werbung oder das 'erste Mal Rauchen'.
Bevorzugt für Kinder von 8 - 12 Jahren.

Biologisch Kochen für Kinder
Helma Danner, 180 Seiten, Best.-Nr. 84148

Dieses besondere Kochbuch für Kinder enthält eine große Anzahl leckerer und guter Rezepte, nach denen Kinder und Jugendliche gerne kochen und backen. Viele lustige und erklärende Zeichnungen erleichtern die Arbeit. Zur besseren Übersicht sind alle Koch- und Backzutaten für jedes Rezept auf ein Regal gezeichnet. Das besondere jedoch an diesem Kochbuch sind die naturbelassenen Zutaten, an die sich die Kinder jedoch schnell gewöhnt haben.